수업에 바로 쓸 수 있는
역량평가 매뉴얼

수업에 바로 쓸 수 있는
역량평가 매뉴얼

로라 그린스타인(Laura Greenstein) 지음
권오량 · 이찬승 옮김

ASSESSING
21st
CENTURY
SKILLS

A Guide to
Evaluating
Mastery and
Authentic
Learning 1st
Edition

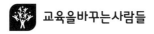

교육을바꾸는사람들

1. 이 책에서는 '21세기 스킬(21st Century Skills)'과 '21세기 역량'을 같은 의미로 쓰고 있으며, skills(스킬, 기술, 기량)와 competence(역량, 능력)를 사전적 의미로 구분하지 않고 혼용하고 있습니다.

2. 이 책은 교육평가의 전반적인 내용을 다루고 있지만, 본문에 나오는 구체적인 수업 사례나 상황은 원서 출간 국가인 미국을 배경으로 하고 있습니다.

3. 본문에 나오는 고유명사(도서명이나 인물명)는 한영 병기 식으로 영문을 표기하되 참고자료로서의 가치가 없는 경우에는 영문을 병기하지 않았습니다.

4. 도서는 번역서가 출간된 경우에는 『침묵의 봄(Silent Spring)』처럼 『번역서 제목(원서 제목)』 순으로 표기했고, 번역서가 출간되지 않은 경우에는 『American Born Chinese(미국출생 중국인)』처럼 『원서 제목(해석)』 순서로 표기했습니다. 단, 출간연도는 둘 다 원서의 출간연도를 표기했습니다.

5. 인명, 지명 등의 외래어는 국립국어원의 외래어표기법을 따랐습니다. 단, 해외 단체명이나 학회지의 표제, 연구 프로젝트명은 국내 학회나 문헌, 언론에서 통용된 사례를 참고해 표기했습니다.

평가에 관한 모든 것을 담고 있는 독보적인 책!

– 줄리 프레스콧(평가 코디네이터)

애타게 기다렸던 책!
이론과 실제를 겸비한 이 책은 21세기 학습자들의 필요를
진정으로 충족시키고자 하는 교육자라면 누구나 봐야 할 필독서이자
두고두고 참고할 평가 교과서이다.

– 신디 콜렛(교원양성 및 교원전문성 개발자)

서문

의심의 여지 없이 우리는 지금 대단히 복잡한 시대에 살고 있다. 최근에 나는 21세기 교육에 관한 각종 논문, 보고서, 리뷰들을 정리하면서 얼마나 다양한 관점과 이론이 있는지를 새삼 실감했다. 그런 와중에 매우 인상적인 문장을 접하게 되었는데 "시대가 복잡해지면 사람들은 오히려 단순한 해답을 찾는다."라는 것이었다. 이 말을 한 사람은 아이라 글래스(Ira Glass)로 〈디스 어메리칸 라이프(This American Life)〉라는 프로그램의 프로듀서였다. 그의 설명에 따르면 사람들은 복잡한 세상을 마주하는 게 어려워 현실을 지나치게 단순화하려는 경향이 있고, 그 때문에 '사실 격차(fact gap)'가 생긴다고 한다. 교육계역시 매우 복잡한 문제들에 대해 단순한 해답을 찾고 있다는 점에서 공감이 갔다.

오랜 기간 나는 교육계에서 끊임없이 이어지는 새로운 구상이 인기를 얻었다가 슬그머니 사라지는 것을 지켜보며 안타까움을 느꼈다. '열린 교실'과 '총체적 언어학습법'에서부터 '차터스쿨'과 '국가공통핵심성취기준'에 이르기까지, 개혁을 주장하는 새로운 시도에 매달려 이것이 손쉬운 해결책을 선사하리라 기대하다가, 그 기대에 미치지 못하면 지체 없이 폐기하고 다음에 올 "최선의 방법"을 기다리는 일을 되풀이하곤 했다. 그런 새로운 구상은 지나친 단순화, 들쑥날쑥한 실행, 일관성 없는 모니터링 등의 이유로 실패한다. 그와 같은 개혁의 청사진에 평가가 포함되는 일은 거의 없다. 그러나 평가야말로 어떤 개혁 공식에서든지 필수적인 요소여야 한다.

　시대가 복잡한 만큼 현재 교육계에는 팽팽한 의견 대립을 보이는 문제들이 많다. 학교교육이 전적으로 문해력과 수리력에 중점을 두어야 한다는 주장이 있는가 하면, 다른 한편에서는 대학 및 직업세계 준비에 중점을 두어야 한다고 주장한다. 핵심 스킬 및 지식의 튼튼한 기초 없이 대학 및 직업세계를 준비하기란 불가능하다. 그리고 그런 기초에는 21세기 스킬, 즉 비판적 사고와 성공을 위한 행동, 이것들을 글로벌 사회에 적절하게 적용하는 능력 등이 포함되어야 한다. 빠르게 변하는 세상에서 경쟁해야 하는 오늘날의 학생들을 위해 학교는 관련성 있고 도전적인 과제를 통해 실제 세상과의 연계성을 제공해야 한다.

　'핵심 지식'과 '21세기 스킬'은 서로 상반되는 것이 아니다. 21세기 스킬은 내용지식(content knowledge)을 대체하는 게 아니라 보완해준다. 의미 있는 내용이 질 좋은 교수 및 타당한 평가와 결합하면 학습기회를 확대하는 출발점이 된다. 21세기 스킬을 교육과정 전 영역에 통합하는 것은 이 시대 교육의 핵심 과제 중 하나이며, 이를 위해서는 실생활과 관련된 학습에 걸맞는 평가가 병행되어야 한다. 어떤 이들은 이는 과거에도 늘 해오던 일이라고 말할지도 모른다. 1800년대의 진보주의자들은 비판적 지능과 응용학습을 열렬히 지지했고, 현대에 와서는 테드 사이저(Ted Sizer)와 데니스 리트키(Denise Littky) 같은 인물이 이런 주장을 받아들이고 시행했다. 그럼에도 불구하고 이러한 교수 실천의 최종 성과(outcome)에 대해 실제적이고 일관성 있는 평가가 이루어진 적은 거의 없었다.

　이 분야의 전문가들은 교육 내용과 방법에 변화가 필요하다고 주장한다. 단순한 내용지식이 아닌 복합적인 사고를 가르쳐야 하며, 지식 전달이 아니라 학생의 참여를 통해 지식을 쌓아가는 방식으로 바꿔야 한다는 것이다. 또한 평가의 변화도 수반되어야 한다. 전통적인 선다형과 완성형 시험에 의존하는 것에서 참학습(authentic learning, 삶 속의 문제를 다루는 실제적인 학습-옮긴이)에 대한 대안적 평가에 더 비중을 두는 쪽으로 바꿔야 한다. 그렇게 하려면 일 년에 한 번 전국적으로 문해력 및 수리력 시험을 치르는 대규모 평가방식에서 벗어나 고등사고력, 창의성, 협업, 디지털 스킬, 글로벌 이해를 평가하는 다중적·지역적 평가 모형에 초점을 맞추어야 한다.

　꿈속에서 나는 교육평가의 갈림길에 서 있다. 이정표는 상충되는 방향을 가리키면서 나에게 어려운 선택을 강요한다. 표준화시험의 길로 나아갈 것인가 아니면 대안평가 쪽으로 갈 것인가? 내용지식이 비판적 사고보다 더 중요한가? 총괄평가와 형성평가 중에서, 그리고 전국 단위의 대규모 평가와 학구 단위의 지역 평가 중에서 반드시 선택을 해야 하는가? 그러다 나는 아하! 하는 깨달음과 함께 잠에서 깨어난다. 결정을 내리고 첫발을 내딛으며 비로소 희열과 안도감을 느낀다. 이제 더 이상 교육이라는 엔진이 나의 길을 결정해주기를 기다릴 수 없다. 이정표는 다음과 같은 질문을 던진다. "현재와 미래의 세상에서 성공하려면 학생들이 무엇을 알고(know) 이해하고(understand) 행해야(do) 하는가?" 이 질문에 대한 답에서 우리가 가야 할 길을 가늠할 수 있다. 그것은 21세기의 학습목표에 초점을 맞추는 것이다. 이제

나는 그 길로 발걸음을 내딛는다.

이 책에서 여러분은 21세기 교실에서의 평가전략과 함께 실천지침을 보게 될 것이다. 기본적인 내용지식을 21세기 지식 및 스킬 모형으로 확대하는 것이 핵심이며, 세계화와 기술(technology) 발전, 직장에서의 요구사항 변화와 같은 현 추세가 그 필요성을 더욱 뒷받침한다. 이 같은 환경에 효과적으로 대응하기 위해 우리는 다음과 같은 질문을 던져볼 필요가 있다. "학생들은 주어진 정보에 대해 질문을 제기하고 비판적으로 평가할 수 있는가? 문제해결을 위해 협업할 수 있는가? 새로운 문제에 직면했을 때 어떻게 행동하는가? 복수의 관점을 이해하고 종합할 수 있는가?"

이 책의 1장에서 4장까지는 현재의 교육이론들을 소개하고, 21세기 학습에 대한 여러 패러다임을 간략히 설명하며, 평가의 기본사항과 참학습에 대한 여러 평가전략을 다룬다. '21세기 스킬의 통합 모형'은 이러한 다양한 교육이론에 대한 통찰력이 반영된 것으로 책 후반부 내용의 토대가 된다. 이 모형의 가장 근간이 되는 3가지 스킬 영역은 사고 스킬, 행동 스킬, 삶의 스킬이다. 이 모형은 적절하고 의미 있는 평가 개발의 기초가 된다.

5장에서 8장까지는 사고 스킬, 행동 스킬, 삶의 스킬을 평가하기 위한 일련의 전략을 제시한다. 다양한 성취기준을 21세기 스킬과 비교·대조하고, 그러한 성취기준을 평가하기 위한 전략과 연계한다. 각 장에는 여러 교과영역 및 학년별로 교실에서 쉽게 적용할 수 있도록 구체적인 예를 실었다.

마지막 9장에서는 어떤 교육개혁에서든 평가가 핵심이 되어야 한다는 것을 다시 한번 강조하고, 정책적·실천적 변화를 제안한다. 이러한 제안이 만병통치약이 되지는 못할지라도 우리 학생들에게—오늘날의 학생들과 앞으로 2080년대에 퇴임할 현재의 유치원생들에게—진정으로 중요한 학습목표를 강조하는 것에 논쟁의 초점을 맞출수는 있다. 그러기 위해서 우리는 학생들이 미래에 무엇을 알고, 이해하고, 행하기를 원하고 요구할 것인지를 지금 결정해야 한다. 또한 그러한 변화를 감지할 수 있는 새로운 방법을 찾아내고, 그 같은 학습목표를 달성하기 위한 새로운 전략 및 기준을 개발해야 한다.

이 책에서 여러분은 이런 전략을 사용하는 교사들과, 그 전략들이 실제로 사용되는 예를 접하게 될 것이다. 이 책은 교사와 학생, 그리고 교수와 학습에 관한 책이며, 일시적인 대규모 평가보다는 교실에서의 일상적인 소규모 평가에 더 초점을 맞추고 있다. 교육이론 및 전략은 모든 학습자를 21세기의 생산적 시민으로 길러내는 방향으로 발전해야 한다. 세상은 계속해서 변하며 앞으로도 늘 불안정한 상태일 것이다. 하지만 이러한 불안정성이야말로 변혁을 이끌어내는 요인이다. 복잡한 환경 속에서 변화를 이끌어내기 위해 어떤 조치를 취해야 하는지는 분명하다.

이 책에는 도표와 다이어그램을 다수 삽입해 독자의 이해를 돕고 전략들을 즉시 실천에 옮길 수 있도록 했다. 〈표 P.1〉에는 이 책의 목표와 내용을 간략히 소개했다. 혹시 급진적인 개혁을 다루는 책을 찾고 있다면 이 책은 그런 책이 아니라는 점을 미리 알려드린다. 이 책은 객관적 근거를 바탕으로 한 신중하고 합리적인 변화에 관심 있는 독자들을 위한 책이다.

표 P.1 **이 책의 목표와 내용**

이 책이 다루는 것	이 책이 다루지 않는 것
현재의 교육제도에서 좋은 것을 인식하고 보존하기	현재의 교육제도를 무너뜨리기
교수와 학습 전반에 21세기 스킬을 통합하기	핵심 스킬과 지식을 21세기 스킬과 지식으로 바꾸기
학습을 위한 평가(assessment for learning): 이해도를 확인해서 교수학습을 개선하기 위해 평가하며 학생들을 참여시키기	학습에 대한 평가(assessment of learning): 최종 시험점수를 산출하고, 등급을 매길 목적으로 학생들을 평가하기
21세기의 교육적 실행과 더 잘 양립하도록 현재의 교육적 실행을 수정하기	현재의 교육적 실행을 완전히 새로운 교육적 실행 및 패러다임으로 대체하기
21세기 스킬과 지식의 스펙트럼을 고려하기: 일부는 전통적 지식과 가까우나, 일부는 동떨어져 있음	특정한 스킬과 지식을 규정하고 필수교과로 지정하기
광범위한 성취기준을 정해 모든 학년과 교과영역에서 복합적인 학습을 유도함	학습목표를 국가 성취기준에만 편협하게 초점을 맞춰 규정함
규범적이기보다 기술적(descriptive)임	기술적이기보다 규범적(prescriptive)임

중요하다고 해서 모두 수치화할 수 있는 것은 아니며, 수치화할 수 있다고 해서 모두 다 중요한 것은 아니다.

– 알베르트 아인슈타인 (Albert Einstein)

차례

ASSESSING
21st
CENTURY
SKILLS

표 목록

ASSESSING
21st
ENTURY
KILLS

제1장

도입

이 책은 빠르게 변화하는 세계 정세, 특히 교육계의 변화를 반영하고 있으며 이는 현시점에서 반드시 살펴보고 논의할 필요가 있다. 일찍이 1965년에 인텔(Intel)의 공동 창업자인 고든 무어(Gordon Moore)는 컴퓨터가 발명된 이래로 그 속도가 매년 두 배씩 증가해왔는데, 그러한 흐름이 계속될 것이며 더 넓게 적용될 것이라고 말했다. 그의 예측은 "무어의 법칙"(Moore's Law)으로 알려졌다. 버크민스터 풀러(Buckminster Fuller)도 『Critical Path(중요한 길)』(1982)에서 "지식이 두 배로 느는 주기"를 언급했는데, 1900년까지는 지식이 100년마다 두 배로 늘었지만 지금은 18개월마다 두 배로 느는 것으로 추정된다고 밝히고 있다. 그리고 이 증가 속도는 계속 빨라지고 있다.

때로는 그러한 변화의 속도가 얼마나 빠른지, 그리고 새로운 정보의 양이 얼마나 되는지 알아차리기 어려울 수 있다. 많은 학교가 이를 심각한 문제로 받아들이고 있으면서도 여전히 20세기에 가르쳤던 내용을 가르치고 있다. 그러나 오늘날의 학생들은 그때와는 전혀 다른 세상에서 살고 있다. 만약에 립 반 윙클(Rip Van Winkle, 미국의 소설가 워싱턴 어빙의 단편소설 주인공. 미국 독립전쟁 이전 시기를 살고 있던 주인공이 잠시 잠을 잤다고 생각했는데, 20년이나 지나 깨어나서 세상이 변한 것을 보고 놀라는 이야기-옮긴이)이 지금 뉴욕의 한복판인 타임스스퀘어에서 깨어난다면, 현란한 멀티미디어의 메시지들과 눈이 핑핑 돌 정도로 빠르게 바뀌는 주변 환경에 정신을 차리지 못할 것이다. 하지만 그가 깨어나는 곳이 학교 교실이라면 어떤 반응을 보일까? 칠판이 흑판에서 백판으로 바뀐 것만 빼면 비교적 익숙하게 느끼지 않을까?

21세기를 위한 자세

교육계에서 대부분의 변화는 교수와 학습에 초점을 맞추어 왔다. 이제 평가에서도 그에 걸맞는 변화가 있어야 한다는 요구가 거세다. 평가가 교육변화의 동인(動因)이라는 관점은 대단히 중요하며, 이는 교수와 학습을 중시하는 전통적 관점을 보완하여 교수·학습·평가 세 영역에 대한 기존의 통념을 바꿀 필요성을 부각시킨다.

그러나 그러한 변화를 위해서는 아직 해결해야 할 과제들이 많다. 21세기에 필요한 스킬은 모든 학생들이 완전하게 습득해야 할 핵심적인 문해력과 수리력 위에 이루어져야 한다. 단편적인 어휘나 개별 사실들을 알고 있는지 측정하는 것으로는 한계가 있다. 학생들은 생산적이면서 책임감 있는 시민이자 리더가 되기 위해 비판적이고 독창적인 사고를 해야 하고, 효과적으로 의사소통하고 협업을 해야 하며, 범세계적으로 일해야 한다. 이러한 스킬에 대한 측정 결과는 그동안 단지 수치로만 제시되었지만, 이제 제대로된 평가를 통해 개선 방향에 대한 지침을 얻을 수 있어야 한다.

우리 앞에는 여러 가지 어려운 과제가 놓여 있다. 이를테면, 교육과정을 새로 짜는 일, 성취기준을 새롭게 세우는 일, 그러한 성취기준을 달성하기 위한 학습전략을 개발하는 일, 그리고 이상적인 수준의 타당도, 신뢰도, 공정성을 충족하면서 이들 스킬을 측정할 평가수단을 개발하는 일이다. 우리가 마주한 과제는 그러한 도전적인 과제에 응할지 말지가 아니라 어떻게 응할 것인가이다. 마이크 슈모커(Mike Schmoker)는 교사들에게 권고하기를 '무엇을 가르칠 것이며 어떻게 가르칠 것인지'에 주목하라고 했다(2011). 나는 여기에 하나를 더 추가할 것을 제안하는데, 그것은 바로 '학습을 위한 평가(assessment for learning)를 어떻게 할 것인지'에 초점을 맞추라는 것이다.

이 책의 의도는 최선의 정보에 기반하여 뚜렷한 목표 아래 전문적이고 전략적인 방법으로 변화를 촉진하는 것이다. 이 책에서는 하이디 헤이스 제이콥스(Heidi Hayes Jacobs), 로리 셰퍼드(Laurie Shepard), 린다 달링-해몬드(Linda Darling-Hammond), 셰릴 렘커(Cheryl Lemke), 크레이그 제럴드(Craig Gerald), 마가렛 해리티지(Margaret Heritage), 존 해티(John Hattie), 크리스 디드(Chris Dede), 도날드 류(Donald Reu), 엘레나 실바(Elena Silva) 등 많은 교육학자가 제시한 최고의 이론들을 살펴본다. 이 책은 아직 도래하지 않은 세상에 학생들을 대비시키고자 21세기의 교수·학습·평가를 보편적 맥락에서, 그리고 지역적 환경을 고려하여 다루고 있다.

평가를 애써 노력할 가치가 있는 비전으로 삼아라.

– 토머스 앤젤로 (Thomas Angelo)

침체의 끝

미국 교육계의 기념비적인 보고서 「A Nation at Risk(위기에 처한 국가)」(National Commission on Excellence in Education, 1983)가 발표된 이후 오랜 시간이 지났지만 그동안 교육 분야에서 가장 의미 있는 변화는 2002년에 초·중등교육법(The Elementary and Secondary Education Act)을 개정한 것이었다. 아동낙오방지법(No Child Left Behind, NCLB)이라고 이름 붙여진 이 법안은 그것이 예언한 것과 같은 만병통치약이 되지는 못했다. 학교가 교육에 책임을 지라는 요구는 연간적정향상도(Annual Yearly Progress, AYP)를 충족시키지 못한 학교에 대해 제재를 가하고 그 결과에 따른 책임을 묻는 식으로 변질되었다. 그리고 학교의 책무성 증가는 곧 표준화시험으로 이어졌다. 학교선택제(school choice, 정부가 학교를 직접 설립하고 예산을 투입하는 대신 학생과 학부모들이 원하는 학교를 선택하고 정부가 이를 지원하는 방식-옮긴이)와 교직원 전면 교체가 이 변화의 슬로건이 되었다.

현재는 교육과 기술에 투자를 늘림으로써 또 하나의 "스푸트닉의 순간"(Sputnik moment, 1957년 소련이 인류 최초의 인공위성인 스푸트닉 1호를 쏘아 올림으로써 미국에 소위 "스푸트닉 충격"을 주었는데 이를 계기로 미국의 교육과정 개혁이 이루어진 것을 가리킴-옮긴이)을 마련해야 한다는 요구가 있다. 국제적인 비교 수치를 보면 미국은 중국, 한국, 핀란드, 호주, 캐나다 같은 여타 많은 나라보다 뒤처진다. 그 이유가 그 나라의 교사들이 더 나은 훈련을 받기 때문이든, 학생들의 학습 의욕이 더 높기 때문이든, 아니면 빈곤 수준이 더 낮기 때문이든 간에 이 차이는 미국으로 봐서는 정신을 차리라는 신호이다.

「A Nation Accountable(책임지는 국가)」(2008)라는 보고서를 보면 미국 교육부가 하는 일은 「A Nation at Risk(위기에 처한 국가)」(1983) 때와 달라진 것이 없었다. 그 사이 고교 졸업생과 대학 졸업생의 비율이 소폭 증가했을 뿐이며 미국의 국제학업성취도평가 점수는 평균 수준에 머물러 있었다(OECD, 2009).

21세기를 살고 있는 지금도 학교개혁에 대한 요구는 계속되고 있다. 종합적인 개혁 모델은 매우 많다. 지역사회, 주(州), 국가 차원에서 지속적으로 정책과 실천을 탐색하고 있는데, 이는 서로 다른 사회·경제적 배경을 가진 학생들 간의 수준 차이를 줄이는 일과 전체적인 성취도를 높이는 것을 목표로 하고 있다. 그러나 이러한 정책들에 대한 연구는 일관된 결과를 보여주지 못하여 효과적인 대규모 프로그램을 도입하기 어렵고, 연구결과를 뒷받침할 만한 결정적인 증거도 부족하다.

미래를 위한 변화

우리가 지금 걷고 있는 길은 20년 전이나 50년 전, 혹은 100년 전에 걸었던 길과 같지 않다. 세상은 많이 달라졌으나 다음의 데이터는 그 오랜 기간 동안 왜 시험점수는 별로 변하지 않았는지를 설명해준다. 이는 교육의 변화가 절실히 필요하다는 점 또한 보여주고 있다.

SAT 점수

- 1920년대 SAT 시험이 최초로 광범위하게 시행되었을 때, 8천 명의 학생들이 시험을 치렀다(Lawrence et al., 2002).
- 1960년에 응시자 수는 13만 7천 명이었고, 언어시험의 평균은

534점, 수학시험의 평균은 509점이었다(Jacobsen, 2011).
- 2011년에는 150만 명이 시험을 치렀는데, 언어시험의 평균은 497점, 수학시험의 평균은 514점이었다(2020년에는 220만 명이 응시했으며, 과목당 800점 만점에 언어시험의 평균은 528점, 수학시험의 평균은 523점이었음-옮긴이).

인구

- 1900년에 7만 4천 명의 아시아인이 미국에 이민을 왔는데, 2000년에는 그 수가 822만 명에 이르렀다(Gibson & Lennon, 1999)(2019년 미국의 아시아인 이민자 수는 1,400만을 넘겼음-옮긴이).
- 1990년에 히스패닉계 멕시코인, 중앙아메리카인, 카리브인 이민자 수는 7만 명이었는데, 2000년에는 그 수가 6백만 명이었다(Gibson & Lennon, 1999).
- 2010년에 18세 이하 미국인의 38%가 아프리카계, 아시아계, 히스패닉계의 후손이었다(Lapkoff & Li, 2007)(2018년에는 15세 이하 미국인의 50%가 유색인종이었음-옮긴이).

가족과 수입

- 편부 및 편모 가정은 전형적으로 빈곤율이 높은데, 그 수가 극적으로 증가했고, 머지않아 25%의 백인자녀와 60%의 흑인자녀들이 편부 및 편모 가정에서 자라게 될 것이다.
- 아동의 빈곤율은 25%로 늘었는데 흑인과 히스패닉계 아이들의 비율이 더 높았다.

- 빈곤은 출생시의 저체중, 낮은 진학 준비율, 낮은 성적, 높은 학교 중퇴율과 관련이 있다(National Center for Children in Poverty, 2012).

우리가 오늘날 가르치는 학생들은 한두 세대 이전에 가르치던 학생들과는 같지 않다는 것을 이러한 통계가 선명하게 보여준다. 이 말에 비난의 뜻이 들어 있지는 않다. 단지 세상이 변했으니 교육도 변해야 한다는 것이다. 아인슈타인이 말했듯이 "어떤 문제를 잉태한 당대의 사고를 가지고 그 문제를 풀 수는 없다." 이 말을 교육에 적용하면, 어제의 아이들을 교육했던 방법으로 오늘의 아이들을 교육할 수는 없다는 의미이다.

정책

교육전문가와 정책입안자 간 관점의 차이도 고려할 필요가 있다. 교육전문가들은 교수행위를 바꿀 전략, 이를테면 교육과정, 학급의 크기, 교수자료, 교원연수 등에 초점을 맞춘다. 이에 비해 정책입안자들은 책무성(accountability)을 강조하며 주로 대규모 평가에 의존하려고 한다. 정부가 점점 더 교육에 개입하면서 학습을 위한 형성평가(formative assessment)보다는 학습에 대한 총괄평가(summative assessment)를 통한 책무성 관리가 더 우선시되었다. 다이앤 래비치(Diane Ravitch)는 「A Brief History of Testing and Accountability(평가와 책무성에 관한 간략한 역사)」(2002)에서 다음과 같이 비교하고 있다.

정책입안자	교육전문가
성취기준과 시험을 통한 접근방식을 지지함	성취기준과 시험이 학습을 측정하는 유일한 척도라는 것을 거부함
고부담시험(high-stakes test)을 통해 학교와 학생들의 동기 유발을 원함	내적 동기는 외적 압력(명령, 지시 등)에 의해 생기는 것이 아님을 인식함
*차터스쿨과 *바우처 제도를 지지함	차터스쿨과 바우처 제도에 회의적임
성적 향상을 이룬 교사들에게 성과급을 지급함	교원평가에서 성적 이외의 다른 요인들도 고려할 필요가 있음을 인식함

*차터스쿨(charters): 공립학교와 유사하나 공교육에 비해 차별화된 커리큘럼을 운영할 수 있는 자율성 있는 학교-옮긴이
*바우처 제도(vouchers): 학생과 학부모에게 학교선택권을 주고 국가에서 제공하는 바우처로 수업료를 지원하는 제도-옮긴이

교육연구가 점차 과학적인 방법에 의존하게 되면서 교육에서 실제로 성과가 있는 것이 무엇인가에 대한 데이터가 점점 많아졌다. 로버트 마자노(Robert Marzano), 존 해티(John Hattie), 더그 리브스(Doug Reeves), 린다 달링-해몬드(Linda Darling-Hammond), 그리고 다른 많은 이들이 이를 증명한다. 이에 대해서는 이후의 장에서 더 논의하겠지만, 여기서는 교육에서 무엇이 효과적인지 알고 있는데도 왜 그들의 목소리가 정책에 반영되지 못하는지를 알아본다. 효과적인 교수 전략 연구에는 공통적으로 발견되는 요소가 있는데, 실현 가능한 교육과정, 효과적인 교수방법, 분명한 목표, 고차원적 질문을 위한 전략, 학습 향상 정보를 제공해주는 피드백, 개별화 지도(differentiated instruction), 교과내용과의 연계성 등이다. 교육정책은 이러한 최상의 실천방법들을 지원해야 한다.

만약 우리가 이러한 실증 데이터를 활용하고 연구에 기반을 둔 실

천방법을 이용한다면 학교에서 이루어지는 평가의 양상이 완전히 달라질 것이다. 교사와 학생들은 역량을 다중적으로 측정할 수 있게 되고 형성평가와 총괄평가, 그리고 대안평가를 균형 있게 사용하는 것이 일반화될 것이다. 상당한 기간에 걸쳐 치러지는 시험을 통해 학생들은 다음 단계로 나아갈 준비도와 숙달도를 보여줄 것이다. 시험성적은 일 년에 한 번 단지 다른 학생들과의 비교를 위한 것이 아니라 학생들의 성장을 보여주는 기능을 하게 될 것이다. 학생들이 충분히 이해하고 습득하면 더 높은 단계의 사고와 수행이 가능하게 될 것이고, 추가로 도움이 필요한 학생들은 계속해서 기초를 다지는 학습을 하게 될 것이다. 즉, 학생의 성장에 초점이 맞추어질 것이다.

경험을 통해 우리는 무엇이 효과적인지 아닌지 알게 되었다. 많은 증거가 보여주듯이 어떤 개혁이든 정책입안자와 교육전문가가 마주 앉아서 함께 문제를 풀어나갈 때 가장 효과적이다. 이제 무엇이 효과적인지 아닌지에 대한 전문적 지식이 충분히 쌓였고, 관련 연구결과와 데이터도 속속 나오고 있다.

생 각 해 보 기

- 지난 수십 년 동안 교육에서의 가장 큰 변화는 무엇이라고 생각하는가?

- 오늘날 교육이 직면하고 있는 가장 중대한 과제는 무엇인가?

- 교육의 미래에 대해 어떤 비전을 갖고 있는가? 지금부터 20년 혹은 50년 후의 교육은 어떤 모습일까?

- 그러한 비전을 실현하기 위해 지금 취할 수 있는 3가지 조치는 무엇인가?

21세기 학습 연구의 토대

다행스럽게도 21세기 학습을 정의하고 발전시키며 적용하기 위한 연구 기반은 매우 탄탄하다. 헨리 포드가 자동차의 대량생산 체제를 개발했을 때나 빌 게이츠가 자신의 차고에서 컴퓨터를 처음 제작했을 당시에는 연구 기반이 거의 없었다. 이 선구적인 발명가들은 기존의 지식, 서로 관련성이 없는 사고 영역의 중요한 정보를 연결하면서 자신의 비판적 사고, 문제해결 능력, 그리고 창의성을 통합했다.

21세기 스킬 연구의 주도적인 단체
21세기 스킬 연구를 주도하는 몇몇 주요 단체를 소개한다.

(1) 21세기스킬파트너십
21세기스킬파트너십(The Partnership for 21st Century Skills, p21.org)은 21세기 스킬의 연구와 전파에 주도적 역할을 하는 단체로 자리매김했다. 이 조직은 공공단체, 기업, 비영리단체, 그리고 교육단체 등의 연합체로서 21세기 스킬의 성취기준, 교과내용, 전략, 학습목표를 정의하는 틀을 만들어냈다. 이 모델을 구성하는 4가지 주요 요소는 (1) 핵심 교과, (2) 학습 및 혁신 스킬, (3) 정보·미디어·기술에 관한 스킬, (4) 삶과 직업에 필요한 스킬이다. 각각은 다시 〈표 1.1〉(p.30)과 같이 세분화하여 설명할 수 있다.

- 핵심 교과에 포함되는 과목은 영어, 읽기, 언어; 외국어; 예술; 수

표 1.1 **21세기 스킬 파트너십**

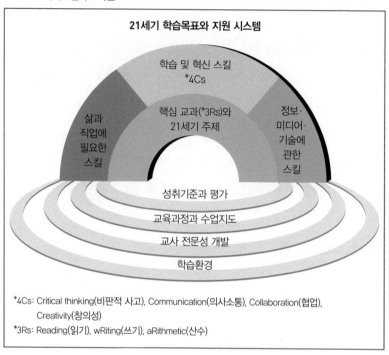

학; 경제; 과학; 지리; 역사; 정부론과 시민학이다.

- 학습 및 혁신 스킬은 21세기를 살아가기 위해 학생들이 갖추어 야 할 스킬이며 비판적 사고와 문제해결, 의사소통과 협업, 창의 성과 혁신을 포함한다.

- 정보·미디어·기술에 관한 스킬은 정보의 홍수를 관리하고, 정 보 시스템을 구축하기 위해 필요하다. 정보 리터러시; 미디어 리 터러시; 기술 리터러시가 포함된다(리터러시(literacy)의 원래 의미 는 글을 읽고 쓸 수 있는 문해력이지만, 미디어 환경의 변화로 인해 그 개념

이 확장되었고 여기서는 정보·미디어·기술을 활용할 수 있는 능력을 의미함-옮긴이).

- 삶과 직업에 필요한 스킬은 삶과 직업세계의 복잡한 환경을 헤쳐 나가는 데 필요한 능력이다. 유연성과 적응력, 주도성과 자주성, 사회적 스킬 및 다문화적 스킬, 생산성과 책무성, 리더십과 책임감이 포함된다.

(2) 21세기 스킬 평가 및 지도

21세기 스킬 평가 및 지도(Assessment and Teaching of 21st Century Skills, atc21s.org)는 호주의 멜버른대학교에 본부를 두고, 21세기 스킬을 정의하고 측정하는 방법을 개발해오고 있다. 이 연구단체의 창립에 관여한 국가는 호주, 핀란드, 포르투갈, 싱가포르, 영국, 미국이다. 학습과 평가라는 두 가지 목표를 긴밀히 연계시키는 것이야말로 정책과 실천에 있어 필수적이라는 것이 그들의 핵심 신념이다. 그들은 21세기의 학습목표를 포함하는 균형 있는 평가체제의 중요성을 강조한다.

이 이론적 모형에서 21세기 스킬은 다음과 같이 구성된다.

- 사고 스킬은 창의성, 비판적 사고, 문제해결, 메타인지를 포함한다.
- 행동 스킬은 의사소통과 협업을 포함한다.
- 정보 및 기술에 관한 리터러시는 행동을 위한 도구이다.
- 시민의식, 리더십, 책임감은 세상을 살아가는 데 필요한 삶의 스킬이다(Binkley et al., 2010).

(3) 공교육센터

공교육센터(Center for Public Education, CPE)의 한 보고서에서 크레이그 제럴드(Craig Jerald)는 직업 현장의 데이터를 활용해서 교육개혁의 원칙을 뒷받침한다. 431명의 고용주로부터 얻은 보고서에 따르면 "여전히 독해력과 같은 기초스킬이 직업에서의 성공을 위한 근본적인 토대로 간주되지만 좀 더 범용적 역량, 이를테면 의사소통, 협업, 비판적 사고, 문제해결 능력을 고용주들이 훨씬 더 중요하게 여기고 있다."는 것을 알 수 있다(2009, p.47).

CPE가 주창하는 21세기 교육의 개념과 조직은 〈표 1.2〉에 나와 있다. 원은 여러 층으로 이루어져 있는데, 각각의 원은 인접한 원을 기반

표 1.2 **공교육센터(CPE)**

스킬과 지식은 함께 작동한다.

기반지식
교과지식 및 스킬, 수학, 읽기와 쓰기, 과학, 시민학 등

리터러시
실생활에서 접하는 문제들을 해결하기 위해 교과지식 및 스킬을 적용하는 능력(예: 수리력)

역량
삶의 다양한 상황에서 성공하기 위해 기반지식, 리터러시, 기타 스킬을 활용하는 능력

오늘날 견실한 교육을 위해서는 각 교과내용의 탄탄한 기반지식뿐 아니라 이를 실생활에 활용할 수 있는 능력이 요구되며, 이 둘은 비판적 사고, 문제해결 능력과 같은 보다 폭넓은 역량을 개발하는 데 필수적이다.

출처: Jerald(2009) 허가받고 사용함

으로 한다. 가장 기본이 되는 지식과 스킬이 중심에 위치하고, 그 위에 리터러시가 적용되며, 맨 바깥쪽에 성공에 필요한 역량들이 있다.

(4) 경제협력개발기구

경제협력개발기구(Organization for Economic Co-operation and Development, OECD)는 2009년 한 연구보고서를 통해 젊은이들에게 필요한 스킬과 역량을 발표했는데, 이는 빠르게 변화하는 세상으로부터 기회를 얻고 또한 세상에 기여하기 위해 필요한 것이었다. OECD는 스킬(skills)을 과업을 수행하고 문제를 해결할 수 있는 능력으로 정의함으로써 역량(competencies)과 구분하고자 했다. 스킬에 포함되는 것으로는 비판적 사고, 책임감, 의사결정, 유연성이 있다. 역량은 스킬이나 지식을 특정한 맥락, 예를 들면 학교나 일터에 적용하는 능력으로 정의했다. 21세기 스킬과 역량에 대한 OECD의 틀은 다음 3개의 차원으로 구성되어 있다.

- **정보:** 디지털 환경에서 정보에의 접근·선택·평가·정리·이용이 포함된다. 정보를 사용한다는 것은 정보의 여러 요소 간의 관계를 이해하고, 새로운 아이디어를 생성하는 것을 포함한다. 정보를 효과적으로 이용하는 데 필요한 역량에는 리서치 스킬과 문제 해결 스킬이 포함된다.
- **의사소통:** 정보를 교환하고 비판하며 제시하는 능력과, 도구와 기술의 사용을 되돌아보면서 상호작용하는 능력을 포함한다. 이는 정보를 공유하고 다른 사람들에게 전달하는 스킬을 기반으로 한다.

- **윤리와 사회적 영향:** 기술이 갖는 사회적·경제적·문화적 함의를 고려하고, 개인의 행동이 다른 사람이나 사회에 미치는 영향을 인식하는 것을 포함한다. 이를 위해 필요한 스킬과 역량은 글로벌 사회에 대한 이해와 개인적인 책임감이다.

(5) 메티리/노스센트럴지역 교육연구소

메티리(Metiri)그룹이 노스센트럴지역 교육연구소(North Central Regional Educational Laboratory, NCREL)와 공동작업으로 펴낸 보고서(Lemke et al., 2003)에는 21세기 스킬이 기초(언어 및 수학) 리터러시를 토대로 하며 이는 사고, 의사소통, 생산, 그리고 기술 사용에 응용된다고 설명한다. 이 보고서는 많은 자료를 출처로 한 원리와 제안을 언급하면서 "교육정책을 결정하는 사람들은 어제의 학문으로는 충분하지 못하다는 사실을 인정해야 한다. 학생들을 미래에 적절하게 준비시키기 위해서는 21세기 스킬이라는 맥락 안에서 내용지식을 학습하도록 해야 한다."(p. 4)라는 결론을 내린다. 〈표 1.3〉은 다음과 같은 생각을 보여준다.

- **디지털 리터러시**는 3가지 영역으로 되어 있다. 기초(언어 및 수학)·과학·경제·기술 리터러시; 비주얼 리터러시, 정보 리터러시; 다문화 리터러시, 글로벌 리터러시다.
- **창의적인 사고**에는 응용력, 자기주도성, 호기심, 창의성, 모험심, 고등사고력 및 논리적 추리력이 포함된다.
- **효과적인 의사소통**은 협업, 대인관계 스킬, 개인적·사회적·시민적

표 1.3 인게이지(enGauge) 21세기 스킬

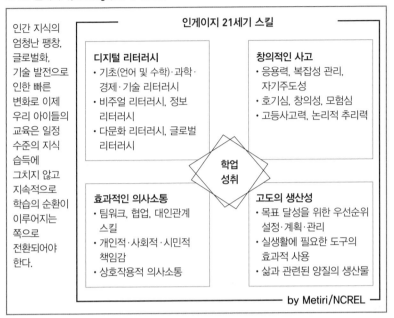

인간 지식의 엄청난 팽창, 글로벌화, 기술 발전으로 인한 빠른 변화로 이제 우리 아이들의 교육은 일정 수준의 지식 습득에 그치지 않고 지속적으로 학습의 순환이 이루어지는 쪽으로 전환되어야 한다.

인게이지 21세기 스킬

디지털 리터러시
- 기초(언어 및 수학)·과학· 경제·기술 리터러시
- 비주얼 리터러시, 정보 리터러시
- 다문화 리터러시, 글로벌 리터러시

창의적인 사고
- 응용력, 복잡성 관리, 자기주도성
- 호기심, 창의성, 모험심
- 고등사고력, 논리적 추리력

학업 성취

효과적인 의사소통
- 팀워크, 협업, 대인관계 스킬
- 개인적·사회적·시민적 책임감
- 상호작용적 의사소통

고도의 생산성
- 목표 달성을 위한 우선순위 설정·계획·관리
- 실생활에 필요한 도구의 효과적 사용
- 삶과 관련된 양질의 생산물

by Metiri/NCREL

출처: Metiri Group (2003)

책임감, 상호작용적 의사소통을 강조한다.

- **고도의 생산성**은 우선순위 설정·계획·관리, 실생활에 필요한 도구의 효과적 사용, 삶과 관련된 양질의 생산물 산출을 의미한다.

(6) 놀리지워크스재단

놀리지워크스재단(Knowledge Works Foundation)에서 발행한 보고서 「The 2020 Forecast(2020 전망)」(2008)는 지식·경제·사회적 변화, 회복탄력성이 높은 시스템, 확장된 조직, 그리고 개인의 영역에서 미래에 대한 다차원적인 비전을 제시한다. 학습을 재구성하는 주요 힘으로는 다음과 같은 것이 있다.

- **지식:** 시각화를 통한 정보의 확산과 데이터 관리
- **경제:** 누구나 지식을 설계하고 유포할 수 있는 메이커 경제(Maker Economy, 오픈소스 제조업 운동으로 시작된, 스스로 필요한 것을 만드는 경제적 흐름을 일컬음–옮긴이)
- **사회:** 모든 주민과 집단이 기여할 수 있는 새로운 공적 담론
- **제도:** 필요와 요구에 따라 변할 수 있는 유연한 제도
- **자아:** 기술과 신경과학의 발전을 통해 확장된 인간의 능력

보고서에 의하면 세계화(globalism), 네트워크, 협업 기반 미디어, 이동 가능한(portable) 학습, 트랜스 리터러시(transliteracy, 다양한 도구·매체·플랫폼을 넘나들며 읽고 쓰고 상호작용하는 능력–옮긴이)가 학습을 새롭게 만드는 요인이 될 거라고 한다. 쉽게 말해서 이러한 요인들이 시간과 공간을 뛰어넘어 사람들의 협업을 가능하게 해줄 거라는 것이다.

21세기 스킬 연구의 기저 이론

몇몇 능력을 21세기 스킬이라고 명명하는 시도가 새로워 보일 수도 있지만, 이러한 연구의 기저가 되는 이론들은 이미 수십 년 전에 나온 것들이다.

(1) 마음습관

마음습관(Habits of Mind)은 1980년대의 일련의 연구를 종합해 아서

코스타(Arthur Costa)와 베나 캘릭(Bena Kallick)이 만든 것이다(2000). 마음습관은 지식을 쌓기 위한 도구가 아니라 새롭고 도전적인 문제에 직면했을 때 그에 대처하는 태도와 성향을 의미한다. 그것은 사람이 얼마나 똑똑한가를 측정하기 위한 척도라기보다 실생활의 문제나 도전에 대응하기 위해 사람들이 취하는 태도를 보여준다. 〈표 1.4〉에 마음습관에 대한 간략한 설명이 나와 있다.

표 1.4 **마음습관**

끈기 발휘하기: 끝까지 매달린다	충동 관리하기: 시간을 갖고 생각한다	이해하고 공감하며 듣기: 다른 사람들을 이해하려고 노력한다	유연하게 사고하기: 다른 각도에서 상황을 본다
메타인지 능력 발휘하기: 자신의 생각에 대해 생각한다	정확성과 정밀성을 갖추려고 애쓰기: 다시 한번 확인한다	질문하기와 문제 제기하기: "어떻게 그것을 알지요?"라고 질문한다	과거의 경험을 새로운 상황에 응용하기: 배운 것을 활용한다
명확하고 정확하게 사고하고 의사소통하기: 사고와 소통을 분명하게 한다	모든 감각기관을 이용하여 데이터 수집하기: 타고난 오감을 활용한다	창조하기, 상상하기, 혁신하기: 독창적인 방식으로 시도한다	경탄과 경외감으로 반응하기: 해결책을 찾는 것에서 즐거움을 느낀다
사려 깊게 모험하기: 새로운 것에 도전하되 신중하게 한다	유머를 잃지 않기: 많이 웃는다	상호 의존적으로 사고하기: 더 나은 결과를 위해 협력한다	늘 열린 태도로 지속적으로 학습하기: 경험을 통해 배운다

출처: Costa & Kallilck (2000)에서 응용

실제로 교사는 이러한 마음습관을 여러 가지 방법으로 교실수업에

통합할 수 있다. 학생들은 유명한 사람들의 전기를 읽고 그들이 성공하기 위해 사용한 마음습관을 확인할 수 있다. 과거로부터의 교훈을 현재에 적용하는 것은 새로운 주제를 도입하는 데 필수적이다. 예컨 대, 충동관리는 학급경영의 중요한 부분이고, 유머는 교실에서의 긴 장과 스트레스 수준을 낮추는 데 매우 효과적이다.

(2) 삼원지능이론

일찍이 1970년대에 로버트 J. 스턴버그(Robert J. Sternberg)는 지능을 재정의하고, 21세기 스킬의 요소들을 강조했다. 그는 지능을 "삶에 적 합한 환경을 선택하고 만들고 목적에 맞게 적용하기 위한 정신적 활 동"이라고 정의했다(1985, p.45). 이 정의는 핵심 지식뿐만 아니라 한 개인이 일생에 걸쳐 그 지식을 어떻게 적용하는가를 포함한다. 스턴 버그의 삼원지능(Triarchic Intelligence)에서는 지능을 다음 3가지 관 점에서 분류한다.

1. **분석적/성분적 지능** 문제해결이나 의사결정에 사용되는 지능의 상위성분(메타요인)을 구성한다.
2. **창의적/경험적 지능** 어떤 과업을 그와 관련된 과거의 경험과 연관 지어 얼마나 창의적으로 잘 수행하는지와 관계가 있다.
3. **실용적/맥락적 지능** 기존 상황에 적응하는 능력, 자신의 필요에 맞 게 현재의 환경을 변화시키는 능력, 보다 나은 환경을 선택하는 능력 3가지로 구성된다.

(3) 블룸의 교육목표분류

스턴버그보다 더 거슬러 올라가면 벤자민 블룸(Benjamin Bloom)이 1950년대에 만든 교육목표분류가 있다(1956). 블룸의 교육목표분류(Bloom's Taxonomy)는 초기의 지식 습득에서부터 종합과 창의적 적용까지 사고의 스펙트럼 6단계를 보여준다. 이 분류 체계는 사고와 학습의 계층적 모형을 갖는데, 이전 학습을 바탕으로 다음 학습이 형성되는 논리적 틀을 가지고 있다. 이 모형은 1990년대에 수정되었는데, 서술방식을 명사형에서 동사형으로 바꾸고 창의성을 좀 더 강조한 것이 주된 변화이다. 〈표 1.5〉(p.40)는 21세기 교육의 교수·학습·평가와 블룸의 교육목표분류가 어떻게 연관되는지 보여준다.

대부분의 교육자들은 블룸의 교육목표분류 중에서 주로 인지적 영역에 초점을 맞추지만, 여기에는 정의적(affective) 영역과 심동적(psychomotor) 영역도 들어 있다. 정의적 영역에는 21세기 스킬인 의사소통과 협업이 들어간다. 독립적 수행, 책임감, 계획, 문제해결이 여기에 포함된다. 심동적 영역은 신체운동과 조화에 초점을 맞추고 있다. 성공을 위한 행동이 이 영역에 해당한다. 로봇을 조립하거나 케이크를 굽는 것과 같은 과업의 수행에 필요한 역량을 키우기 위해 지시사항에 따라 스킬을 적용하고 연습하는 것은 21세기 교육에서 빼놓을 수 없는 중요한 적용의 과정이다.

학교나 일터에서 매일매일 행하는 일에서 여러 영역은 서로 별개일 수 없다. 예를 들어, 어떤 프로젝트를 할 때 동료에 대해 어떻게 인식하느냐에 따라서 그 프로젝트에 기여하는 정도가 달라질 것이다. 학생이 자신의 키, 체구, 힘에 대해 어떻게 느끼는지가 체육수업 참여도에 영향을 줄 것이고, 자신의 학문적 성취에 대해 어떻게 느끼는가에 따라 교육적 선택도 영향을 받을 것이다.

표 1.5 **블룸의 교육목표분류를 21세기에 적용하기**

블룸의 교육목표분류	21세기 스킬	21세기 적용
알다/기억하다 목록을 만들다, 정의하다, 서술하다, 명명하다, 위치를 파악하다, 발견하다, 이름을 붙이다, 확인하다	• 학습한 것을 기억해두기 • 정보와 지식을 인출하고 회상하기	• 다이어그램에 이름 붙이기 • 다이어그램 그리기 • 검색하고 즐겨찾기에 추가하기
이해하다 해석하다, 요약하다, 바꾸어 쓰다, 분류하다, 예를 들다, 추산하다	• 이전 학습에 맞추기 • 이전의 지식을 그래픽으로 구성하기 • 의미를 구축하기	• 이야기를 요약하기/ 아이디어를 구체적으로 설명하기 • 문제를 정의하기 • 각각의 아이디어에 대해 예시하기 • 무지개를 만들어 자신이 알고 있는 것을 구체적으로 보여주기 • 블로그나 트위터에 올리기
적용하다 실행하다, 이용하다, 수정하다, 발견하다, 시범을 보이다, 보여주다, 생산하다	• 학습내용/지식을 복합적이고 새로운 방식으로 개인에 맞게 이용하기 • 아이디어를 실행하기	• 어떤 것이 왜 그런 식으로 일어났는지 이론을 세우기 • 이 정보가 사용되는 방법에 대해 브레인스토밍하고 실제로 사용해보기 • 구글 닥스(Google Docs) 같은 앱을 이용하여 적용하는 법을 보여주기
분석하다/비교하다 정리하다, 추론하다, 개요를 서술하다, 구분하다, 통합하다, 세부화하다, 차별화하다, 원인을 찾다	• 탐구와 질문을 통해 지식의 구조와 부분을 이해하고, 관련짓고, 연결시킴으로써 의미 부여하기 • 구성요소들을 구분하기	• 한 가지 입장을 취하고 그것을 다른 입장과 비교하기 • 과업을 완성하기 위해 다른 사람들이 알아야 할 것을 파악하고 돕기 • 등장인물이 선택한 길과 왜 그런 길을 선택했는지에 대해 자신의 생각을 설명하기/ 나라면 같은 선택을 했을지 자문하기 • 아이디어를 지도로 그리기/ 아이디어를 융합하기

종합하다/평가하다
 	
가설을 세우다,
비평하다, 편집하다,
고안하다, 계획을
세우다, 재구성하다,
평가하다, 방어하다
	• 아이디어를
	  조합하거나
	  통합하기
	• 기준이나 표준에
	  맞추어 아이디어를
	  평가하기
	• 가설 검증하기
		• 어떤 문제에 대한 다른 사람들의 해결책
		  평가하기
		• 어떤 일에 대해 자기평가 및 또래평가하기
		• 주제에 관해 여러 출처의 자료를 이용해서
		  소책자 만들기
		• 블로그에 의견을 게시하기
		• 다른 사람들과 네트워킹하기/
		  아이디어를 결합하기

창조하다
 	
재구성하다, 혁신하다,
발명하다, 특이한
접근을 채택하다,
계획을 세워 생산하다,
새로운 것을 만들어
내다
	• 새로운 어떤 것
	  만들기
	• 개별 요소들을
	  하나의 일관된
	  전체가 되도록
	  하기
	• 아이디어를
	  새로운 패턴으로
	  재구성하기
		• 새로운 결말을 만들기
		• 이야기의 메시지를 전하는 또 다른 방법을
		  고안하기
		• 어떤 일을 하거나 준비하거나 개선하는
		  새로운 방법을 생각해내기
		• 디지털 생산물 만들기: 영화, 시뮬레이션,
		  게임, 팟캐스트

(4) 비판적 사고

21세기 스킬의 토대가 되는 것은 역사적으로 훨씬 더 거슬러 올라간다. 에드워드 글레이저(Edward Glaser)는 1941년에 비판적 사고(Critical Thinking) 능력은 다음의 3가지를 포함한다고 설명했다.

1. 자신의 경험 범위에 드는 문제를 사려 깊게 생각하려는 태도
2. 논리적 질문과 추론 방법에 관한 지식
3. 위의 방법들을 응용할 수 있는 스킬

그의 설명에 따르면 비판적 사고는 끈질긴 노력과, 사실과 증거에 근거한 정보의 검토를 요한다. 글레이저는 연관된 정보를 사용함으로써 문제를 해결하고 해결책을 찾아낼 수 있다고 믿었다. 이를 위해서

는 자료를 해석하고, 논쟁을 평가하고, 아이디어들 간의 관계를 인지하고, 결론을 내리고, 일반화할 수 있는 능력이 필수적이다. 이 모든 것은 정확하고 분명하고 바르게 언어를 이해하고 사용하는 것을 기반으로 한다. 그로부터 70년도 더 지난 후에 우리는 그의 핵심 아이디어에 기초하여 21세기 학습의 토대를 세우고 있다.

생 각 해 보 기

21세기는 여러 종류의 새로운 경향이 생겨나고 있고, 그 변화의 속도는 매일 증가하고 있다. 아래의 표에는 교육에 심대한 영향을 미친 여러 경향이 나열되어 있다. 각 변화의 동인에 대해 그것이 교육에 어떤 영향을 주는지 생각해볼 것을 권한다. 여러분이 사용한 과정, 그 과정에서의 생각과 전략이 얼마나 효과적이었는지를 성찰해보기 바란다.

변화의 동인	교육에 미친 영향
정보에의 즉각적인 접속	정보를 조사하는 시간은 줄고, 정보를 평가하고 종합하는 시간은 늘어남
정보의 확대	
기술의 발달	
경제의 글로벌화	
개인화(personalized) 학습	
사회적/직업적 네트워크	
업무 역량의 재설정	
대학 및 직업세계 진출을 위한 준비	
의사소통을 위한 다중 플랫폼	

발달이론들

이 책은 기본적으로 중등교육에 초점이 맞추어져 있지만, 모든 학생이 21세기 스킬 함양의 혜택을 받을 수 있다는 데는 의심의 여지가 없다. 이 책에서도 다양한 연령대 학생들의 사례가 소개될 것이다. 의사소통과 협업은 아주 어린 학생들 사이에서도 중요하며, 문제를 해결하고 정보를 가려내는 능력 역시 모든 교육과정에서 필요한 것이다. 물론 문해력과 수리력의 굳건한 토대가 필수적이다. 초등 수준에서는 비판적 사고와 비교·종합·성찰 같은 개념을 소개하는 것이 적절하다. 중등 수준에서는 기반이 되는 이러한 구성요소를 확대하여 고차원적 사고와 메타인지, 미디어 리터러시, 글로벌 의식을 포함하는 것이 가능하고 더 현실적이다.

아동발달을 고려한 교수·학습이 중요하다는 점에는 반박할 여지가 없다. 전미교사교육인증위원회(National Council for the Accreditation of Teacher Education)는 아동발달에 관한 교사들의 이해가 매우 중요하다고 생각해 대부분의 교사교육 프로그램에 교육심리학이나 인간발달에 대한 내용을 포함한다. 피아제(Piaget)의 인지발달 단계를 포함시켜 아동의 발달과정을 생각해보게 하는 것이 좋은 사례이다. 전조작단계(preoperational stage)에서부터 구체적 조작단계(concrete operational stage)를 거쳐서 형식적 조작단계(formal operational stage)에 이르는 연속적 흐름은 21세기 스킬의 점진적 숙달과 매우 유사하다.

가령, '이민'이라는 주제를 다룰 때 3학년에서와 10학년(한국의 학제로는 고등학교 1학년-옮긴이)에서의 수업방식이 달라지는 이유도 아동발달 단계상의 차이에서 비롯된다. 두 학년 모두 KWL(Know/Want to know/Learned, 알고 있는 것/알고 싶은 것/배운 것) 학습활동에 기반하여 주요 교과내용을 익힐 수 있을 것이다. 3학년은 내용지식을 완전히 숙지했음을(전통적 퀴즈, 비교/대조의 그래픽 오거나이저(graphic organizers), 학습일지 등을 통해) 보여준 다음, 이민자들의 경험에 관해 신문제목과 뉴스를 작성하며, 각기 다른 이민자 집단의 경험에 관한 학급 뉴스레터에 그들이 작성한 것을 모아서 넣는다. 이렇게 함으로써 지식을 분류하고 정보를 정리하는 구체적 조작능력, 디지털 리터러시 및 기술 활용 능력을 기를 수 있게 된다. 반면 고등학생의 경우는 여러 세대에 걸친 이민의 차이를 비교하기 위해 검색이나 인터뷰를 이용할 수 있다. 각각의 소모둠은 위키((Wiki, 누구나 내용을 추가하거나 편집할 수 있는 웹사이트-옮긴이), 글로그스터(Glogster, 포스터·발표용 슬라이드 제작, 상호학습 지원 목적의 클라우드 기반 소셜미디어 툴-옮긴이), 독창적 비디오 등을 이용하여 각자 발견한 것을 종합하여 발표하고, 현재의 이민법에 대해 소크라테스식 세미나((Socratic Seminar, 텍스트에 기반한 공식적인 토론의 한 형태로, 리더가 개방형 질문을 던져 토론을 이끌어감-옮긴이)를 열 수도 있다. 이 활동은 추상적인 아이디어를 적용할 수 있는 형식적 조작능력을 뒷받침해주는 것이라 할 수 있다. 이와 같은 수업의 특성을 고려하면 학습은 포트폴리오, 체크리스트, 루브릭(rubric, 학습자의 수행평가 결과물이나 성취도를 평가하기 위하여 사전에 공유하는 채점기준표-옮긴이), 또래검토, 교사와의 협의회 등을 통해 다중적으로 평가될 것이다.

로버트 마자노와 존 해티의 연구는 아동발달에 관한 연구의 상당

부분을 지지하고 더 나아가 실제적으로 적용할 수 있도록 해준다. 아이들은 성장하면서 점점 더 다양한 방식으로 의미를 이해하고 정보를 조직하며 부분과 전체를 통합하고 사회·정서적 유대감을 형성한다. 그러한 학습목표는 마자노와 해티의 효과적인 전략들, 즉 분명한 목표, 질의, 요약, 피드백 등을 이용하여 지원할 수 있다. 한편 청소년 기에는 메타인지 및 성찰 능력뿐만 아니라 다차원적인 개념을 머릿속에 유지하는 역량이 개발되기 때문에 더 전략적으로 사고할 수 있게 된다(Blakemore & Choudhury, 2006, p.296). 동기부여에 관한 캐롤 드 웩(Carol Dweck)의 연구는 에드워드 데시(Edward Deci)의 선행연구를 더 발전시킨 것으로 시간이 지남에 따라 외적인 보상은 의미가 없어진다는 것을 밝혀냈다(2006). 학습이 제대로 일어나려면 이에 대한 사고관점(mindset)을 확립하는 것이 매우 중요하다. 뇌가 효과적으로 학습할 수 있도록 준비시키고, 새로운 학습이 어떤 의미를 갖는지 이해를 돕고, 학습의 본질적 가치를 인식시키는 것 역시 중요하다. 이는 자율성, 뚜렷한 목적의식, 숙달이 학습동기의 토대이며 학습자 중심의 수업을 통해 가장 잘 구현된다는 대니얼 핑크(Daniel Pink, 2009)의 결론과 맞닿는 부분이다. 핑크에 따르면 종합, 창의성, 문제해결, 메타인지 능력은 시간이 지나면서 서서히 발달한다. 토머스 프리드먼(Thomas Friedman)도 "평평한 세상(flat world)"에서 가장 성공적인 사람들은 이와 같이 우뇌적 사고를 하는 사람들이라고 말했다(프리드먼의 저서 『세계는 평평하다(The World Is Flat)』(2005)에서 프리드먼은 세계화를 통해 국가 간 장벽이 사라져 누구나 평등한 경쟁이 가능하다는 의미에서 세상을 평평하다고 했음-옮긴이).

평가도 발달 단계와 보조를 맞춰야 한다. 최근에 초등학교 2학년 학생이 남녀 영웅에 관해 쓴 이야기를 발표하는 것을 본 적이 있다. 아이는 이야기를 읽고 난 후 "다음에 이야기를 쓸 때는 이야기의 배경을 더 자세하게 설명하는 것이 좋겠다."라고 말했다. 청중은 이 어린 아이가 자신의 숙제에 관해 성찰할 줄 아는 것을 보고 깊은 인상을 받았다. 교사에게 확인한 결과 힌트나 안내, 스캐폴딩(scaffolding, 학습자가 현재의 수준을 넘어 다음 단계에 이르도록 한시적으로 적절한 도움을 제공하여 학습을 촉진시키는 전략-옮긴이)이 제공되면 학생들은 누구나 자신의 발표를 어떻게 개선할지 답을 찾아낼 수 있다고 한다. 이런 경험이 오랜 기간 축적되면 교사가 점차 도움을 줄여도 학습자 스스로 자신의 학습을 성찰하며 해나갈 수 있다.

평가의 근본적 변화

효과적인 교수행위, 인지발달, 뇌가 학습하는 원리 등을 종합하면 몇 가지 중요한 원리가 도출된다.

반응적 평가

21세기의 평가는 다양한 방법을 이용할 것이며 개별 학생의 능력에 신속히 반응하는 식이 될 것이다. 핵심 스킬의 측정이 시작점이 될 수는 있으나 목표가 될 수는 없다. 존 듀이(John Dewey)를 포함하여 많은 통찰력 있는 교육이론가들은 평가의 변화를 주창하면서 표준화시험을 벗어나 삶과 관련된 참평가를 지향해야 한다고 주장했다.

21세기 학습과 평가가 학생의 수업 참여를 높일 수 있다는 연구결과들이 있다(Morse, 2006; Bridgeland, Dilulio, & Morison, 2006; Hart & Albarracin, 2009; Kanevsky & Keighley, 2003; Center for Evaluation and Education Policy, 2009). 이들 연구에서 학습자들은 수업시간에 자주 지루해하고 학습에서 이탈하며, 학업이 무의미하다고 생각하는 것으로 나타났다. 성취하려는 마음자세는 흥미로운 수업에 의해 강화된다. 흥미를 유발하는 요인에는 통제권, 선택권, 도전적 과제, 다양한 상호작용을 요하는 복합과제, 배려가 포함된다. 이들 중 일부는 21세기의 교수·학습·평가에서 발견되는 특성과 같은 것들이다.

대부분의 학생에게는 미래사회에 잘 대처하도록 준비시켜주는 접근법이 현재의 표준화시험보다 유익할 것이다. 한 학생의 이야기를 예로 들겠다. 나는 12학년(고등학교 3학년) 졸업학기 프로젝트를 통해 아론이라는 학생을 처음 만났다. 아론은 부스스한 빨강머리에 주근깨가 있는, 특수교육 대상 학생이었다. 아론에 대해 알게 되면서 나는 그가 줄곧 놀림을 받았으며, 그래서 말이 거의 없다는 것을 알았다. 학급의 다른 학생들과 점점 편해지면서 아론은 프로젝트에 관해 아이디어를 좀 더 많이 내기 시작했다. 그중에는 자원봉사 참여하기, 요리법 배우기, 지구 살리기 같은 전형적인 프로젝트도 있었다. 음악을 연주했거나, 군악대에 참여했거나, 음악에 관심이 있는 아이들을 위한 여름 캠프에 참여했던 경험을 얘기할 때면 아론의 눈동자가 커지고 한층 열정적으로 보였다. 친구들은 아론이 그런 열정을 펼칠 수 있는 프로젝트를 개발하도록 격려해주었다. 아론은 멘토와 짝을 이루어 계획서를 작성하고 프로젝트를 시작했다. 아론의 계획은 트럼펫, 바리톤, 튜바를 위한 곡을 몇 개 쓰는 것이었다. 크게 기대하지 않고 시작한 이 프로젝트는 한 학기 동안 완전한 교향곡이 되었다. 아론의 열정, 헌신, 자신감은 늘어갔다. 끝날 무렵에는 이 수줍은 학생이 기꺼이 무대 위로 올라가서 자신의 교향곡을 연주하는 학교 관현악단을 지휘하게 되었다. 한때 자신은 결코 대학에 진학할 수 없다고 믿었던 이 학생은 지금 대학에서 음악교육을 전공하고 있다.

성취기준과 스킬

성취기준으로 시작하기

국가공통핵심성취기준(Common Core State Standards, CCSS)은 미국 교육부 홈페이지(www.corestandards.org)에서 찾아볼 수 있으며, 주요주립학교임원평의회(Council of Chief State School Officers, CCSSO)와 전미주지사협회(National Governor's Association, NGA)가 협업을 통해 개발한 것이다. 이들의 목적은 "고교과정 동안 대학이나 직업세계 진출 준비를 충실히 해서 졸업시키는 것"이다. 2010년에 이 성취기준이 나왔을 때 정치계와 교육계의 반응은 전폭적인 지지부터 격렬한 반대에 이르기까지 다양했다.

CCSS(국가공통핵심성취기준)와 21세기 스킬 간의 연관성은 모호할 때도 있고 명확할 때도 있다. 예를 들어, "도형의 모양과 그 특성에 대한 추론"은 고차원적 스킬이라고 생각할 수도 있지만, 기하에 관한 이

성취기준은 유치원 수준에 포함되어 있다. 고등학교 통계과목의 성취기준은 21세기 스킬과 더 분명한 관련성을 보인다. 그것은 학생들이 "표본조사, 실험, 관찰연구로부터 추론을 하고 결론을 내릴 수 있어야 한다."고 명시하고 있다. 오늘날과 같은 세상에서 성공하려면 핵심 스킬과 지식에 숙달해야 한다. 또한 개인적·직업적으로 성공하는 데 필요한 21세기 스킬을 갖춰야 한다. 그 두 가지를 통합할 때 핵심 스킬과 지식에 21세기 스킬을 긴밀하게 연계시키는 것이 중요하다.

대규모 평가는 CCSS에 기반을 두게 될 것이다. 채점을 할 때는 시의성 및 공정성과 함께 타당도와 신뢰도를 유지하는 것이 중요하다. 하지만 정보를 활용하고 실제 생활에서 스킬을 적용할 수 있는 능력에 대한 평가도 그에 못지않게 중요하다. 이런 유형의 평가는 실행과 평가가 좀 더 복잡하다. 학생들은 교실에서 문제해결, 창의력, 협업, 리더십, 글로벌 사회에 대한 이해 등의 능력을 보여줄 수 있는 다양한 기회를 가져야 한다. 교사 역시 이를 평가할 수 있는 스킬과 지식을 갖추어야 한다.

국가공통핵심성취기준(CCSS)과 연계시키기

CCSS를 검토해보면 전통적인 스킬과 21세기 스킬이 혼합되어 있는 것을 알 수 있다. 그 중 많은 것은 문해력과 수리력에 대한 기초 소양을 갖추게 하려는 의도를 가지고 있다. 〈표 1.6〉(p.50)에서는 CCSS가 추구하는 기초스킬을 고차원적 사고에 해당하는 분석과 평가 단계까지 어떻게 확장하는지를 보여준다.

표 1.6 **기초스킬의 확장**

CCSS의 학년별 기초스킬	CCSS 스킬의 확장
읽기, 쓰기, 말하기, 듣기(유치원-5학년) • 효과적인 기법으로 서사적 이야기를 쓴다. • 생각을 전하기 위한 정보형 텍스트를 쓴다.	• 집단토의에 참여한다.
읽기(6-12학년) • 주제나 핵심 개념을 파악한다. • 작가의 관점을 파악한다.	• 문체와 내용이 텍스트에 어떻게 기여 하는지 분석한다.
쓰기(6-12학년) • 분명하고 일관성 있는 글을 쓴다.	• 타당한 추론과 관련성 있는 증거로 주장을 뒷받침하는 논거를 작성한다.
말하기와 듣기(6-12학년) • 다양한 대화와 협업을 준비하고 참여한다.	**(유치원-12학년 기초스킬)** • 화자의 추론과 증거 사용에 대해 평가한다.
사회 및 과학에서의 문해력(6-12학년) • 구체적인 텍스트 증거를 인용하여 분석자료를 뒷받침한다.	**(6-8학년)** • 텍스트에서 사실, 의견, 추론적 판단을 구별한다. **(9-12학년)** • 다양한 정보를 통합하고 평가한다.
수학: 숫자와 연산(3학년) • 분수를 수로 이해한다.	• 시간 간격, 액체 부피, 물체의 질량 측정과 추산을 포함한 문제를 푼다.
수학: 측정과 데이터(5학년) • 비슷한 측정 단위들을 서로 변환한다.	• 데이터를 표현하고 해석한다.
수학: 기하학(7학년) • 기하학적 도형들을 그리고 묘사한다.	• 각도, 면적, 체적 등을 포함하는 실생활 문제들을 해결한다.
수학: 통계(9-12학년) • 통계적 실험의 기저에 있는 무작위적 과정을 이해한다.	• 조사, 실험, 관찰 연구를 바탕으로 추론 하고 결론을 정당화한다.

아래에서는 CCSS와 21세기 스킬을 연계시킨 예를 소개한다.

말하기와 듣기 필수 성취기준(유치원~12학년)

- 다양한 파트너와의 여러 대화와 협업에 효과적으로 참여하고, 다른 사람의 생각을 바탕으로 자신의 생각을 표현한다.

지식 및 생각 발표 필수 성취기준(유치원~12학년)

- 청중이 추론의 흐름을 따라갈 수 있도록 정보, 새로운 발견, 입증 자료를 발표한다. 발표내용의 구성과 전개 및 방식이 과제, 목적, 청중에 적절하다.
- 정보를 표현하고 발표의 이해를 높이기 위해 디지털 매체와 자료의 시각화를 전략적으로 잘 사용한다.

글쓰기 필수 성취기준(유치원~12학년)

- 텍스트 유형: 특정 주제나 텍스트의 분석에서 타당한 추론과 적절하고 충분한 증거를 사용하여 주장을 뒷받침할 수 있는 논거를 작성한다.
- 글쓰기와 공유: 글을 쓰고 발행하며, 타인과 상호작용하고 협업하기 위해 인터넷 등의 기술을 사용한다.
- 연구: 다양한 출처로부터 관련 정보를 수집하고, 각 출처의 신뢰성과 정확성을 평가하며, 그 정보를 통합한다.
- 리터러시를 이용하거나 정보가 담긴 텍스트로부터 증거를 도출하여 분석·성찰·리서치를 뒷받침한다.

읽기 필수 성취기준(유치원~12학년)

- 핵심 아이디어: 텍스트의 전 과정을 통해 등장인물·사건·생각이 전개되고 상호작용하는 방식과 이유를 분석한다.
- 기법과 구조: 관점이나 목적이 텍스트의 내용과 유형을 어떻게 구체화하는지 평가한다.
- 지식과 생각의 통합: 텍스트의 논쟁이나 주장을 상세하게 기술하고 평가하되 타당하고 충분한 추론의 증거도 갖춘다.

학생들이 무엇을 알아야 하고 무엇을 할 수 있을지에 대하여 모든 이해당사자가 의견일치를 본 내용은 학생들을 평가할 때 가장 좋은 지침이 될 것이다. 이와 같은 핵심 스킬로부터 시작하여 실생활 문제를 정의하고 해결하는 등 21세기 스킬로까지 확장될 때, 이러한 스킬을 뒷받침하기 위한 평가가 만들어질 수 있다.

21세기 스킬

성취기준, 평가, 기술(technology)은 모두 변화의 동인이 될 수 있다. 국가 수준의 성취기준은 지역 수준에서의 의사결정을 이끈다. 수업은 자리에 얌전히 앉아서 듣던 전통적인 방식에서 모둠활동을 통해 활발히 참여하는 모델로 전환되고 있다. 이때 교사는 학습의 전달자라기보다는 촉진자에 가깝다. 표준화시험에서부터 교실에서 그때그때 치르는 형성평가에 이르기까지 교육과정 전반에 걸쳐 평가가 근본적으로 바뀌고 있다. 학생들이 정보에 실시간으로 접속하고 이를 통해 새로운 아이디어를 만들어냄에 따라 기술은 학습 플랫폼이 되고 있다.

21세기 스킬을 이런 환경에 접목하는 일은 분명히 흥분되고 도전적인 일이다.

최근에 미국의 한 학교와 탄자니아의 한 학교 간 협업을 통한 학습에 대해 교육부가 발표하는 것을 본 적이 있다. 5학년 학생들이 기술을 사용하여 자기 나라의 정부, 지리, 기후, 자연자원, 학교, 가족생활에 대한 정보를 교환하고 있었다. 언어, 수학, 사회를 중심으로 한 수업이었는데, 학생들은 이 교환학습을 통해 나라 간 유사성과 차이점에 대해 이해하게 되었고, 세상 사람들은 여러 면에서 비슷하다는 것도 알게 되었다. 학생들은 음악, 미술, 춤, 음식을 효과적으로 사용하여 이런 것들이 자신의 생활에 어떻게 반영되고 있는지 설명했다. 기술 활용, 협업을 통한 학습, 비판적 사고과정을 통해 학생들의 세계관은 확장되었다. 프로젝트 전 과정에 걸쳐 학생들은 학습일지를 쓰고, 자기평가를 하였으며, 루브릭을 작성하여 향상도를 측정했다.

21세기 스킬을 정의하는 작업을 해온 집단이나 기관은 국내외에 대단히 많다. 이들의 연구에는 공통점과 일정한 패턴이 있는데, 그러면서도 각자 나름대로 독특한 접근법이 있다. 매우 간단하게 기술되고 제시된 것이 있는가 하면, 고도로 복잡하고 난해한 것도 있다. 어떤 것은 더 새로운 것인데 반해 다른 것은 이미 수십 년간 적용해온 것이다. 이것들을 읽어보고 검토해보면 공통점이 명확히 드러난다. 출처에 따라 용어가 다양한 것도 분명히 알 수 있다. 기본적인 용어와 21세기 학습에 대한 다양한 관점을 살펴보는 것이 다음 장에서 다룰 유형과 모형을 이해하는 좋은 출발점이 될 것이다.

현대의 수업지도와 평가방식이 아직 인간의 신성한 탐구적 호기심을 완전히 질식사시키지 않은 것은 가히 기적이다. 호기심이라는 이 섬세하고 작은 식물은 자극뿐만 아니라 주로 자유에 목말라 한다. 자유가 없다면 호기심은 완전히 파멸하게 될 것임을 나는 믿어 의심치 않는다.

– 알베르트 아인슈타인 (Albert Einstein)

생 각 해 보 기

21세기 스킬 연구의 다양한 모형에서 교사와 학생들에게 가장 의미 있는 3개의 스킬을 선택한다면 무엇이겠는가?

- 학습공동체에서 여러분이 선택한 것과 다른 사람이 선택한 것을 비교해보라.

- 동료교사와 협력해서 가장 중요한 것 3가지를 선택해보라.

- 위에서 선택한 것을 교수·학습에 어떻게 통합해 가르칠지 생각해보라.

- 21세기 스킬의 실천을 위한 첫 번째 단계는 무엇일까?

- 21세기 스킬의 향상에 중점을 두는 수업지도를 구체적으로 상상하고 이를 기술해보라.

제2장

21세기
스킬의 종합

21세기 스킬 중에는 디지털 리터러시(digital literacy, 디지털 시대에 요구되는 필수 능력으로 정보·미디어를 이해하고 표현하는 활용 능력을 일컬음-옮긴이)나 글로벌 의식(global awareness, 세계화의 진척에 따라 서로의 다양성을 인정하고, 국적·문화·종교·인종을 초월해 지구공동체의 일원으로서 갖게 되는 정체성과 인식-옮긴이)처럼 새로운 것들도 있으나, 한편으로는 기존의 것들을 새롭게 재구성한 것들도 있다. 세계화, 기술, 소셜 네트워크, 정보의 급증 및 빠른 변화로 인해 교수·학습·평가의 변화가 요구되고 있다. 1장에서 다루었던 모든 모형과 체제는 읽기, 글쓰기, 수학, 과학, 사회 과목의 핵심 지식을 기반으로 구축된다. 이렇게 기반이 구축되고 나면 21세기 스킬은 기반 스킬의 적용을 지지하고 가능케 하며 촉진하게 된다. 이 핵심 지식과 21세기 스킬을 함께 사용하여 학생들은 빠르게 변화하는 세상에 성공적으로 기여할 수 있게 될 것이다.

교육전문가 집단은 교육과정과 정책, 교수활동을 업데이트함에 따라 21세기 스킬에 대해 점점 더 많은 관심을 기울이고 있다. 미국학교사서협회(American Association of School Librarians)와 전미영어·수학·과학·사회·기술교사평의회(National Councils of Teachers of English, Math, Science, Social Studies and Technology)는 이 장에 나와 있는 의견들을 받아들이고 있다. 에듀케이셔널 테스팅 서비스

(Educational Testing Service, ETS), 국제교육기술협회(International Society for Technology in Education), 필요역량 습득을 위한 미국노동부장관위원회(U.S. Department of Labor's Secretary's Commission on Achieving the Necessary Skills)도 대화에 조심스럽게 참여하고 있으며, 지역에 있는 학교 인가 기구들과 교사 양성 및 평가에 집중하는 기구들도 마찬가지이다.

21세기 스킬 학습을 실행하기 위해서는 탄탄한 기반을 토대로 사려 깊은 검토를 거쳐 계획성 있게 적용할 필요가 있다. 그 첫 번째 단계는 21세기 스킬 이론들의 공통된 요소를 인식하는 것이다. 1장에서 소개한 훌륭한 연구결과 및 이론들은 하나의 공통된 패턴을 보인다. 이 이론들을 하나로 종합하면 〈표 2.1〉(p.58)과 같다.

21세기 스킬을 가르치고 측정하기 전에 먼저 이 스킬에 대한 의견 통일과 확실한 이해가 필요하다. 그러고 나면 각 교과내용과 학년에 따라 교사들이 교육과정, 지도, 평가를 어떻게 조정할 것인지 결정할 수 있다. 다음에는 21세기 스킬 및 지식의 3가지 요소, 즉 사고 스킬, 행동 스킬, 삶의 스킬에 대해 설명하고자 한다. 대부분의 내용은 1장에서 소개한 이론들을 편집하거나 종합한 것으로, 용어를 그대로 차용한 경우에만 출처를 언급했다. 일부는 주요 개념별로 분류했고, 또 다른 부분에서는 일련의 스킬과 지식을 소개한다.

표 2.1 **21세기 스킬 연구 비교**

스킬 ＼ 출처	21세기스킬 파트너십 (p21.org)	21세기스킬 평가 및 지도 (atc21s.org)	공교육센터 (Jerald, 2009)	경제협력 개발기구 (oecd.org)
사고 스킬 비판적 사고와 고차원적 사고	비판적 사고와 문제해결	비판적 사고	비판적 사고	
사고 스킬 문제해결		문제해결과 의사결정	문제해결	문제해결
사고 스킬 창의성		창의성	창의성	
사고 스킬 메타인지		메타인지, 학습에 대한 학습	사고에 관한 사고	
행동 스킬 의사소통과 협업	의사소통과 협업	의사소통과 협업	협업	의사소통과 협업
행동 스킬 디지털 리터러시와 기술 리터러시	디지털 및 비주얼 리터러시, 정보미디어 및 기술 리터러시	정보 리터러시, 기술 리터러시	응용 리터러시, 기술 리터러시	검색·선정·평가 조직화, 정보 해석, 기능적·응용적 기술 리터러시
행동 스킬 유연성과 진취성	유연성, 진취성, 자기주도성	유연성, 자기주도성	변화에의 적응력, 자립성	조정 및 새로운 목표 설정
글로벌 삶의 스킬 글로벌 사회에 대한 이해	글로벌 스킬	시민의식, 글로벌 사회에 대한 이해	글로벌 스킬	
삶의 스킬 시민의식	시민적 소양	시민의식	시민적 참여	시민적·사회적 참여
삶의 스킬 리더십과 책임감	리더십과 책임감	개인적·사회적 책임감	개인적 책임감	윤리적·사회적 영향, 책임감
삶의 스킬 대학 및 직업세계 진출 준비	생산성과 책무성	삶과 직업 관련 스킬		

인게이지 (Lemke et al., 2003)	마음습관 (Costa & Kallick, 2000)	삼원지능 (Sternberg, 1985)	비판적 사고 (Glaser, 1941)
고차원적 사고와 논리적 추론		분석적 지능	비판적 사고력
실생활 관련 결과물 생산	질문 및 문제제기	문제해결	문제 인식과 해결, 증거와 주장 평가
창의성, 호기심	창조, 상상, 혁신	창의적 지능: 기존 지식 종합	
	메타인지, 과거 지식을 새로운 상황에 응용		추론, 정확한 판단
의사소통, 협업, 대인관계 스킬	경청, 명확한 의사 소통, 상호 의존적 사고		언어에 대한 정확하고 분명한 이해 및 사용
디지털 및 비주얼 리터러시, 기술 활용 스킬			관련 정보 수집, 데이터 해석
적응력, 자기주도성	유연한 사고, 자기인식		
글로벌 의식, 다문화 리터러시			
개인적·사회적· 시민적 책임감			
자기주도성, 시민적·사회적 책임감			
계획, 우선순위, 높은 생산성	지속적 학습, 정확성과 정밀성, 과거에서 현재로	실용적/응용적 지능	

사고 스킬

비판적 사고

- (과거를 현재/미래에 적용하고, 정보, 경험을) 사용/응용한다.
- 결론과 분석을 뒷받침하기 위해 정보와 데이터를 검색하고 사용한다.
- 정보와 경험을 교과를 넘나들며 또는 실생활에서 사용한다.
- 진술을 뒷받침해줄 증거나 데이터를 객관적으로 검토한다.
- 과거의 경험과 학습을 미래의 계획에 응용한다.
- 다양한 접근법을 통하여 복잡성을 관리한다.
- 선택지를 추가적으로 제안한다.
- 새로운 증거에 근거하여 신념체계를 다시 논의하고, 검토하고, 재정립한다.
- (결정사항, 실험, 주장, 산출물을) 평가한다.
- 다양한 관점을 인식하고 고려한다.
- 다양한 견해를 비교하고 대조한다.
- 정보를 해석하고 결론을 도출한다.
- 주장이나 신념을 뒷받침하는 증거를 평가한다.
- 사실이나 정보를 관점이나 견해와 연결한다.
- (문제, 논쟁, 원인과 관련성을) 분석한다.
- 부분들이 어떻게 상호작용하여 전체적인 지식·견해·신념을 이루는지 분석한다.
- 관계와 패턴을 탐색한다.

- 복잡하고, 추상적이고, 상징적인 이미지·대상물·텍스트를 이해한다.
- 하나의 이슈나 주제에 관해 추론하고, 판단하며, 결론/일반화를 이끌어낸다.
- 귀납법과 연역법을 포함하여 다양한 추론 방법을 사용한다.
- 논쟁에서 논리의 비약이나 속임수를 파악한다.
- 가설과 편향 여부를 분석한다.
- 모순과 애매성에 주의를 기울인다.
- 명시적으로 진술되지 않은 가정들을 인식한다.

  (지식, 스킬, 신념, 성향을) 종합한다.
- 사고와 학습의 여러 경로를 연결한다.
- 증거, 논쟁, 주장, 신념 등을 종합적으로 살핀다.
- 사실과 부분을 종합해 큰 그림을 이해한다.
- 요소 간의 패턴과 관계를 파악한다.

문제해결

- 친숙하지 않은 문제에 대응하기 위해 시스템을 이해하고 응용한다.
- 문제해결 과정의 단계를 이해하고 응용한다.
- 문제를 명확하게, 뒷받침하는 증거를 가지고 묘사한다.
- 문제에 대해 필요하고도 관련이 깊은 정보를 수집한다.
- 다양한 전략을 사용한다.
- 다양한 해결책을 만들어낸다.

- 주어진 문제에 대해 대안적 해결책과 가능성을 생각한다.
- 하나의 문제에 대해 가능한 복수의 해결책 중에서 심사숙고하여 선택한다.
- 문제와 관련된 결과를 평가하고, 그 결과에 따라서 조정한다.
- 특정 문제의 각 요소에 상대적 가치를 부여하고, 이를 활용하여 의미 있게 요소들의 순위를 매긴다(enGauge).
- 귀납적 및 연역적 추론을 다양한 응용 상황에 활용한다.
- 실생활에서 다양한 유형의 문제를 해결한다.
- 문제의 각 부분이 전체와 얼마나 복잡하게 얽혀 있는지를 인식한다.
- 때로는 정답이 없다는 사실을 인식한다.

창의성

- 근본적인 호기심과 탐구심을 가진다.
- 창의적 과정에 대한 지식을 드러내 보인다.
- 유창성, 정교성, 독창성을 비롯하여 다양한 형태의 창의적 기교들을 사용한다.
- 더 깊은 의미를 찾기 위해 질문한다.
- 세상살이에 대한 답을 구하려는 태도를 보인다.
- 독창성과 창의성을 드러내 보인다(www.p21.org).
- 독창적이고, 새롭고, 독특한 아이디어와 결과물을 창조한다.
- 신선하고 예사롭지 않은 새로운 아이디어를 다수 생각해낸다.
- 부연설명을 하고 세부사항을 추가한다.

- 유연성을 발휘하여 새로운 아이디어를 생각해낸다.
- 독창적인 작품·성과·발표를 고안하고, 계산하고, 만들어낸다.
- 단순하지 않게 복합적으로 창조한다.
- 다층적이고 다면적인 아이디어를 고안한다.
- 기존의 작품 속에서 새로운 패턴을 읽을 수 있다.
- 확산적 사고(divergent thinking)와 수렴적 사고(convergent thinking)를 한다.
- 창의성을 실생활 문제에 응용한다.
- 다양한 아이디어에 열려 있고, 창의적 과정을 뒷받침하기 위해 이 아이디어들을 이용한다.
- 성찰의 과정을 통해 작업의 창의성을 지속적으로 개선한다.
- 협업을 통해 새로운 아이디어를 개발·시행·소통한다.
- 애매모호함을 참아낸다. 즉, 창의적 과정이 주는 혼란스러움과 예측 불가능성을 수용한다.
- 새로운 혁신이 기존의 패러다임에 주는 영향을 인지한다.
- 혁신과 창의성에 따르는 장애요인을 파악한다.
- 책임이 따르는 도전적 상황에서 창의성을 발휘한다.

메타인지
- 자신의 사고에 대해 성찰한다.
- 자신의 사고를 모니터링한다.
- 사고에 유연성을 발휘한다.
- 학습 스타일의 다양성을 인식한다.

- 학업 면에서 자신이 갖고 있는 강점과 스타일을 안다.
- 다양한 방법을 통해 기꺼이 배우려 한다.
- 다중 감각 경로를 통해 학습에 임한다.
- 학습의 장점과 스타일에 맞추기 위해 선택적으로 접근한다.
- 감정이 생각과 행동에 미치는 영향에 대해 알고 있다.
- 자신의 선택과 행동이 다른 사람들에게 미치는 영향을 생각한다.
- 사려 깊게 행동한다.

행동 스킬

의사소통

- 다양한 형태의 구어적 의사소통(예를 들면 대화, 토의, 토론)의 특성을 잘 보여준다.
- 다양한 형태의 문어적(격식, 비격식, 학문적) 의사소통의 특성을 파악한다.
- 다양한 형식과 맥락 속에서 의사소통 스킬을 응용한다.
- 다른 사람들과 건설적인 대화에 참여한다.
- 여러 상황에서 다양한 미디어를 통해 의사소통의 이해 스킬을 보여준다.
- 다양한 출처의 자료를 보고 읽고 듣는다.
- 기본적인 문법과 유형 등을 포함한 문자언어의 원리를 이해한다.
- 다양한 형태의 텍스트를 읽고 이해한다.

- 효과적으로 듣고, 글이나 말로 하는 의사소통의 의도와 내용을 이해한다.
- 사진이나 동영상에 담긴 의도와 정보를 파악한다.
- 다중 매체와 기술을 이용하여 효과적인 의사소통을 한다.
- 말이나 글, 비언어적 의사소통 수단을 이용하여 생각이나 의견을 효과적으로 표현한다(www.p21.org).
- 다른 사람들이 이해할 수 있도록 분명하고도 효과적으로 의사소통한다.
- 정보 전달이나 설득 등 다양한 목적으로 의사소통한다.
- 다양한 상황에서 의사소통한다.

협업

- 생산적으로 협업한다.
- 적극적으로 참여하고 기여한다.
- 집단 안에서 말하기와 경청하기, 이끌기와 따르기 간의 균형을 맞춘다.
- 유연성과 타협을 보여준다.
- 동료애를 가지고 다양한 사람들과 협업한다.
- 다른 사람들의 의견을 존중한다.
- 타인의 관점에서 보고 생각할 수 있는 스킬을 보여준다.
- 집단의 목적을 진전시키는 데 헌신한다.
- 자신이 속한 더 큰 집단의 이해와 요구를 고려한다.
- 구성원 각자의 기여를 가치 있게 여긴다.

- 다른 사람들의 장점을 알아주고 활용한다.
- 개인의 장점과 능력에 맞는 과업과 과제를 준다.
- 협업을 통해 문제를 해결하고, 새로운 아이디어와 결과물을 만들어낸다.
- 공동의 책임의식 속에 작업을 완수한다.
- 개인 및 집단의 요구와 목표에 대해 우선순위를 정한다.
- 각자의 다양한 견해를 듣고 집단지성을 활용해 의사결정을 한다.
- 의견이 일치된 부분과 불일치된 부분을 확인한다.
- 솔직한 토의 및 토론, 의견의 불일치를 존중한다.
- 자신의 감정을 모니터링한다.
- 집단 안에서의 갈등 해소에 기여한다.

디지털 리터러시

- 다양한 출처의 정보에 접근한다.
- 정보를 효율적이고 효과적으로 선정한다.
- 여러 목적을 위해 정보를 검색하고, 분류하고, 취합한다.
- 특정한 목적을 위해 어떤 정보가 필요한지 판단한다.
- 정보의 출처를 중요도, 신뢰도, 정보의 깊이에 따라 우선순위를 정한다.
- 정보의 관련성과 정확성을 비판적으로 평가한다.
- 지식의 기반을 확립하는 데 증거의 중요성을 이해한다.
- 미디어 메시지의 목적과 용도를 이해한다.
- 미디어 메시지의 어떤 구성이 설득력이 있는지 인식한다.

- 미디어 메시지의 개인적인 해석을 조사·분석한다.
- 메시지가 인간에게 미치는 영향과 미디어가 신념·행동·가치에 미치는 영향을 고려한다.
- 정보를 활용해 학습하고, 산출하고, 새로운 것을 창조한다.
- 다양한 출처로부터의 정보 유입을 관리한다(www.p21.org).
- 정보의 접근·해석·사용에 있어서 개인적 및 문화적 차이를 인식한다.
- 정보에 접근하고 사용함에 있어서 윤리적·법적 규정을 인정하고 따른다.

기술 리터러시

- 컴퓨터의 가장 기본적인 기능들을 이해한다.
- 다양한 소프트웨어, 프로그램, 어플리케이션을 활용한다.
- 다양한 기술 중 필요한 것을 선택하여 특정 목적을 달성한다.
- 적절하고 목적에 맞게 선정된 기술을 사용하여 미디어 생산물을 제작한다.
- 기술을 활용해 정보의 접근·수집·관리·통합·생성이 가능하다 (www.atc21s.org).
- 기술을 활용해 연구하고, 조직하고, 평가하고 의사소통한다 (www.atc21s.org).
- 기술을 활용해 타인과 소통하고 네트워크를 형성한다.
- 기술을 활용해 다양한 맥락 속에서 생산하고 혁신한다.
- 다양한 기술을 효과적으로 활용해 창조적 작업의 생산성을 높인

다(enGauge).

- 기술을 활용해 데이터를 제시하고, 그래프로 나타내고, 데이터를 추적한다.
- 기술을 활용해 실생활에서 복잡한 문제를 인식하고 해결한다(enGauge).
- 기술의 사용과 관련하여 법적·윤리적 이슈를 이해하고 고려한다.
- 새롭게 생겨나는 기술을 끊임없이 배우고 비판적으로 평가한다.

*유연성과 적응성

- 과제·책임·일정·장소의 변화에 맞추어 조정한다.
- 입력 내용과 증거에 따라 적절히 변경한다.
- 변화하는 상황과 환경을 받아들이고 그에 적응한다.
- 새로운 정보에 맞추어 자신의 생각·태도·행동을 수정한다.
- 수용 가능한 결론과 해결책을 찾기 위해 협상한다.
- 학습과 행위에 있어서 개인적인 성향을 고려한다.
- 칭찬과 비판을 받아들이고 대처한다.
- 지속적인 변화와 성장에 충실히 따른다.

*진취성과 자기주도성

- 우선순위를 정한다.
- 전략과 목적을 갖고 계획을 세운다.
- 목표를 세우고, 그 목표를 달성하기 위해 적극적인 조치를 취한다.

- 생산성 및 목표 달성을 극대화하기 위해 시간을 관리한다.
- 과제를 완수하기 위해 독립적으로 작업한다.
- 성실함과 인내가 성공을 이끌어낸다는 것을 인지한다(enGauge).
- 적절한 전략과 행동을 통해 긍정적인 자아상을 형성한다.
- 충분히 인내하며 과제를 완수한다.
- 효과적으로 자기관리를 한다.
- 미래의 더 큰 만족을 위해 현재의 욕구를 자제한다.
- 자신이 어떻게 일을 수행하는지 모니터링한다(enGauge).
- 장애요인에 현실적으로 대처하고 노력을 통해 이를 극복한다.
- 기초를 숙달하는 것을 넘어서 전문성을 개발한다.
- 미래의 성공을 이루어가기 위해 과거의 경험에서 배운다.

---

*'유연성과 적응성', '진취성과 자기주도성'은 둘 다 '행동 스킬'에 들어가지만, 이 책에서는 중복을 피하기 위해 '리더십과 책임감' 영역에 넣어서 설명하려고 한다. '리더십과 책임감'에 대해서는 7장의 '삶의 스킬'에서 다룬다.

삶의 스킬

시민의 책임과 시민의식
- 정치 구조를 이해하고 민주적 정부의 작동 절차를 이해한다.
- 민주적 정부 형태를 다른 나라의 정부 구조와 비교한다.
- 민주적 과정에 기꺼이 참여하고자 한다.
- 민주적 과정에 적극적으로 공감한다.

- 개인적 스킬을 발휘하여 민주적 과정에 기여한다.
- 지역·주·국가 및 국제적 차원에서 연계한다.
- 민주적 기관들의 구조·기능·과정에 대해 이해한다.
- 정의, 평등, 개인적 책임감 등 시민이 갖춰야 할 자질을 개발한다.
- 정의와 개인적 책임에 관한 다양한 관점을 존중한다.
- 모든 개인의 삶의 질 향상을 위해 노력한다.
- 정책 개발과 관련해 기관들의 역할에 대해 인식한다.
- 정책입안 단체에 어떻게 접근하고 교류하는지를 안다.
- 시민의 권리와 의무에 대해 알며 그에 따라 행동한다.
- 시민의 권리를 지역·주·국가 및 국제적 차원에서 비교한다.
- 지역 차원에서 내린 결정이 글로벌 차원에 어떤 영향을 주는지를 인식한다.
- 시민의 책임에 대한 이해를 바탕으로 이에 맞게 행동한다.
- 타인의 권리를 침해하는 행동에 대해 책임을 진다.
- 훌륭한 시민의식을 보여주며 학급 활동에 참여한다.
- 타인의 행복과 안녕에 기여한다.

글로벌 사회에 대한 이해
- 현재 진행 중이거나 새롭게 부상하는 국제적인 사건·이슈·도전 과제를 잘 알고 있다.
- 개인·직장·지역사회에서 상호존중의 정신과 개방적인 대화를 통해 다양한 문화·종교·생활방식을 가진 사람들에게서 배우고 그들과 협업한다(www.p21.org).

- 국제사회가 역사적·정치적·경제적·기술적·사회적·언어적·생태적으로 서로 연결되어 있다는 것을 안다(enGauge).
- 국제관계에서의 중요한 경향을 인식하고, 분석하고, 평가한다(enGauge).
- 문화적·지정학적·경제적으로 전세계가 서로 연결되어 있음을 인식한다.
- 국제사회에 참여하고 기여한다.
- 자국의 문화뿐만 아니라 타문화의 역사 및 토대를 이해한다.
- 여러 문화의 상징·아이콘·전통을 이해한다.
- 문화적 차이를 헤아리고 배려할 줄 안다.
- 문화적인 신념·가치·감성이 사람들의 생각과 행동양식에 어떤 영향을 미치는지 알고 있음을 보여준다.
- 사회적·민족적·종교적·문화적으로 다양한 배경을 가진 사람들의 생각을 존중한다.
- 편견·인종차별·선입견·고정관념의 이슈에 세심하게 대응할 줄 안다(enGauge).
- 문화 간의 차이점과 유사점을 잘 파악하고 있다.
- 다양한 문화권의 생각을 반영해 삶의 질을 향상시킨다.
- 영어 외의 다른 외국어로도 일상 회화를 할 수 있다.
- 타문화권 사람들의 관점을 이해한다.
- 인권과 평등의 개념을 받아들인다(www.atc21.org).

리더십과 책임감

- 대의 및 공공선에 기여하는 데 개인의 역할을 인식한다.
- 목표를 위해 다른 사람들과 협업하고 그들을 이끌고 갈 수 있는 대인관계 스킬을 사용한다.
- 공동의 목표를 달성하도록 다른 사람들을 격려하고 돕는다.
- 올바른 인격과 윤리로 다른 사람들에게 영향을 미친다.
- 집단이 추구하는 성과를 개선하기 위해 결정을 내린다.
- 성공과 실패에 대해 책임의식을 갖는다.

대학 및 직업세계 진출 준비

- 개인적·직업적 성장 계획을 세운다.
- 대학 진학과 직업세계 진출 계획을 세울 때 단기계획과 장기계획 모델을 이용한다.
- 개인적·직업적 역할 수행을 위해 스킬, 지식, 성향, 능력을 발휘한다.
- 독자적으로 목표를 세운다.
- 우선순위를 정한다.
- 목표와 시간 관리에 있어 균형을 유지한다.
- 목표 달성을 위해 결연한 의지를 가지고 행동한다.
- 단기 프로젝트와 장기 프로젝트를 잘 관리한다.
- 일상생활, 학교, 사업장에서 변화하는 환경에 적응한다.
- 최고 수준의 능력 개발과 지속적 학습에 전념한다.
- 의미 있는 생산성 향상을 통해 기여한다.

- 생산성 향상을 위해 다른 사람들을 지원한다.
- 책임의식을 가지고 생산물의 질과 정확성을 향상시킨다.

결론 및 패러다임

새로운 정보가 매년 국회도서관 3만 7천 개에 해당되는 양만큼 생겨나고, 또 매년 30%씩 증가하는 상황이라면(Lyman & Varian 2003) 학생들이 알아야 할 모든 지식을 가르치는 것은 이제 불가능한 일이다. 더구나 오늘날의 학생들은 몇 번의 클릭만으로 무한대의 정보를 접할 수 있다. 이제는 사실지식(factual knowledge)을 숙달하는 교육과정으로부터 지식의 이해와 응용에 기반을 두는 교육과정으로의 전환이 필요하다. 교수·학습에서의 이러한 변화는 결과적으로 평가의 변화도 가져온다.

엠즈 선생님의 교실에서는 학생들이 지난 시간에 한 학습의 기록을 펼치는 것으로 수업을 시작한다. 모든 학생은 그 단원을 시작할 때 받은 학습 진척 기록지와 자신의 진척 상황을 비교한다. 각 학생은 그날 도달할 목표 한두 개를 쓴 후, 학습 진도가 비슷한 학생들끼리 모여 각자의 진척 상황에 대해 이야기하고, 다음에 취할 단계를 계획한다. 둘씩 짝을 이뤄 혹은 3인 모둠으로 활동할 학생들을 선생님이 선정하는 날도 있다. 이때 선정의 기준은 학생들이 학습목표를 얼마나 달성했는가가 된다. 필요한 진도를 나가고 핵심 내용을 숙달하는 데 어려움을 느끼는 모둠이 있으면, 선생님은 다음 진도를 안내하기 위해 그 모둠과 더 긴밀히 협업한다.

크리스티와 카일라는 대모둠 활동에 참여할 때는 말이 거의 없지만, 둘이서는 생산적으로 협업한다. 크리스티는 시험성적이 좋은 반면, 카일라는 정답을 써내야 한다는 강박관념 때문에 시험지를 아예 백지로 내는 바람에 성적이 좋지 않다. 프로젝트를 배열하고 조직하는 일을 잘하는 크리스티에 반해, 카일라는 창조적 영감이 풍부하다. 학년 초에 엠즈 선생님은 크리스티와 카일라가 학급 전체의 토론과 활동에 참여하도록 애썼다. 시간이 지나면서 선생님은 이들 각자의 장점을 파악하여 둘이 함께 성공적으로 작업할 수 있도록 프로젝트 일부를 재구성했다.

엠즈 선생님의 수업이 시작된 직후에 참관자로 들어가보면, 모둠별로 컴퓨터 앞에 앉은 학생들을 보게 될 것이다. 한 모둠은 구글 닥스 같은 앱을 이용하여 자신들이 찾아낸 기사를 공유하고 있을 것이다. 다른 모둠은 작업 진도가 조금 빨라 프레지(Prezi, 프레젠테이션 자료를 작성할 수 있는 인터넷상의 프로그램-옮긴이)를 이용해 자신들의 연구를 종합한 발표자료를 만들고 있을 것이다. 또 다른 모둠은 온라인 게시판으로 옆 모둠에게 진척 상황을 보여주고 또래 피드백을 받을 것이다. 학생들은 모둠별로 각자 만든 것에 대해 평가하고, 필요한 수정을 하기 위해 루브릭을 사용한다. 루브릭에는 협업, 생산성, 기술의 사용뿐만 아니라 내용지식의 완벽한 숙지와 활용도 같은 항목도 포함되어 있다. 내용지식에 해당하는 것은 더 전통적인 방법으로도 측정할 수 있다. 수업 중에는 엠즈 선생님이 각 모둠과 상담하고 진척도를 검토하며 다음 단계를 위해 조언한다. 수업이 끝난 뒤에는 선생님이 누적 기록을 검토하고, 학생들의 학습에 대해 메모를 남긴다. 아울러 어떻게 앞으로 나아갈지에 대해 추가로 조언할 수 있다.

이런 수업과 평가가 어느 과목, 어느 학년에서 가능한지 묻는다면, 이에 대해 딱히 정해진 바는 없다. 하지만 아주 어린 학생들을 대상으로 할 것 같지는 않다. 어린 학생들의 경우에는 그 단계가 좀 더 구체적이어야 하고 학습과정에 추가적인 지원이 이루어져야 할 것이다. 어떤 과목이 되든지 교사는 먼저 각자의 수업내용을 이런 형태의 참여학습 시나리오에 녹여 넣어야 한다. 그 후 학습목적에 맞추어 적용 가능한 21세기 스킬들을 선정해야 할 것이다.

이제 더는 학교 수업에서 모든 스킬과 지식을 가르칠 수 없다. 교수방법이 달라지면 평가방법도 달라져야 한다. 크리스 디드(Chris Dede)의 말처럼 "역사적으로 볼 때 지금 시점에서 교육과정과 교수방법, 평가방법을 바꾸는 데 있어서 가장 큰 장애는 개념적·기술적·경제적인 것이 아니라 심리적·정치적·문화적인 것이다"(2009a, p.12).

생 각 해 보 기

- 21세기 스킬 중에서 어떤 공통 주제의 흐름이 여러분 각자, 학급, 학교, 학구, 혹은 집단과 관련 있는가?

- 교과내용을 21세기 스킬이라는 맥락 속에 어떻게 맞춰 넣을 수 있는가? 몇 가지 예를 생각해보라.

- 어떤 교과영역은 다른 교과영역보다 21세기 스킬과 더 긴밀한 관련이 있다고 보는가? 어떻게, 그리고 왜 그런지 설명해보라.

- 이제 더 이상 모든 교과내용을 가르칠 수 없다면 교수·학습을 조정함에 있어서 여러분이 취할 우선순위는 무엇인가? 그 일을 어떻게 할 것인가?

제**3**장

21세기
평가의
기본원칙

A Guide to
Evaluating
Mastery and
Authentic
Learning 1st
Edition

그리스 신화에는 여관집 주인인 프로크루스테스의 이야기가 나온다. 번화가에 있는 그의 여관은 지친 나그네들에게 식사와 잠자리를 제공했는데 그에게는 아주 특별한 침대가 있었다. 프로크루스테스는 "이 침대는 누가 와서 잠을 자든 침대 길이가 그 사람의 키와 정확하게 맞아떨어진다."라고 장담하곤 했다. 그런데 여기에는 그가 밝히지 않은 무시무시한 비밀이 숨겨져 있었다. 프로크루스테스는 손님을 침대 길이에 맞게 조정했던 것이다. 손님의 키가 너무 작으면 침대에 맞게 손님을 잡아 늘였고, 손님의 키가 너무 크면 발을 잘라내 버렸다. 이 이야기는 테세우스라는 영웅에 의해 프로크루스테스 자신이 침대에 맞게 머리가 잘리면서 끝난다.

우리는 수십 년간 학생을 교육하는 일을 시험이라는 틀에 맞추려고 애써왔다. 학생들에게 개인교습을 하고 훈련을 시키고 시험 대비 실전문제집을 풀게도 했지만, 이런 노력이 일관되고 광범위하게 성공한 적은 거의 없었다. 우리는 시험문제에 맞추어 교육과정을 조정해왔으나 여전히 학생들의 성적은 변동이 없다. 이제 학생들에 맞추어서 침대를 조정할 때가 된 것 같다. 교수법을 바꾸어 비판적 사고를 장려하고, 학생들이 각자의 스킬을 발휘해 자신에게 맞는 크기의 침대를 만들도록 해주고, 다양한 모양과 크기의 침대를 만들 기회를 주어야 하며, 제기되는 문제점들을 해결하도록 격려해줘야 한다.

이 장에서는 21세기 평가의 잠재력과 가능성에 대해 살펴보겠다. 아울러 양질의 평가지표를 검토하고 21세기 학습목표를 극대화하기 위한 방안도 제시하고자 한다.

가치 있는 변화

선생님이 150년 전의 역사에 대해 설명하는 동안 딜런은 조용히 앉아 있으려고 애쓴다. 학년말이 다가오자 선생님은 정해진 교육과정을 마치려고 진도 나가기에 급급하다. 샤니아네 반에서는 학생들 각자 과학실험 보고서를 작성하여 선생님에게 제출한다. 그런 다음 선생님이 이를 살펴보고 성적을 매길 때까지 기다린다. 매티는 이렇게 차분하고 질서정연하게 진행되는 수업이 자신을 미래의 직업세계에 대비시켜주지도, 21세기에 필요한 삶의 스킬을 갖추어주지도 않을 거라는 사실을 전혀 알지 못한다.

21세기 스킬에 대한 정보는 물론 오늘날의 기술문명을 자유자재로 사용하는 학생들이 특히 필요로 하는 것에 대한 정보도 흘러넘친다. 교육과 관련된 다양한 집단들이 현재의 방식은 바뀌어야 한다고 주장하고 있다. 그들은 학교가 더 이상 20세기 교육과정을 가르칠 수는 없으며, 이제 21세기에 대응해서 학생들을 준비시켜야 한다고 주장한다. "우리는 교육과정을 전면적으로 쇄신해서 살아 숨 쉬는 교육과정이 되게 해야 한다. 이를 통해 학교의 작동방식을 획기적으로 바꾸고 우리가 살아가는 현 시대에 맞추어야 한다"(Jacobs, 2010, p.2).

예전부터 써오던 낡은 평가방식으로는 학급 수준에서 치르는 시험이건 더 큰 규모의 시험이건 간에 학생들의 분석력, 종합력, 창의력을 효과적으로 측정할 수 없다. 전통적인 선다형 시험문제들은 전형적으로 기억 및 회상과 같은 낮은 수준의 인지능력을 평가한다. 탐구, 질의, 어떤 입장의 지지와 같은 평가방식은 더 높은 수준의 인지능력을 다루기는 하지만, 학생들이 스스로 조사해서 결정하고 생성하고 새롭게 고안하도록 요구하는 평가는 드물다. 내용지식에 대한 평가를 그만둘 것까지는 없지만 조직화, 협업, 독창성 등과 같이 좀 더 복잡한 스킬을 평가하는 방향으로 옮겨갈 필요는 있다.

전통적으로 학생들에게 시험을 실시하고 교수계획을 세우는 과정에서 평가는 교수행위의 맨 마지막에 온다. 근래에 들어 형성평가가 강조되면서 평가를 교수행위 속에 녹여 넣는 것을 많이 고려하게 되었고, 평가에서 얻은 데이터를 교수 관련 의사결정에 사용하는 것에도 더 많은 관심이 쏟아지고 있다. 이런 경향은 21세기 학습에도 긍정적인 영향을 끼칠 것이다. 엘레나 실바(Elena Silva)는 이에 대해 다음과 같이 설명한다.

평가는 21세기 스킬 논쟁을 이끌어가는 흥미로운 동인(動因)이다. 그러나 21세기 스킬 운동에 대한 지지와 반대를 두고 분열이 생겨나는 상황에서 평가는 역량지향과 내용지향 간에 가교 역할을 할 더없이 좋은 기회가 될 수도 있다(2009, p.630).

좋은 평가의 기본원칙

최근에 교사 집단에게 "좋은 평가는 '좋은' 평가이다."라는 길잡이 문장을 주고 이에 대한 응답을 요청한 적이 있다. 교사들에게 '좋은 평가'의 지표에 대한 브레인스토밍 과제를 준 것이다. 그들이 도출한 아이디어는 형성평가와 관련된 것이었다. 예를 들면 '수업지도와 통합', '신속하고 긍정적이며 도움이 되는 피드백', '다중 측정' 등이었다. 그들은 또한 형성평가와 총괄평가를 이어주는 특성도 확인했는데, 예를 들면 '목표 달성 여부의 측정', '수업지도에 필요한 정보 제공', '진척도 모니터링' 등이었다. 반면에 몇 가지 항목은 간과했는데, 이를테면 '개선의 기회 제공'과 '학생들을 참여시키기' 등이었다. 대체로 교사들은 좋은 평가가 무엇인지 알고 있었다.

평가에서의 핵심 개념은 출처가 다양하다. 예를 들면 교육평가 성취기준공동위원회(Joint Committee on Standards for Educational Evaluation), 전미교육측정평의회(National Council on Measurement in Education), 전미연구평의회(National Research Council), 전미평가포럼(National Forum on Assessment), 주요주립학교임원평의회(Council of Chief State School Officers)가 있다. 이 핵심 개념은 각 교과영역을 대표하는 주요 단체들도 주장하는데 영어, 수학, 과학, 사회, 미디어, 예술, 직업 교과를 대표하는 단체들이 포함된다. 이 핵심 개념은 모든 평가의 준거 및 필수요건에 공통적으로 반영될 수 있으며, 이야말로 좋은 평가의 기본원칙이라고 할 수 있다. 〈표 3.1〉(p.82)의 항목들은 학급에서, 또 공유하는 공통 평가 및 대규모 측정에서 일상적으로 사용될 수 있다.

표 3.1 **평가의 기본원칙**

준거(기준 목표)와 필수요건	수업에의 적용
반응적 평가(responsive assessment)는 학생들의 강점과 약점을 알아내어 강점은 발전의 토대로 삼고 격차(목표와의 간극)와 문제점은 고칠 수 있게 한다. • 학생에 초점을 맞춘다. • 향상 정도를 모니터링한다. • 학습의 개선에 사용된다.	수학 교사들은 수업 전에 형성평가를 통해 학생들의 지수함수에 대한 기초대수학 이해를 측정한다. 학생들은 성취기준에 비추어서 자신의 향상도를 조사하여 기록한다.
평가가 교수행위와 통합된다는 말은 교사가 지속적으로 학습자의 진척 상황을 확인하고 그 리듬에 직접 반응할 수 있다는 뜻이다. 그것은 의미 있는 피드백을 제공하고, 계획하고, 교수행위를 모니터링하며 학생들을 참여시키는 데 기본이 된다. • 수업지도에 유용한 목적을 갖는다. • 학습에 통합하여 지속적으로 실시한다. • 학생들의 요구사항에 신속히 반응한다. • 성취목표와의 간극을 확인하고 어떻게 개입할 것인지 안내한다.	스페인어 교사는 학생들이 어휘와 동사 시제를 완전히 숙지했는지에 관한 데이터를 정기적으로 수집하고, 그에 맞추어서 교수행위를 조정한다. 학생들의 공통적인 오류는 다시 가르치고, 선정된 어휘를 한차례 신속히 학습하는 등의 방법을 이용한다. 학생들은 진척도를 기록하는, 대화식 전자칠판에 각자의 응답을 게시한다.
평가는 교육의 최종 결과에 실질적으로 기여한다. 목표와 성취기준에 대해 전반적으로 귀중한 정보를 생성해주기 때문이다. • 성취기준, 교육과정, 수업지도, 평가를 긴밀히 연계시킨다. • 학습이 되었다는 증거를 가시화한다.	교사는 평가가 어떻게 학습목표, 성취기준 및 교수전략과 연계되는지를 보여주는 수업지도안을 준비한다. 평가에서 얻은 정보는 다음 수업지도안에 대한 안내가 되며, 수업의 최종 결과를 보고하는 데 사용된다.
학습자의 강점과 약점을 아는 데는 다중 측정(multiple measures)이 활용된다. 다중 측정은 교육과정의 폭넓고 깊이 있는 학습을 지원한다. • 다양한 측정 잣대와 방법을 사용한다. • 자기평가를 촉진한다.	교사는 전통적인 선다형 시험과 완성형 시험 외에 프로젝트, 또래검토 및 학습일지를 사용하여 교수목표를 달성하고자 노력한다. 학생들은 서로 연계된 루브릭, 체크리스트, 성찰 등을 갖춘 프로젝트를 선택할 수 있다.

평가는 데이터를 숫자로 표현하는 측정(measurement)과, 해석·판단·개입을 요하는 평가(assessment) 이 둘을 구별하는 능력을 필요로 한다. • 의사결정에 도움이 되는 데이터를 제공한다.	표준화시험의 쓰기 영역에서는 숙달 수준을 보이더라도, 독창적인 아이디어를 생각해내는 스킬은 부족한 것으로 파악되면 언어과목 교사들은 학생들이 사용할 수 있도록 안내, 예문 및 체크리스트를 개발한다.
평가 데이터를 사용하여 의사소통한다. 평가에 관련된 사람들이 다중 측정 방식에서 얻은 평가 결과에 대해 알고 있다.	교사는 성적표의 점수에 사용한 것과 동일한 교실 학습의 지표를 루브릭 및 다른 채점에 사용한다.
평가과정은 공정해야 한다. 공정성(fairness)이라는 말은 "치우침이 없어야 한다"는 의미로 해석할 수 있으나, 이에 못지 않게 중요한 것은 학생들이 학습목표와 그러한 목표의 평가방식을 알고 있는 것이다. • 목표와 학습의 최종 결과는 모든 학생들에게 명확히 공유되어야 한다.	레이크사이드 중학교의 모든 교사들은 단원의 개요를 문서로 작성해서 학생들에게 주도록 되어 있다. 이 개요에 포함되는 것은 성취목표, 학습활동, 그리고 목표와 연계된 평가이다.
평가과정은 타당해야 한다. 타당성(validity)이란 평가가 의도한 결과를 얼마나 잘 측정하는지, 그 측정의 결과로 이루어진 결정이 얼마나 올바른지를 의미한다. • 의도한 목표를 목적에 맞게, 정확하게 평가한다. • 데이터에 입각한 결정을 유도한다.	교사는 시험 후에 사용할 새로운 전략을 찾기 위한 방편으로 학생들에게 가장 어려웠거나 헷갈리는 질문들을 메모하라고 요구한다. 학생들의 응답을 통계 내고 가장 흔한 응답을 검토하여 그것이 자신이 가르친 것과 얼마나 일치하는지 판단하고, 종합평가 점수 산정에 넣을지 아니면 그에 앞서 다시 가르칠지를 정한다.
평가과정은 신뢰할 수 있어야 한다. 신뢰성(reliability)은 채점 오류와 관련이 있으며, 평가의 결과물을 사용할 때 고려해야 하는 요소다. 교수와 학습에 관련된 결정을 할 때 평가는 사용자들 사이에 일관성이 있어야 한다. • 뒷받침할 정보를 얻기 위해 일상적으로 체크한다.	밸리고등학교의 교사들은 교사학습공동체(professional learning community, PLC)를 통해 공통으로 치르는 형성평가에 대한 채점을 비교하고, 그 데이터에 근거해 수업 관련 의사결정을 한다.

평가의 대상은 어떤 것이든 될 수 있지만, 정말로 중요한 것은 평가를 어떻게 사용하는가이다. 평가방법이나 전략보다 더 중요한 것은 평가가 구체적인 학습목표와 얼마나 잘 연계되느냐이다. 단순히 점수로서의 의미만 갖는 시험보다는 학습에 대한 유용하고 실행 가능한 증거를 제공하는 평가가 더 중요하다.

최종 결과에서 시작하기

성취기준(standards), 단원목표(goal), 개별목표(objective), 구체적 목표치(targets)는 교수·학습에서 도달하고자 하는 각각의 목표이다. 신임 교사들은 특히 개별목표인 교수목표 작성법에 대해 훈련을 받는다. 잘 작성된 교수목표는 학생들의 관점에서 구성되고, 구체적이며, 실행 가능하고, 측정 가능하다. 교수목표에는 성취를 위한 전략, 선정된 자원, 기간, 숙련도도 포함된다.

이러한 교수목표를 측정하는 데는 집단 내 상대적 비교를 통해서 성적을 결정하는 규준참조평가(norm-referenced evaluation)보다는 사전에 명시된 수행준거 또는 목표를 얼마나 성취했는지에 초점을 두고 개인의 수행능력을 평가하는 준거참조평가(criterion-referenced evaluation)가 효과적이다. 교과내용에 기반한 것이든 수행에 초점을 맞춘 것이든 간에, 그리고 전통적 평가방법이든 대안적 평가방법이든 간에, 교수목표는 분명하게 글로 써서 명시해야 한다. 〈표 3.2〉에는 여러 교과영역에 통용될 수 있는 21세기 스킬과 개별적인 교수목표의 몇몇 예시가 나와 있다.

표 3.2 **21세기 스킬과 교수목표**

21세기 스킬	교수목표
질문	학생들은 이해 목표를 드러내는 3가지 질문을 할 수 있는데, 이 질문들은 학생들의 지식의 넓이와 깊이를 더해주며, 웹 기반 내용 분석에 대해 성찰할 수 있게 해줄 것이다.
창의성	학생들은 유행이 지난 물건이나 아이디어를 창의적으로 사용하는 법을 알아내거나 만들어낼 수 있고, 이것은 또래검토 과정을 통해 평가 받을 수 있다.
정보통신기술	학생들은 기술을 활용하는 과제를 통해 나온 3종의 완성품을 e-포트폴리오에 통합하게 되는데, 그 전에 자기검토, 또래검토, 교사검토를 거친다.
시민의식	학생들은 한 해 동안 학교에서 적어도 일주일에 한 시간을, 봉사단체나 지역사회 활동에 참여할 것이다.

21세기의 국가공통핵심성취기준

공통의 성취기준을 정하고 학습의 최종 결과를 집단 내 상대적 위치로 나타내는 방식은 교육계의 오랜 관행이었다. 20세기의 학습목표에서 예를 찾는다면 다음과 같은 것들이 있다. 전쟁의 원인을 인지하는 것, 평균값·중앙값·최빈값을 비교하는 것, 실험실의 안전수칙을 따르는 것, 저자의 요지를 알아내는 것, 그리고 어떤 입장을 지지하기 위해 데이터를 사용하는 것 등이다. 21세기 학습목표에 포함되는 것으로는 다양한 접근법을 통해서 복잡한 문제들을 관리하는 것, 전체의 관점에서 부분을 분석하는 것, 호기심과 독창성을 드러내는 것, 다양한 미디어와 맥락을 통해 의사소통하는 것, 멀티미디어를 이용한 결과물 생산을 위해 협업하는 것, 그리고 지역사회와 국제사회에 기여하는 것 등이 있다.

"텍스트의 전개과정 전체에 걸쳐 사건과 개인이 어떻게 발전해가며 상호작용하는지를 분석한다."라는 10학년(고등학교 1학년) 영어의 성취기준을 달성하기 위해 교사가 전형적으로 하는 일은 책을 지정해 학생들과 함께 읽고 토론하는 일이다. 그러나 21세기 교실에서는 학생들이 각자 자기가 원하는 역사소설을 찾는 것에서부터 시작한다. 모둠을 이룬 학생들은 텍스트 전체에 걸쳐 유사점과 차이점을 보여주는 개념지도(concept map)를 만드는 데 초점을 맞출 것이다. 21세기 래퍼(wrapper, 핵심 요소 모두를 정리하는 학습활동-옮긴이)에는 성찰적 사고가 포함되는데, 등장인물이 주변 환경에 어떻게 영향을 주는지를 학습일지에 쓰는 활동이 그 예다. 평가는 텍스트의 정보를 특정 증거를 이용하여 개념적 이해로 연결시키는 능력에 기반할 것이다. 의사소통과 협업은 교사의 사례 보고, 학생의 일지 및 체크리스트를 통하여 기록한다. 학구가 요구하는 바대로 공통 종합평가가 당연히 있을 수 있겠으나, 앞으로는 데이터 수집과 분석이라는 균형 있는 평가 시스템의 일부로 포함될 것이다. 〈표 3.3〉(p.88)에는 이를 적용한 사례가 더 나와 있다.

문제를 해결하거나 효과적으로 의사소통하거나 훌륭한 시민이 되는 능력을 평가하는 데는 단편적인 것을 넘어선 복합적인 응답이 요구된다. 양질의 다중 측정은 생각을 투명하게 드러내고 지속적인 개선을 가능하게 해준다. 모든 것이 측정(measurement) 가능하기 때문에 성취도를 숫자로 나타내는 것은 그리 어렵지 않다. 어려운 것은 평가(assessment)에 있다. 학생들의 학습에 대해 얻은 정보를 분석하고 활용하는 일이 더 어렵기 때문이다(이때의 평가는 진단에 가까운 뜻으로 쓰임-옮긴이).

여러 세대 동안 선다형 시험은 기억과 이해를 측정해왔다. 다른 평가방법, 이를테면 에세이, 사례 연구, 그래픽 오거나이저(graphic organizers)는 학생들의 응용력, 분석력, 종합력을 측정하는 데 사용되었다. 21세기 스킬과 지식을 효과적으로 측정하는 데는 좀 더 복잡하고 세련된 평가전략, 예컨대 프로젝트, 과제 수행, 포트폴리오, 모의실험이 필요할 것이다.

21세기 평가는 지역이나 국가 또는 국제 수준의 대규모 평가를 대체한다기보다는 좀 더 큰 시스템의 일부로서 학생들의 학습을 지원해주고 모든 수준에서 통합되어 이루어질 것이다. 지금까지 교사들은

표 3.3 20세기 성취기준에서 21세기 성취기준으로

공통핵심 성취기준	20세기	평가	21세기	평가
쓰기: 단어의 분석과 목적 있는 글쓰기	매주 배우는 단어와 그 정의를 적고 문장에 사용한다. 각자 문장 하나를 게시하고, 다른 학생들이 쓴 문장을 읽는다.	어휘 퀴즈를 본다.	"시 한 줄 차용하기": 공통 어휘표에 나온 단어로 공통 형식에 맞춰 각자 시를 써서 온라인 게시판에 올린다. 다른 학생들의 시에 나온 새로운 단어들을 포함해 시를 다시 써본다.	정확성, 기법, 창의성에 대한 루브릭을 토대로 또래검토와 교사 검토를 거친다. 새 어휘를 온라인 일지에 기록한다.
읽기: 중심 아이디어 파악 및 관점 평가	동일한 뉴스 사건의 두 가지 버전을 비교·대조한다.	저자의 아이디어를 그래픽 오거나이저로 완성하고, 두 가지 버전을 하나의 요약문으로 작성한다.	다양한 출처의 시사뉴스 보도를 읽거나 시청한 후에 해당 데이터를 입증한다. 모둠별로 관점을 종합하여 주제에 관해 토론을 벌인다.	체크리스트를 이용해 여러 사람의 관점을 정확하게 분석한다. 루브릭에 대해 토론한다.
수학: 실생활의 수학문제 풀이	교사가 내는 문제나 교재에 나온 문제를 개인별 혹은 모둠별로 푼다.	단원평가를 본다.	비율, 분수, 각도, 기하학적 형태 등에 관한 문제를 만들어낸다. 수학 10종 경기를 열어 웨비나를 통해 다른 학급에서 검토하도록 한다.	개인별 문항과 모둠별 문항을 예제와 비교하여 풀이 과정 및 최종 답안으로 평가 받는다.

자신이 중요하게 여기는 것을 평가하기보다는 평가 결과를 중요하게 여겼다. 이제 공식을 뒤바꿀 때이다. 아들라이 스티븐슨 주니어(Adlai Stevenson Jr.)가 말했듯이 "지식 추구를 가치 있게 여긴다면, 그것이 이끄는 대로 어디든 자유롭게 따라가야 한다. 사고하는 정신은 짖어

대는 개가 아니므로 열 자짜리 체인으로 말뚝에 묶어두어서는 안 된다"(1952).

생 각 해 보 기

기존 교육과정의 내용 기반 성취기준을 21세기 역량 기반 성취기준으로 어떻게 바꿀 수 있는지 생각해보라. 그러한 성취기준에 얼마나 도달했는지를 어떻게 측정할 수 있는가?

20세기 성취기준과 평가	21세기 성취기준과 평가

21세기 평가의 기본원칙

여기에서는 21세기 평가의 핵심을 압축적으로 보여주는 개념들을 소개하고자 한다. 이는 기존의 전략들을 토대로 21세기스킬파트너십 (p21.org), 21세기스킬 평가 및 지도(atc21s.org), 공교육센터(CPE), 경제협력개발기구(OECD), 메티리(Metiri)/노스센트럴지역 교육연구소(NCREL) 등 여러 기관의 의견이 종합된 것이다. 이것들은 앞서 〈표 3.1〉(p.82)에 나온 원칙과 공통되는 요소를 포함하고 있다.

반응성

- 가시적인 수행 기반의 평가는 교육과정과 교수법에 영향을 미치는 데이터를 생성한다. 이를 통해 교사는 자신의 교수행위를 조정할 수 있고, 학교 리더들은 학생들을 위한 추가적인 교육 기회를 고려할 수 있으며, 정책입안자들은 프로그램과 자원을 수정할 수 있다.
- 평가에 대응하는 절차는 신중히 개발되어야 하고, 피드백과 형성평가에서의 성공 사례가 반영되어야 한다.
- 피드백은 학습목표와 성취기준을 달성하는 데 목표를 두어야 한다. 이는 단순히 한 번의 시험 성적이 아니라 목표 달성을 어느 정도로 하고 있는지 알려주는 과정이다. 그 결과 자기 학습에 대한 성찰, 또래 피드백, 수정의 기회가 자연스럽게 따라오게 된다.

유연성

- 수업 설계, 교육과정 및 평가는 유연성과 적응력을 요한다. 평가와 그에 대한 반응은 기대한 응답과 꼭 일치하지 않을 수 있다.
- 평가는 학생과 환경에 맞추어 조정할 필요가 있다. 전통적 평가에서 사용하는 획일적인 접근법보다 21세기의 접근법들은 좀 더 탄력적으로 운용될 수 있다.
- 학생들의 의사결정, 행동, 적응력이 모두 다르므로 평가와 그에 따른 제도도 유연할 필요가 있다.

통합적 접근

- 평가는 수업지도가 끝난 후에 혹은 학사 일정에 지정된 단 한 주 동안만 이루어지는 부가적인 행위가 아니라 일상적인 교수활동에 포함되어야 한다.
- 평가에 대한 정보는 많은 부분 메타인지로 얻어진다. 평가는 사고작용을 자극하고, 이전 학습을 기반으로 하며, 의미를 만들고, 자신의 사고에 대해 사고하는 것과 관련이 있다. 평가를 통해 학생들은 자신의 선택에 대해 생각하고, 대안적인 전략을 알아내며, 이전에 배운 지식을 전이(transfer)시키고, 다양한 수단을 통해 지식을 표현할 기회를 얻는다.

유용한 정보의 제공

- 바람직한 21세기 목표를 명시적으로 기술하고 가르친다. 학생들은 일련의 21세기 지식과 스킬을 습득한다. 교사는 학생들이 목표를 달성할 수 있도록 본보기를 통해 정례적으로 지도한다.
- 학습목표, 교수전략, 평가방법, 성적보고 과정이 명확하고 긴밀하게 연계된다.
- 복잡성을 수반하는 학습은 시간이 걸린다. 학생들은 논리적인 순서로 이전 학습의 바탕 위에 새로운 학습을 한다. 학생들이 스킬을 발전시키고 함양함에 따라 학습은 점차 어렵고 까다로워진다.
- 21세기 스킬은 가시적이고 학습을 지원하는 형태로 발현된다. 학생들은 자신이 거치는 단계를 보여주고 사고과정을 제시하여 또래나 교사가 검토할 수 있도록 한다.

다중 방법

- 평가는 일정 범위의 전략을 포함하며 연속체를 이루는 것이 일반적이다.
- 학생들은 적정한 과제, 프로젝트, 임무 수행을 통해 지식 및 스킬을 보여준다.
- 참평가와 수행평가가 강조된다. 학습의 과정과 결과 둘 다 가치 있게 생각한다.

의사소통적

- 평가 데이터에 대한 의사소통은 모든 이해당사자에게 분명하고 투명하게 이뤄진다. 평가 결과는 성취기준에 기반한 의견과 함께 정규적으로 데이터베이스에 올라간다. 평가 결과와 의견은 모든 이해당사자가 열람할 수 있고 이해할 수 있어야 한다.
- 학생들은 진척 상황에 관해 정례적으로 피드백을 받는다. 학부모들도 진척 상황이 눈에 보이는 보고서와 평가 데이터에 접속함으로써 계속 정보를 받는다.
- 교육 공동체는 표준화시험 성적을 뛰어넘는 학생들의 성취를 중요하게 생각한다.
- 대규모 평가는 21세기 스킬을 포함하며 그 성적을 보고한다.

절차적 타당성

- 학생들의 요구에 맞추어서 평가과정에 조정과 조절이 이루어지며 그것은 모든 학생에게 공정하다. 학생들은 자신이 알고 있는

지식과 그 지식을 자신과 관련이 있고 적절한 방식으로 어떻게 응용할 수 있는지를 보여준다.

- 평가가 타당성을 가지려면, 명시된 목표와 21세기 스킬을 적합하고 온전한 방법으로 측정해야 한다.
- 평가가 신뢰성을 가지려면, 정확하고 절차상 타당해야 한다. 이로써 사용자들이 평가를 시행하거나 데이터를 해석할 때 일관성을 가지게 된다. 또한 모든 관련 상황에서 의사결정을 위한 정확한 정보를 생산하게 된다.

체계성

- 21세기 평가는 긴밀하게 연계된 종합적인 평가시스템의 일부로서, 균형 잡혀 있고 학생과 교사를 비롯한 이해당사자 모두를 포함하며 모든 수준에서 개선을 지원하는 것을 목표로 한다.

평가전략의 통합

형성평가는 학습을 조명하고, 학생들이 무엇을 알고 이해하고 행하는지를 보여주는 체계적이고 계획적인 접근법이다. 이를 이용해서 교사와 학생은 학습에 대한 정보를 얻는다. 수업지도의 전 과정에 걸쳐 다양한 전략을 통해 학습증거가 수집되며, 교사는 그 증거에 따라 자신의 교수행위를 개선한다. 수업 전, 수업 중, 수업 후에 이러한 증거를 활용할 수 있는 여러 전략이 있다(Greenstein, 2010).

이에 비해 총괄평가는 학기 수업이 마무리되는 시점에 실행된다. 총괄평가는 특정 시점에서 학생의 지식을 단편적으로 보여준다. 총괄평가는 학급 단위로 행해질 수도 있고, 학교나 학구 단위로, 더 넓게는 지역이나 국가, 국제적 수준에서 시행될 수도 있다.

위 두 가지 평가전략을 통합하는 것이 효과적인 21세기 평가의 핵심이다. 예를 들어, '유전자와 환경이 행동에 미치는 영향을 설명할 수 있다.'는 것이 교육과정에 명시된 목표라고 하자. 형성평가로는 수업 중에 그래픽 오거나이저를 완성하거나, 웹상에서 정보를 찾거나, 함께 읽기(shared reading, 읽기 자신감이 없는 아동을 위해 타인과 함께 읽는 학습방법-옮긴이)를 분석하는 활동을 할 수 있다. 총괄평가로는 학생들이 그 정보를 자신에게 적용해 대립유전자가 자신의 표현형(phenotype, 생물에서 겉으로 드러나는 여러 가지 특성-옮긴이)과 유전자형(genotype)에 어떻게 영향을 주는지, 가족이 어떻게 그들 자신의 행동과 믿음에 영향을 주는지를 기술하는 활동을 할 수 있다.

평가는 또한 학습을 확장한다. 예를 들어, 날씨와 기후변화에 관한 단원이 끝날 무렵에 마무리 과제로 정보를 담은 소책자나 전단지를 만드는 과제가 주어졌다면, 학생들은 이제까지 배운 것을 통합하면서 그 토대 위에 학습을 확장할 수 있다. 자신의 학습결과물, 발표 및 과정에 대해 개인적으로 성찰하거나 또래검토를 통해 피드백을 받는다. 21세기 평가는 이러한 다중 목적이 서로 통합되고 어우러진다. 〈표 3.4〉는 21세기 평가의 핵심 개념을 형성평가 및 총괄평가와 관련 지어 보여주고 있다.

표 3.4 **형성평가 및 총괄평가 지표**

질적 지표	형성평가	총괄평가
반응성	형성평가 전략은 수업지도에 동원되는 도구와 자료, 진행 속도, 깊이, 순서에서 교수전략의 변화를 가져온다.	아직 숙달 수준에 이르지 못한 학생들에게 추가로 시범을 보여주고 스캐폴딩을 지원한다.
유연성	학생들이 읽기, 보기, 듣기 중에서 학습방법을 선택할 수 있다. 그런 다음 학습과정 내내 개인별 진전도는 청킹(덩어리로 묶기)이나 색깔 코딩을 통해 나타낸다.	점진적/적응형 테스트를 제공하나 개별 학생에게 도전 수준이 너무 어려울 때는 중단한다.
통합적 접근	형성평가 전략을 매일 매과에 사용한다. 예: *범프 인 더 로드(Bump in the Road), 코너스(Corners), 3-2-1	특정 목표에 관한 피드백에 기초하여 수정이 이루어지며, 마지막 평가 때까지 이를 권장한다.
유용한 정보의 제공	온라인 학습일지에서 자기성찰과 메타인지를 통해 학습이 가시화된다.	학생들이 성취기준에 도달했는지에 관한 데이터를 제시함으로써 성적이 학습목표와 연계된다.
다중 방법	*적용카드와 ABC 요약을 이용하여, 수업지도 중에 지속적으로 형성평가를 한다.	선다형, 단답형, 문제해결 및 사례 연구를 통한 단원 테스트를 한다.
의사소통적	정례적 피드백: 성취기준 및 예시와 연계하여 또래와 교사가 학습결과를 검토한다.	성적표에는 CCSS의 성취기준 및 21세기 스킬과 지식이 포함된다.
절차적 타당성	공동 작업은 목표, 성취기준 및 학습전략을 보여준다.	최종 평가는 의도했던 목표를 측정하고, 목표와 성취기준의 달성 정도를 보여준다.

* 위 형성평가 방법은 Greenstein(2010)에 기술되어 있음

21세기 평가에 따르는 어려움

전통적으로 대규모 평가는 전자 채점을 해왔다. 선다형 시험, 진위형 시험, 짝짓기 시험 등은 OMR카드를 이용해 쉽게 채점할 수 있었다. 학급이나 학교 전체로도 단원평가나 학기말 시험이 이런 모델을 따랐다. 그날그날 즉흥적으로 치르는 시험의 경우에는 교사가 주관식 평가방식인 완성형이나 에세이 시험을 사용할 수도 있지만, 대부분의 교사들은 대안적 평가방식을 일상적으로 사용하지는 않는다. 그런 것들은 공들여 출제하기도 어렵고, 객관적이고 공정한 방법으로 측정하기도 어렵다.

효과적인 21세기 스킬 평가에는 다음과 같은 여러 어려움이 따르지만, 이런 장애물을 극복할 수 없는 것은 아니다.

- 21세기 스킬이 무엇인지에 대해 의견일치가 제대로 이루어지지 않아 어떤 것을 명시적으로 가르칠 수 있고 평가할 수 있는지에 대한 합의가 제한적이다.
- 이러한 스킬들이 어떻게 발전되고, 어떤 순서를 거치며, 어떤 토대를 필요로 하는지, 그리고 어느 정도의 인지능력이 필요한지에 관해 여전히 알아가는 중이다.
- 복잡한 사고를 표현하기는 어려운데 그에 대한 접근과 평가는 명시적인 절차와 측정을 필요로 한다.
- 심리측정(psychometrics, 성격·능력·선호·감각과 같이 직접 측정할 수 없는 심리학적 개념을 측정하기 위한 방법. 계량심리학이라고도 함-옮긴

이) 분야는 복수의 답변, 다양한 응답, 독창적이고 예기치 못한 생각들을 뒷받침해줄 만큼 발달하지 못했다. 교사들이 이런 형태의 시험을 학급 수준에서 개발하는 것은 어려우며, 대규모 평가에서 그렇게 하는 것은 더 어렵다.

- 21세기 스킬은 부가적인 것이라는 인식을, 그것은 교수와 학습에 온전히 통합되어야 한다는 믿음으로 바꾸려면 집단적인 결의가 필요하다.
- 집중적인 전문성 개발이 교육 이해당사자의 모든 수준에서, 즉 학생·교사·학부모·학교 리더·정책입안자들에게 요구된다.
- 대대로 전통적 교육으로 훈련 받은 교사들을 21세기 교사이자 학습자로 탈바꿈시키는 데는 모든 수준에서 열정과 헌신이 필요하다.
- 학생 개개인의 평가 데이터에 지속적이고 정확하게 대응하는 것은 교육자들에게 지속적인 부담감을 준다.

이러한 어려움 외에도 산적한 문제들이 있다. 그러나 이 사실을 명심하라. 루이스와 클라크가 여행을 시작했을 때는 태평양으로 가는 길을 몰랐고, 토머스 에디슨이 발명 과정을 시작했을 때는 전구를 발명하는 방법을 몰랐다는 사실을. 다행스럽게도 오늘날에는 우리의 여정을 인도해줄 지도와 불빛이 있지 않은가.

질적 평가지표를 3개 선정하고, 담당 과목이나 소속 학교에 그것들을 어떻게 적용할 수 있을지 생각해보라.

질적 지표	21세기 평가에의 적용	변화를 향한 첫걸음
예: 평가는 교수에 통합된다.	기존의 교육과정을 검토해서 21세기 평가를 교수·학습에 통합시킬 기회가 있는지 확인한다.	교사학습공동체마다 아이디어를 하나씩 내도록 요청한다.

제4장

21세기
평가의 전략

베짱이와 개미에 관해 잘 알려진 이솝 우화가 있다. 베짱이는 게으르게 여름 내내 노래나 부르며 놀고 지내고, 개미는 다가올 겨울에 대비하여 음식을 저장하느라 부지런히 일한다. 추운 겨울이 오자 베짱이는 개미에게 음식을 구걸하고 게으름 때문에 질책당한다. 겨울이 되자 베짱이는 대가를 치르는 것이다.

교수행위가 지식을 다음 세대에 전하기 위해 부지런히 일하는 개미라면, 평가는 게으른 베짱이라고 할 수 있다. 교육과정은 성취기준, 교과내용 및 교수전략을 중심으로 설계되고, 평가는 나중에 추가적으로 덧붙여지는 것이 일반적이었다. 그러나 21세기에는 베짱이가 개미를 위해 길을 선도하도록 동기유발을 하는 것이 필수적이다.

21세기 스킬에 대한 평가는 내용지식을 바라보는 렌즈와 같은 기능을 한다. 이 렌즈를 통해 우리는 학생들이 문해력, 수리력, 과학과 사회 영역에 대해 고차원적 사고, 협업, 기술 활용이라는 맥락 속에서 학습하는 것을 볼 수 있다. 그것은 복잡하면서도 단순한 작업이다. 〈표 4.1〉은 이 작업을 단순하게 표현한 것으로 이 장에서는 좀 더 복잡한 과정까지 살펴보기로 하겠다.

3장에서는 평가의 기본원칙에 대해 설명하였다. 이 장에서는 21세기 스킬 및 지식의 평가를 3가지 측면에서 다루고자 한다. 먼저 21세기 학습의 여러 결과물을 분류하여 21세기 스킬과 관련지어 비교해본다. 그리고 나서 21세기 스킬 및 지식을 평가하고 측정하는 대안적 방법들을 살펴보겠다. 마지막으로는 21세기 스킬의 교수·학습·평가 예시 및 사례 연구 등 수업에서 실제로 활용할 수 있는 다양한 방법 및 도구들을 소개한다.

표 4.1 **21세기 렌즈를 통해 본 교수와 학습**

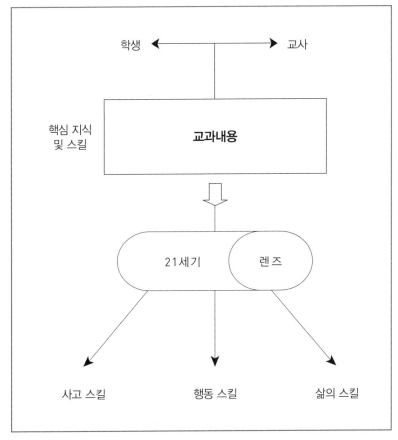

연속선상에 있는 스킬과 지식 평가하기

〈표 4.2〉는 스킬과 지식을 20세기형과 21세기형으로 구분해 단순한 항목에서 좀 더 복잡한 항목 순으로 나열하고 있다. 우측의 기술 활용은 스킬과 지식을 기술적으로 활용한 것을 나타내며 여기서 기술은 학습 대상이 아니라 학습을 위한 도구이다.

표 4.2 스킬과 지식(20세기 vs. 21세기)

20세기	21세기	기술 활용
지식: 정보의 회상	핵심 내용 **숙달**	중요한 정보를 즐겨찾기에 저장
이해: 내용에 대한 이해; 내용의 설명 및 조직화	**의사소통**과 **협업:** 생각의 표현 및 타인과의 협업	생방송, 팟캐스트, 웨비나
적용: 정보의 사용	과거를 새로운 것에 **적용 문제해결**	위키(Wiki)를 만들어 사람들이 지역사회의 문제를 해결할 수 있도록 초대
분석: 정보에 대해 주의 깊게 생각	**메타인지:** 학습 및 자기 인식적 사고	자신의 사고과정을 보여주는 그림과 함께 생각을 블로그에 게시
평가: 비교 및 추론	**비판적 사고 생산성**	자신의 생각을 내세우거나 리뷰/평가 웹사이트에 게시
종합: 아이디어들을 종합적이고 독창적인 방법으로 엮음	**리더십:** 책임과 의무 **시민의식:** 글로벌 관점에서의 기여	소셜 네트워크를 이용하여 기금을 모으거나 글로벌 관심사에 대한 사회적 의식 제고
창조: 독창적인 작품의 제작 혹은 혁신	작업장이나 생활에서의 응용을 위한 **창조성**이나 **혁신성**	게임이나 모의실험, 가상현실의 설계

참학습과 대안적 평가

대안적 평가(alternative assessment)는 교수 및 학습 전반을 아우른다. 일반적으로 이에 관한 문헌들은 대안적인 학습전략에 대한 것으로 그 결과물을 평가하기 위한 전략을 다루지는 않는다. 대안적 평가 또는 참평가(authentic assessment)의 밑바탕에 깔린 생각은, 학생들은 실생활 속 과제를 수행함으로써 자신이 습득한 지식과 스킬을 보여준다는 것이다. 어떻게 해서 평가가 그 대상인 스킬이나 실제 교수 및 학습과 완전히 별개의 것으로 여겨지게 되었는지에 대해서는 논의해볼 만하다.

전통적으로 학습은 실생활에서 이루어지는 것이었다. 아이들은 가축을 키우는 법과 요리하는 법을 농장에서 부모님으로부터 배웠다. 한 세기 전에는 일꾼들 다수가 8학년(중학교 2학년) 정도의 교육을 받았는데, 현장 실습을 통해 배웠기 때문에 곧바로 공장의 생산라인에서 일할 수 있었다. 그런 배움이 학교로 옮겨온 후에는 학습과정에서 별도로 실습을 포함해야만 했다. 세상에서의 자연적인 학습으로부터 교실 안에서 세상과 격리된 배움으로 옮겨갔다가, 학생들의 실제 숙련도를 입증하는 새로운 방법을 개발하는 것으로 되돌아오는 한 차례의 과정을 겪은 것이다.

21세기에는 대안적인 참학습(authentic learning, 삶 속의 문제를 다루는 실제적인 학습-옮긴이)을 시행하고 이를 평가하는 방법이 바뀌고 있다. 오늘날에는 학생들이 계획, 문제해결, 협업 및 기술을 이용하여 의미를 창출하고, 지식과 결과물을 만들어내는 것을 교사들이 지원해주고 있다. 〈표 4.3〉(p.104)에는 참학습의 다양한 사례가 소개되어 있다.

표 4.3 **참학습의 예**

결과물	**보고서/ 글쓰기/ 출판하기**
• 한 곳에서 다른 곳으로의 스페이스 캡슐 • 미래에 열어볼 타임캡슐 • 다른 시간대에서 온 선물상자 • 보드게임 설계하기 • 퍼즐게임: 십자말 풀이, 　스캐터고리스(Scattergories, 카드를 젖혀서 　나오는 알파벳 글자로 시작하는 단어를 　적어내는 게임-옮긴이) • 역사적 사건의 연대표, 스토리보드 • 과학실험의 결과/보고/분석 • 과학적 연구 • 사건의 기록과 상징물을 사용한 역사적 　연구 • 기금 모금행사	• 신화나 동화 쓰기 • 연극/ TV쇼/ 연속극/ 리얼리티쇼 쓰기 • 시, 하이쿠(일본의 전통 단시-옮긴이), 　5행시, 7행시 • 흥밋거리 기사 20개 목록 만들기 • 헤드라인 10개 작성하기 • 언론보도문 쓰기 • 독자투고 • 직유와 은유로 아이디어 전달하기 • 일기 • 교훈적인 저널 • 논문 • 정책 리뷰와 추천사 • 서평 및 영화평 • 영화대본 • 이력서, 자기소개서 • 토론게시판
독창적 디자인	**직접 시연**
• 미술작품: 페인팅, 드로잉 • 3D: 조각, 유리, 금속 • 티셔츠, 단추, 범퍼스티커 • 부채, 머그잔, 기타 소모품 • 인사카드 • 카툰 및 연재만화 • 책 표지 • 게시판, 포스터 • 그래프로 나타내거나 시각적으로 나타내기 • 삽화로 표현하기: 포스터, 벽화, 콜라주, 　페인팅 • 그래픽 오거나이저: 벤다이어그램, 　스파이더(Spiders, 방사형으로 관계를 　표시하는 그림-옮긴이), 트리구조, 지도 • 주택/학교 청사진 및 디자인 • 문제해결책(예: 교통, 환경, 경제) • 복제품 및 모형 • 사진 편집	• 작동법 시연 • 하는 방법 시연 • 해결책 제시 • 과학실험실
	발표
	• 인형극 • 패러디 또는 풍자 • 퀴즈쇼 • 프레지(Prezi), 파워포인트, 　글로그스터(Glogster, 포스터·발표용 　슬라이드 제작, 상호학습 지원 목적의 　클라우드 기반 소셜미디어 툴-옮긴이) 같은 　프로그램

설득/입장/토론/연설	역동적인 예술 기교; 음악과 춤
• 토론 • 입장/주장의 방어 • 명분 지지 • 선거 홍보물 • 후보 지지 • 통화/문자메시지 작성· • 조언칼럼 • 소크라테스식 세미나 • 사설 • 가두연설 • 구직인터뷰	• 음악 • 노래 • 랩 • 해석무용 • 촌극 • 다큐드라마
기술/멀티미디어	**모의실험**
• 포토에세이 • 스토리보드 • 웹진 • 뉴스 방송 • 웹사이트, 프로그램, 소프트웨어 • 비디오 • 팟캐스트 • 웨비나, 화상회의 • 위키 • 블로그 • 온라인 협업 • 온라인 게임 창작 • 가상현실 게임 • 갤러리 전시, 그래픽 전시	• 사례연구 • 실제/가상 인물 인터뷰 • 역사적 사실 재현 • 모의재판
	협업 • 위에 제시한 모의실험을 위해 협업
	포트폴리오 • 장기간에 걸쳐 특정 목적을 가지고 위에서 언급한 결과물을 수집한 모음집

〈표 4.4〉(p.106)는 〈표 4.3〉을 확대하여 참학습을 위한 도구들과 21세기 스킬 간의 연관성을 보여주고 있다. 이 도구들은 모든 교과영역에 걸쳐서 골고루 적용할 수 있으므로 교사는 각자의 필요에 따라 빈칸을 채우고 표의 내용을 조정하여 활용할 수 있다.

이장의 나머지 부분에서는 일부 선택된 평가전략과 이 전략을 적용할 수 있는 스킬의 예를 알아보겠다. 이들 중 다수는 특별한 기술이

표 4.4 참학습과 21세기 스킬 간의 상호 연관관계

전략 스킬	결과물	쓰기	창의적 디자인	시연 (試演)	설득/ 입장	역동적인 예술행위	멀티 미디어	포트 폴리오
사고 스킬 비판적 사고	과학실험 분석			주장/ 입장 취하기	토론		블로그	수집 예
사고 스킬 문제해결		사례 연구 분석		역사적 재현				
사고 스킬 창의성	보드게임 혹은 가상현실 게임	TV/영화 대본				해석무용	위키	진행 중인 작품
행동 스킬 의사소통 및 협업		언론 보도문			소크라 테스식 세미나		포토- 에세이	
행동 스킬 디지털 리터러시 및 의사소통 기술	웹사이트			기술사용 방법을 가르침			파워 포인트, 프레지	e-포트 폴리오
삶의 스킬 글로벌 사회에 대한 이해					글로벌 변화를 위한 캠페인	다문화적 예술품	온라인을 통한 글로벌 협업	
삶의 스킬 시민학/ 시민의식	기금 모금행사	독자투고			공청회 참석		웹사이트	
삶의 스킬 리더십과 책임감				타인을 가르침		다문화 예술행사 계획		
삶의 스킬 대학진학/ 진로		이력서	관심 진로	구직 인터뷰		독창적 작품으로 대학지원		온라인 성공 계획서

나 많은 훈련을 필요로 하지 않는다. 교사마다 각자의 학년, 교과, 학교에 맞추어서 이것들을 조정하면 된다.

21세기 평가전략들

표준화시험으로도 21세기 스킬과 지식의 측정이 가능할 수 있겠지만, 대부분의 교육자들은 더 나은 전략이 있다는 데 동의할 것이다. 비저블 러닝(visible learning, 학습효과가 눈에 보이는 학습으로서, 효과크기를 비교한 존 해티의 메타연구를 통해 널리 알려진 개념-옮긴이), 메타인지 및 창의성은 다음에 소개하는 평가전략들을 적절하게 선택하여 더 효율적으로 측정할 수 있다. 이를 확대 적용한 예들은 5, 6, 7장에서 소개될 것이다.

루브릭

루브릭(rubrics)은 일반적으로 21세기 평가에서 가장 구체적인 측정 방식으로 여겨진다. 특히 성취기준 및 학습결과와 긴밀히 연계되어 있고 다차원적으로 성취 수준을 명확히 보여주는 지표라는 점에서 그렇다. 루브릭은 체크리스트보다 더 서술적이고, 교사와 학생들이 또래평가나 자기평가의 일부로 사용할 수 있다. 루브릭은 정해진 일련의 기준에 따라 학생들의 수행 상태를 특정하기 위한 채점기준표라고 정의할 수 있다. 분석적 루브릭(analytic rubric)은 학생의 수행 수준을 각각의 기준에 맞추어서 정의하고, 총괄적 루브릭(holistic rubric)은 더 폭넓은 수준의 수행을 기술한다. 5, 6, 7장과 부록에는 이 두 형태의 여러 예가 나와 있다.

체크리스트

체크리스트(checklists)는 핵심 목표와 바람직한 결과를 담고 있을 때 온전한 기능을 할 수 있다. 체크리스트는 학습이 이루어지는 동안이나, 하나의 학습활동을 마치고 나서 사용할 수 있다. 또한 전통적인 측정방법으로는 측정하기가 어려운, 예를 들면 모둠활동 참여와 같은 것을 평가하는 데도 유용하다. 이런 목적을 위해서 체크리스트는 '남들이 말할 때 조용히 듣는다', '분명하고 간결하게 아이디어를 공유한다', '다양한 아이디어를 존중한다' 등과 같은 기준을 포함할 수도 있다. 학생들은 자기평가를 할 때도 같은 체크리스트를 사용할 수 있다. 대부분의 루브릭은 체크리스트로 변환할 수 있다. 〈표 4.5〉는 학생 발표에 사용할 수 있는 체크리스트다.

표 4.5 **발표 체크리스트**

발표를 위한 체크리스트	코멘트
– 발표가 성취기준에 비추어 만족스러우면 √로 표시할 것 – 발표가 성취기준에 비추어 개선이 필요하면 NI(Needs Improvement, 개선이 필요함)로 표시할 것	
도입부분이 청중의 주의를 사로잡는다.	
목표가 도입부분에 진술되어 있다.	
내용이 분명하고 이해 가능하다.	
논리적인 연결성을 띤다.	
모두가 들을 수 있는 목소리로 발표한다.	
기술을 사용하여 메시지를 효과적으로 전달한다.	
요약은 핵심 개념을 종합하고 있다.	

학습계약서

학습계약서(learning contracts)는 학생과 교사 사이에 학습의 결과와 그 결과를 달성하기 위한 전략을 기술한 합의서이다. 이것은 학생들에게 개인적인 목표는 물론 그것들을 달성하는 데 필요한 전략과 구체적인 단계들을 선택하게 해준다. 계약서는 단기 혹은 장기일 수 있으며, 개별화된 학습과 평가를 제공할 수 있고, 학습자들에게 책임을 물을 수 있다. 동시에, 핵심 교과내용과 21세기 스킬 응용의 통합을 장려할 수 있다. 학습계약서의 필수 요소로는 타임라인, 체크포인트, 책무성 측정이 있다. 〈표 4.6〉(p.110)은 학습계약서의 간결한 양식이다.

표 4.6 **학습계약서**

학생 이름:	주제, 단원, 혹은 목표:		날짜:
학생의 책무:	완료일 및 마감일:		
교사의 책무:	필요한 증거물:		
추천 혹은 요구되는 자원:	학습에 대한 평가(형성평가 및 총괄평가):		
학생 서명:	학부모 서명:	교사 서명:	

자기평가 및 성찰

자기평가(self-assessment)와 성찰(reflection)은 평생에 걸친 중요한 스킬로 학습을 통해 개발하고 지원할 수 있다. 어린 학생들이 자기평가의 필수 요소들을 숙달하는 데에는 좀 더 체계적인 접근법과 지원이 필요하다. 좀 더 나이가 든 학생들은 정해진 틀 없이 자유롭게 자기평가를 하도록 하는 것이 더 효과적일 수 있다. 구체적인 틀을 제시해줄 때 가장 좋은 효과를 볼 수도 있고, 때로는 루브릭이나 체크리스트를 토대로 더 복잡한 사고를 할 수도 있다. 자기평가는 서면 혹은 구두로, 매일 또는 장기간에 걸쳐, 개인별로 혹은 소모둠으로 할 수 있다. 자기평가의 핵심 요소로는 학습 검토 기회, 해결되지 않은 문제 확인, 학습의 증거 제공, 진도 평가, 다음 단계를 계획하고 최종 성과를 개선하기 위한 기준 정의 등이 있다. 〈표 4.7〉에 자기평가 및 성찰을 보여주는 예가 나와 있다.

표 4.7 **자기평가 및 성찰**

일반적 질문
• 내가 배운 것은 무엇인가?   • 효과가 있던 것과 없던 것은 무엇인가?   • 다음 계획(교과내용, 과정, 남아 있는 문제들)은 무엇인가?
구체적 질문
• 글쓰기를 개선하기 위해 나는 어떤 조치를 취할 수 있는가?   • 내가 이용한 마음습관 3가지는 무엇이고, 그것을 어떻게 적용했는가?   • 나는 다른 사람들의 아이디어에 얼마나 귀 기울였으며, 모둠에 어떻게 기여했는가?   • 다시 할 수 있다면, 나는 무엇을 다르게 할 것인가?

또래검토

또래검토(peer review)는 자기평가처럼 그 구조와 적용에서 다양한 모습을 띤다. 멋대로 재단하지 않는 또래검토의 과정과 기능에 대해 학생들이 이해하고, 또래검토가 학습과정에서 규칙적이고 긍정적인 일부가 되도록 하는 것이 중요하다. 체크리스트와 같은 구조는 학습의 최종 성과를 구체적으로 적시하기 때문에 학생들이 주의를 집중하도록 도와준다. 또래의 피드백을 통해 학생들은 정보를 접하고 처리할 대안을 갖게 된다. 예를 들면, 케이티가 처음에 쓴 신화의 줄거리는 다른 학생들의 피드백을 받아 개선된다. 그레이스의 음주운전반대엄마들모임(Mothers Against Drunk Driving, MADD) 돕기 기금 모금 콘서트 계획은 이익을 극대화하려면 스폰서를 구하라는 피드백 덕분에 한층

업그레이드된다. 어느 4학년 학급은 학생들이 서로 모둠 프로젝트에 기여한 정도를 검토했는데 〈표 4.8〉에 나온 평가 척도를 사용하였다.

표 4.8 **또래평가**

모둠 프로젝트에 대한 또래평가				
4=강한 긍정　　　　　3=긍정　　　　　2=부정　　　　　1=강한 부정 점수를 주고 자신의 평가에 대해 설명할 것				점수
모둠의 모든 학생은 동등하게 상당한 수준으로 기여했다. 설명:				
모둠의 학생들은 협업하여 좋은 성과를 냈다. 설명:				
의견이 다를 때, 모둠의 학생들은 서로의 감정을 상하게 하지 않고 기민하게 그 일을 해결할 수 있었다. 설명:				
모둠의 학생들은 목표 달성을 위해 서로 격려했다. 설명:				

관찰

관찰(observations)은 학생들의 사고, 활동, 혹은 학습에의 참여를 대상으로 한다. 교사는 모둠의 학생들이 책에 관해 토의하거나 시사적인 뉴스 보도에 관해 토론하는 것을 관찰할 수 있다. 관찰 대상이 되는 활동은 모둠토론에서와 같이 격식을 차리지 않은 것일 수도 있고, 소크라테스식 세미나에서처럼 좀 더 격식을 차린 것일 수도 있다. 이러한 관찰을 통해 21세기 스킬에 대한 학생들의 이해와 사용 능력을 평가할 수 있다. 평가는 이야기 형식의 관찰기록일 수도 있고, 체크리스트나 루브릭과 병행할 수도 있고, 선정된 성취기준과 연계될 수도 있다. 예를 들어, 삼림벌채에 관한 소크라테스식 세미나에서 교사가 모둠 관찰을 통해 무엇을 평가할 수 있을지 생각해보자. 내용지식은 물론이고, 웹 기반 참고자료를 이용하고 있는지, 다른 사람들의 아이디어를 적극 경청하는지, 다른 사람들의 생각을 발전시키는지, 창의적인 생각을 토론에 더하는지 등이 평가 대상이 될 수 있을 것이다. 〈표 4.9〉는 토론에 관한 관찰기록으로, 활동이 끝난 다음에 교사가 학생들과 논의할 때 기초자료로 사용할 수 있다.

표 4.9 **학습 관찰**

토론의 구성요소에 관한 증거				
4=강한 긍정 　　　　　 3=긍정 　　　　　 2=부정 점수를 주고 자신의 평가에 대한 증거를 제시할 것			1=강한 부정	점수
문제에 대하여 사실에 근거한 분석을 제시한다. 증거:				
입장을 뒷받침하기 위해 텍스트와 데이터를 사용한다. 증거:				
주제에 관한 다양한 의견을 존중한다. 증거:				
다른 사람들의 말에 사려 깊게 반응한다. 증거:				

학습일지

학습일지(learning logs)는 학생들의 목표 달성 과정을 추적하는 데 도움이 된다. 체계적인 학습일지를 통해 특정 지식 및 스킬, 신념의 변화를 추적하고, 교사와 학생들이 성취기준을 향해 얼마나 나아가고 있는지 알 수 있다. 일지는 또한 학생들이 학습에 대해 성찰하고 다음 단계를 계획하는 메타인지 작용을 도와줄 수 있다. 일지는 매일매일 또는 장기간 프로젝트에 모두 효과적으로 사용할 수 있다. 학생들은 e-포트폴리오를 쌓아가면서 자신의 진도를 추적하고 일정표를 짜고 다른 학생들을 향해 메시지를 게시할 수 있다. 일지는 진도를 보여주는 구체적인 증거, 계획된 일정대로 진행하는지를 보여주는 기록, 학습 방향 및 결과에 대해 성찰하는 메타인지 작용을 토대로 평가한다. 〈표 4.10〉에 간단한 일지를 소개한다.

표 4.10 **프로젝트 진척일지**

날짜	진척도	증거
	나는 어떤 목표를 향해 노력하였는가?	
	나는 무엇을 배웠는가?	
	나의 다음 단계는 무엇인가? 시간 계획은 어떤가?	
	나의 학업을 개선하기 위해 누구와 협업할 것인가?	
	나는 비판적 사고 스킬을 어떻게 사용하였는가?	
	나는 지금까지의 진척 상황을 어떻게 평가할 것인가?	

이야기 형식의 관찰기록

교사는 계획된 방법에 따라 이야기 형식의 관찰기록(anecdotal records, 학생의 행동을 관찰하여 일어난 순서대로 객관적이고 상세하게 기록하는 일화 기록법-옮긴이)을 이용하여 학습 결과와 진도를 모니터링하며, 구체적인 성취에 주목할 수 있다. 전체적인 상황을 파악하기 위해 기호나 약어를 사용하여 축약된 방식으로 메모를 할 수 있고, 일부 학교에서는 이러한 용도로 소형 장비를 사용하기도 한다. 독해진전도평가기록표 (running records, 학습자의 읽기 수준 및 어려움을 측정하기 위해 학습자가 읽기활동을 할 때 한 실수 등을 기록한 것-옮긴이)와 같은 꾸준한 관찰기록을 통해 진행 중인 학습을 추적하여 개선이 요구되는 부분을 찾아낼 수 있고, 비교·대조를 통해 이것이 다른 평가 데이터와 잘 맞는지 확인할 수 있다. 이러한 관찰기록을 전통적 데이터에 추가하면, 교실에서 하루하루 일어나는 일에 대해 더 풍부한 시각을 가질 수 있다. 일부 교사는 뭔가 문제가 있는 것 같기는 하지만 그 문제점이 무엇인지 명확하게 파악하지 못할 경우 이 방법을 사용하기도 한다. 꾸준한 관찰기록을 통해 하루 중 특정 시간, 특정 모둠의 문제를 정확히 짚어낼 수 있으며, 일부 학생들에게 문제가 되는 특정 학습전략에 관해서도 파악할 수 있다. 이에 부응해서 모둠활동이나 보조적인 기술 사용 같은 개입을 할 수 있다.

개념지도

그래픽 오거나이저(graphic organizers)는 일반적으로 교수도구로 사용되지만 학생들의 지식, 이해도, 비판적 사고를 측정하는 데도 사용할 수 있다. 간단하거나 복잡한 연결망이나 도표의 형태를 빌려 연결관계나 과정을 보여준다. 학생들은 도형을 사용하여 학습한 내용을 분류하고, 다양한 방식으로 관계 유형을 나타낸다. 이런 개념지도 (concept map)는 지식의 깊이, 연결관계의 정확성, 지식을 분류하고 조직하는 능력 및 기타 학습목표를 토대로 평가한다. 개념지도를 지원해주는 많은 소프트웨어 프로그램이 있다. 〈표 4.11〉은 마이크로소프트 워드 스마트 아트(Microsoft Word Smart Art)의 아주 단순한 디자인에 기반을 두고 있다. 인스피레이션(Inspiration), 버블.유에스(bubbl.us), 마인드마이스터(MindMeister)도 이러한 지도를 만들 수 있게 지원해준다. 정보의 일부만 들어 있는 표를 학생들에게 주고, 나머지 세부사항은 학생들이 교사의 도움을 받아서 채워 넣게 할 수 있다.

표 4.11 **개념지도**

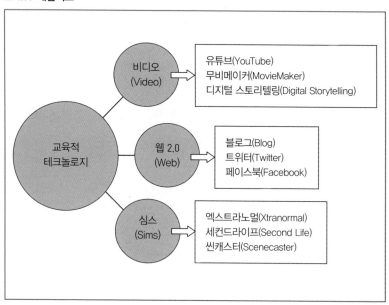

저널 작성

저널(journal, 어떤 주제에 대해 자유롭게 쓰거나 일기처럼 작성하는 글-옮긴이)은 학생의 사고와 학습을 들여다보는 창이 될 수 있다. 저널은 대개 질문에 대한 답변으로 시작한다. "이야기에 등장하는 인물의 결정사항과 여러분이 내린 결정사항을 비교하라."든가 "이 과제/활동을 통해 여러분이 배운 두 가지를 기술하라." 같은 열린 질문에 대한 답을 적을 수도 있다. 저널 작성은 "여러분이 새로 얻게 된 지식을 다음 블로그 작성에 어떻게 활용할 것인가?"와 같이 구체적인 질문으로 제시될 때 더 유용하다. 매일 쓰는 저널은 특정 주제에 대해 창의적인 아이디어를 내거나, 특정 독자를 염두에 두고 (예: 다른 행성에 사는 인간에게 이야기를 들려주는 상황) 내용을 작성할 때 사용할 수 있다. 이런 저널 작성을 통해 학생들은 새로운 내용을 완전히 소화할 수 있고, 남아 있는 혼란스러운 부분을 기술하거나 논란거리가 되는 것에 대해 재고해볼 수 있다. 저널 작성은 위키나 공유 소프트웨어로 지원할 수 있다. 저널의 내용은 형성평가에 사용할 수 있다. 교사는 이 정보를 이용해서 학생들의 이해를 돕고 학습 격차를 줄일 수 있다.

질문하기

공식적·비공식적 질문하기(questioning)를 통해 학생은 학습을 발전시키고, 단순한 회상 수준을 넘어서 더 높은 인지 수준으로 나아갈 수 있다. 공식적인 질문의 경우에는 질문을 미리 계획하여 한 단원의 수업이 끝날 때 '3-2-1 마무리 활동'(3-2-1 closure, 읽기 활동이나 수업을 마무리할 때 새로 배운 것 3가지, 적용할 것 2가지, 의문이 있거나 더 알고 싶은 것 1가지를 쓰게 하는 것-옮긴이)과 같은 평가에 반영할 수 있다. 비공식적인 질문의 경우에는 인지적으로 단순 이해 수준에서부터 적용, 분석,

종합에 이르기까지 복잡성을 더해가며 수업의 깊이를 더할 수 있다. 단순히 정답 여부를 말해주고 진도를 나가는 것보다는 교사가 학생의 답변을 이용해 추가적인 질문을 던지는 것이 좋다. 질문하기는 수업을 시작하면서 이전의 학습사항을 검토하고 새로운 학습을 위한 기초와 마음가짐을 갖추는 데 사용할 수 있다. 또한 교수 및 학습에 학생들을 참여시키고, 목표를 향한 진척 상황을 평가하는 데도 사용할 수 있다.

협의회 개최

학생-교사 협의회(conferences)는 일반적으로 학생의 진척 상황에 초점을 맞춘다. 이런 협의회는 학생들이 자신이 습득한 지식과 스킬에 대해 설명하고, 교사가 더 깊이 질문하고 조사하는 기회가 된다. 또래 간의 협의회도 가능하다. KWL(Know/Want to know/Learned, 알고 있는 것/알고 싶은 것/배운 것) 도표나 비교/대조 차트 같은 그래픽 오거나이저를 사용하여 학생들의 현 상태와 다음 단계에 대한 계획을 알게 해주는 토론의 발판을 마련할 수 있다. 협의회를 하는 동안 교사와 학생들은 진척 상황에 대해 논의하고, 새롭게 생겨나는 지식을 검토하며, 다음 단계들을 계획할 수 있다. 이런 회의는 미리 정해진 일정표에 따라 열리지만, 추가적인 도움이 필요할 때는 학생들이 회의를 요청할 수 있도록 융통성이 있어야 한다. 내용-지식에 더해서, 사고에 대해 사고하는 것을 강조하는 메타인지적 요소도 중요하다. 학부모들도 화상 채팅 앱을 통해 쉽게 참여할 수 있다.

포트폴리오 검토

21세기 스킬의 평가를 위한 포트폴리오 검토(portfolio review)에는 다양한 학생 작품이 포함된다. 평가 요소에는 분명하게 명시된 목표와 성취기준, 포트폴리오의 목표 대상 확인, 목적에 맞는 평가 항목 선정 등이 포함된다. 선정된 학습목표에 따른 학업의 진행과정과 성장을 보여주기 위해 포트폴리오를 사용할 수 있다. 포트폴리오는 문제해결, 창의성, 정보 리터러시 같은 21세기 스킬의 습득을 확인하는 데도 사용할 수 있다. 객관적이고 종합적인 평가가 되기 위해서는 학습계약서, 루브릭, 또래평가 및 자기평가에 기반을 두어야 한다. 포트폴리오는 개별 항목에 대한 평가뿐만 아니라 장단점, 시간 관리 스킬, 메타인지 능력도 반영할 수 있다. 요즘은 e-포트폴리오가 점차 인기를 얻고 있다. 포트폴리오 검토는 수업을 안내하고 수업지도를 위한 정보를 제공한다.

21세기 평가의 3가지 측면

지금까지 스킬, 결과물, 평가에 대해 논했는데 이것들은 〈표 4.12〉(p.120)에서 보듯이 정육면체의 3개의 차원을 이룬다. 이 정육면체에는 원하는 스킬이 구체적인 결과물을 통해 보여지고 선별된 전략을 통해 평가될 수 있는 내부 지점이 있다. 21세기 평가가 가능한 곳은 바로 이 교차점이다. 다음의 네 장(5, 6, 7, 8장)에 걸쳐 이러한 교차점에 대해 구체적인 예를 들어 설명하겠다.

표 4.12 **21세기 평가의 3가지 측면**

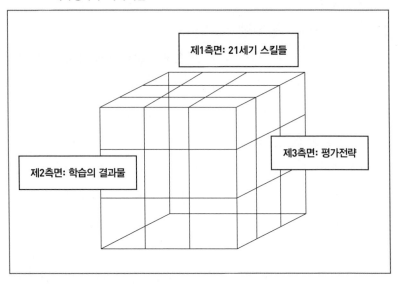

생 각 해 보 기

성취기준을 하나 선택한 다음 21세기 스킬과 연계시켜 매우 실제적인
결과물을 만들어 확인하고, 그것의 평가방법을 기술하라.

선택한 성취기준	21세기 스킬	실제적인 결과물	연계된 평가
국가공통핵심 성취기준(6–12학년): 주장문을 쓰되 이를 뒷받침할 분명한 이유와 증거를 제시하라.	• 디지털 리터러시 • 정보 분석력 • 개념 종합 능력 • 기술 활용 역량	세계 기후변화에 관한 디지털 소책자를 만들되, 데이터를 활용하여 아이디어를 지지하거나 반박하라.	• 기술 이용에 관한 체크리스트 • 비판적 사고에 관한 루브릭 • 또래검토

제**5**장

사고 스킬
평가

A Guide to
Evaluating
Mastery and
Authentic
Learning Ist
Edition

"시도해봐도 소용 없어요." 하고 앨리스가 말했다.

"불가능한 일을 믿을 수는 없어요."

"감히 말하지만, 너는 연습이 충분치 않아." 하고 여왕이 말했다.

"내가 네 나이였을 땐 말이지, 불가능한 생각을 하루에 반 시간씩을 했단다. 정말, 때로는 아침 식전에 자그마치 여섯 가지 불가능한 일을 믿기도 했지."

– 루이스 캐럴 (Lewis Carroll)

비판적 사고

비판적 사고(critical thinking)를 평가할 때 제일 먼저 할 일은 비판적 사고라는 말이 뜻하는 바가 무엇인지 이해하는 것이다. 역설적인 것은, 비판적 사고가 얼마나 복잡한가를 이해하고, 비판적 사고를 교수·학습·평가에 적용하는 것을 생각하는 데 바로 비판적 사고가 필요하다는 사실이다. 일반적으로 정보 분석, 판단을 위한 전략 적용, 아이디어를 생각할 준비가 되어 있는 상태, 논리적 탐구방법 활용, 추론, 증거 평가, 결론 검증, 정확한 판단 및 추정 분석 등이 비판적 사고의 범주에 들어간다.

어떤 스킬이나 지식을 평가하든 질적 평가에는 기본적으로 정확성, 일관성, 객관성이 강조된다. 그러나 실제로는 비판적 사고를 묘사하는 데 사용되는 용어들이 판단의 요소를 포함하고 있기 때문에 정답이 딱 하나뿐인 영역에서보다 평가를 더 어렵게 만든다. 학생들이 21세기를 살아가도록 대비시킴에 있어 개별적인 학업성취기준에 초점을 맞출 것인지, 아니면 고차원적 사고와 창의성, 문제해결 능력을 촉진할 것인지를 두고 상당한 논쟁이 있다. 일각에서는 21세기 스킬은 측정할 수 없다는 의견이 힘을 받는다. 더욱이 책무성이 강조되는 시대에는 내용지식을 평가하는 것이 더 중요하다는 의견도 거세다. 그런가 하면 또 다른 한편에서는 학생들이 탄탄한 사고력을 갖추지 못하면 글로벌 경제체제 속에서 국가가 경쟁력을 가질 수 없다는 주장으로 팽팽하게 맞선다.

대부분의 교사들은 학생들이 사실지식의 습득을 넘어 지식의 분석, 종합, 적용으로 나아갈 수 있음을 알고 있다. 초등학교 1학년 교사는 이야기 속에 나오는 인물이 다음에 무엇을 할지 예측할 수 있으면 아이들이 비판적 사고를 하고 있다고 본다. 고등학교 교사는 시사문제에 관해 격렬한 토의를 하는 것을 비판적 사고라고 한다. 비판적 사고가 무엇인지 좀 더 이해할수록 이에 대한 평가도 더 잘하게 될 것이다.

학교나 학구는 학습을 비판적 사고 중심으로 진행시키는 전략을 사용할 수 있다. 목표로 삼은 스킬이 어느 학년, 어느 과목에 들어가는지를 밝혀주는, 초등학교에서 고등학교까지의 지침을 만드는 것도 그런 전략 중 하나이다. 예를 들어, 초등학교 1학년은 비교 및 대조 관련 연습문제를 익힌다. 3학년이라면 그래픽 오거나이저를 만들고, 5학년은 텍스트의 상징적 의미를 분석한다. 8학년(중학교 2학년)은 논쟁이 어떠한지 분석하고, 고등학생은 정보를 종합해서 새롭고 독창적인 결과물을 만들어낸다. 또는 특정 교과영역을 선정해 특정 스킬을 거기에 포함시킬 수 있다. 예를 들어, 언어과목에서 학생들은 텍스트의 숨은 뜻, 풍자, 유추에 대해 토론할 수 있다. 사회과목에서는 다양한 관점을 다루고, 과학과목에서는 추가 정보를 찾고 결론을 분석한다.

이제 표준화시험이 교육과정을 좌우하고 이끌어가는 것이 일반적 현상이 되었다. 표준화시험 초기에는 일부 주(州)에서 비판적 사고의 적용이 필요한 시험을 개발하기도 했다. 현재는 더 새로운 시험이 계획되고 있는데 수행평가도 그 중 하나이다. 새롭게 생겨나는 테스팅 기술 덕에 비판적 사고와 문제해결 능력을 측정할 수 있는 시험을 개발하는 것이 가능해지고 있다.

비판적 사고의 정의

이국적인 휴가지에서의 경험을 친구에게 설명하는 것이 어려운 이유는 그곳에 대한 묘사, 장소, 음식, 활동 등이 친구에게는 낯설기 때문이다. 포이(하와이의 토란 요리-옮긴이)의 맛이나 화식조(주로 뉴기니에서 발견되는 타조 비슷한 새-옮긴이)의 울음소리를 어떻게 설명할 것인가. 마찬가지로 비판적 사고를 정의하는 것이 어려운 이유는 이 영역이 독특하고 교사와 학생들에게 낯설기 때문이다. 전문가들은 이에 대해 서로 다른 용어를 사용하여 기술한다. 에드워드 글레이저(Edward Glaser)는 비판적 사고를 "논리적 질문과 추론의 방법을 숙지하고 자신의 경험 안에서 문제와 주제에 대해 사려 깊게 고려하고 해결하려

는 성향"이라고 정의했다(1941, p.5). 린다 엘더(Linda Elder)의 정의
(2007)도 이와 비슷하다.

> 비판적 사고는 어떤 주제·내용·문제에 대한 사고방식으로, 비판
> 적 사고를 하는 사람은 사고의 내적 구조를 능숙하게 통제하고
> 지적 표준을 부여함으로써 사고의 질을 향상시킨다.

3장에서 비판적 사고에 관한 다수의 주된 의견은 적용·평가·분석·
종합이라는 넓은 범주로 통합되었다. 이런 고차원적인 스킬을 구체적
으로 응용하여 정보 해석, 부분과 전체 분석, 증거의 평가, 여러 관점
비교, 패턴 식별, 추상적 아이디어의 파악이 이루어지는 것이다.

국가공통핵심성취기준(CCSS)은 다음과 같은 학습목표를 비판적
사고의 예로 포함하고 있다.

- 여러 형태의 추론법(귀납법, 연역법 등)을 상황에 맞게 사용하기
- 청중, 과제, 목적, 과목의 다양한 요구사항에 대응하기
- 성공적인 논쟁을 구성하고 타인의 추론에 대해 비평하기
- 문헌이나 정보가 담긴 텍스트에서 증거를 찾아서 분석·성찰·연
  구를 뒷받침하기
- 다양한 형식으로 발표되는 정보의 목적을 분석하고, 이러한 발표
  뒤에 숨은 동기를 평가하기
- 추상적·정량적으로 추론하기
- 편각을 이용하여 삼각형의 각도를 입증하기

- 무작위로 선정한 실험 데이터를 이용하여 두 가지 처치 효과를 비교하기

실제 수업에의 적용

이러한 스킬은 수업에서 다양한 방법으로 분류·조직·시행될 수 있다. 교사는 필수 지식과 핵심 스킬을 선택한 다음 비판적 사고를 교육 과정, 단원, 혹은 교안에 녹여 넣을 수 있다. 수업에 따라 교사가 비판적 사고를 명시적으로 가르칠 수도 있다. 3학년 과학시간에는 비교와 대조 혹은 해양생물 분류법을 가르치거나, 바다의 미래에 대해 정보에 입각한 판단을 하라고 요구할 수 있다. 중학교 보건시간에는 십대들의 인간관계에 관한 단원에서 문제해결 과정을 가르치고, 이를 이용해 학교에서의 집단 괴롭힘을 줄인 성공 사례 연구를 분석·종합할 수 있다. 사회시간이라면 학생들은 정치학 수업의 일부로 의사결정 스킬을 배우고 난 후, 사실들을 이용해 선거 토론에 사용할 논거를 세울 수 있다. 다른 수업에서는 학생들이 길잡이 질문을 작성하거나 기존의 신념에 문제를 제기하는 방법을 배울 수도 있다.

또한 하나의 주제로 다양한 비판적 사고전략을 이끌어낼 수 있다. 저학년 학생들에게 1·2·3대 대통령을 말하라고 하는 것은 단순한 기억의 소환만 요구할 뿐이다. 하지만 학생들에게 각 대통령이 세상에 남긴 유산이 무엇인지 알아내라고 하는 것은 고등사고능력을 요한다. 지금 이루어지는 정치적인 결정이 우리의 미래에 미칠 결과를 예측하는 일은 분석과 추론을 요한다. 문제는 학생들이 구성해서 답한 내용과 배움의 결과를 평가하는 일이 쉽지 않다는 것이다.

대부분의 학생이 관심을 갖고 있고, 많은 교과영역에서 비판적 사고의 기회를 제공하는 주제인 '음식'에 대해 생각해보자. 저학년 학생들은 미국 농무부 권장식단(전에는 음식피라미드라고 불렀음)에 비추어 자신의 식사를 분석하고, 영양소 섭취를 어떻게 개선할지에 대해 제안할 수 있을 것이다. 수학시간에 초등 고학년 학생들은 식품 라벨에 쓰여진 일일 영양가를 비교·대조할 수 있을 것이다. 중학생이라면 조리의 과학적 원리를 평가하고, 다양한 효소들을 조작할 때의 효과에 대해 예측하고 시험할 수 있을 것이다. 고등학생은 식량 공급에서의 정부 역할에 관해 해결책을 도출해볼 수도 있을 것이다.

그린리 선생님의 교실에서는 유전자 변형 식품에 관한 교과융합적 단원을 전체 학급을 대상으로 한 KWL(Know/Want to know/Learned 알고 있는 것/알고 싶은 것/배운 것) 활동으로 시작한다. 학생들은 포스트잇 뒷면에 이름을 쓰고, 앞면에는 각자 그 주제에 대해 알고 있는 것, 좀 혼란스러운 것, 혹은 알고 싶은 것을 적는다. 그 다음에 이 노트를 KWL 차트의 해당 칸에 붙인다. 선생님은 학생들의 기본 지식을 확인한 후 단원의 진행에 필요한 핵심 어휘와 정보를 제시한다. 아울러 빈 칸으로 된 양식을 주고, 학생들이 핵심 개념과 주요 사실적 내용을 기록하고 이를 통해 자신의 진전 정도를 파악할 수 있게 한다. 그랩백 매치(grab bag match, 숫자, 문자, 단어, 주사위 등 여러 항목이 들어 있는 봉투에서 각자 하나씩 꺼내면서 문제를 해결하는 게임-옮긴이)나 A-B-C 요약(A-B-C summary, 그날 다룬 주제 중에서 골라 A, B, C ... 등으로 시작하는 요약을 적는 게임-옮긴이) 등 빠르게 할 수 있는 형성평가와 괄호를 채워 개요를 완성하는 활동 후에, 선생님은 학생들에게 필요한 자원이 무엇이며, 어떤 교수전략을 사용할지 결정한다. 단원의 상당 부분은 협업 학습을 하도록 설계되어 있다. 이렇게 함으로써 좀 더 많이 아는 학생들은 다른 학생들을 이끌어줄 수 있고, 나머지 학생들은 근접발달영역(zone of proximal development, ZPD, 비고츠키의 인지발달 이론으로 아동이 타인의 도움을 받아 실제적 발달 수준에서 잠재적 발달 수준에 도달할 수 있다는 이론-옮긴이)의 혜택을 맛볼 수 있게 된다는 것이다.

형성평가에 기초해 유전자 변형 식품에 관해 상반된 견해를 보여주는 논문 두 편을 읽도록 모둠 편성을 하고, 학생들은 각 논문에서 주장하는 바를 비교하는 차트를 만든다. 이를 통해 국가공통핵심성취기준(CCSS)의 읽기 영역에서 '지식과 개념의 통합'이라는 기초성취기준(anchor standards, K-12 즉 유치원에서 고등학교에 걸쳐 학생들이 반드시 갖춰야 할 지식과 스킬의 최소한의 성취수준-옮긴이)을 주의 깊게 다룬다. 그다음에 학생들의 선택에 따라 새롭게 모둠을 짜는데, 이때 학생들은 과학자, 농부, 정치인, 영양학자 중에서 선택할 수 있다. 이전에 배운 디지털 리터러시를 이용하여 학생들은 유전자 변형 식품에 관해 각모둠의 입장에 대한 심도 있는 정보를 웹에서 찾아낸다.

그러고 나면 학급에서는 각 이해집단의 대표자들과 함께하는 세계 포럼이 개최된다. 모둠별 활동 결과를 발표할 발표자로 뽑히는 아이들도 있고, 평가단의 일원이 되는 아이들도 있다. 발표자는 각자의 정보를 전하고 논거를 전달할 방법을 결정한다. 평가자는 발표의 말미에 질문한다. 모든 학생은 또래검토에 참가하여 이해를 점검하고, 종합한 정보를 평가하며, 정보에 공백이 있으면 질문하고, 논거의 깊이와 복잡성을 검토한다. 평가자들은 루브릭을 사용하여 내용에 대한 총괄평가를 완성하고, 비판적 사고의 근거를 평가한다. 루브릭은 데이터의 객관적 사용, 발표의 질, 결론의 명확성 및 응집성과 같은 성취기준과 목표를 측정한다. 학생들의 평가를 뒷받침해줄 서술형 기록이 루브릭과 함께 제공된다.

　이 단원의 마지막 개인별 평가 활동은 다른 학생들에게 알려주고 설명할 "학습결과물(product)"을 준비하는 것이다. 이것은 소책자, 파워포인트, 프레지, 비디오, 웹사이트, 블로그, 유인물, 포스터, 기타 형태가 될 수 있다. 학생들은 유전자 변형 식품에 대해 하나의 입장을 취하고, 다른 학생들이 알아야 할 중요한 사실 5가지를 포함시켜야 한다. 또한 자신의 신념을 뒷받침하기 위해 설득력 있게 주장해야 한다. 이 프로젝트에 대한 평가는 루브릭, 또래검토, 또는 자기평가로 할 수 있다. 중요한 것은 바람직한 비판적 사고 스킬이 평가에 신중하게 반영되고, 학생들에게 분명하게 제시되어야 한다는 것이다. 또래검토와 자기평가를 위한 질문을 잘 만들어서 교사가 요구하는 구체적인 스킬들을 끌어낼 수 있어야 한다. "왜 그렇게 생각하는가?"라는 질문은 "너의 신념을 지지하는 두 가지 주장은 무엇인가?"라는 질문보다 덜 효과적이다. 이 단원이 끝날 때 그린리 선생님은 다중 평가전략을 이용하여 여러 증거를 통해 다양한 21세기 스킬을 가시화하였다.

　〈표 5.1〉(p.130)은 이번 과제를 위해 엄선된 루브릭을 구성하는 요소들이다. 성취기준의 마지막 두 요소(비판적 통찰력 개발을 위한 데이터 사용, 복수의 관점을 통합)에 관한 내용은 루브릭을 어떻게 개인 맞춤식으로 만들 수 있는지에 대한 이해를 돕기 위해 학습자들에게 친숙한 말로 풀어썼다. 여러분은 자신에게 맞는 최종 결과를 얻기 위해 이 책

표 5.1 비판적 사고 루브릭

성취기준	기대 이상	기대 충족	향상 중	초보 단계	점수/비중
비판적 사고	평가·분석·종합에서 다수의 스킬을 일관되게 보임	비판적 사고의 두 요소를 꾸준히 적용함	비판적 사고 스킬의 다양한 형태가 개발되고 있음	기본 내용은 이해하지만, 정보의 평가와 분석에는 어려움을 보임	
정보 분석	주요 이슈를 파악하고, 세부사항의 우선순위를 정할 수 있으며, 언급되지 않은 함축적 의미를 이해함	주요 이슈와, 일부 언급되고 있는 차이를 식별하고 이해함	주요 이슈 이상을 분석하는 데는 도움이 필요함 도움을 받으면 몇 가지 분명한 세부사항을 식별할 수 있음	주요 이슈를 부정확하게 기술함 핵심 질문이나 문제에 초점을 맞출 수 없음	
비판적 통찰력 개발을 위한 데이터 사용	데이터를 남들에게 설명하고 이해할 수 있으며, 이를 과제에 연결시킬 수 있음	데이터가 뜻하는 의미를 파악할 수 있고, 주제를 활용해 결론을 낼 수 있음	데이터를 일부 이해하고 뽑아낼 수 있음	도움 없이는 데이터를 이해하기 매우 힘들어함	
복수의 관점을 통합	적어도 3개의 관점을 찾아내고, 그것들을 남들이 이해할 수 있도록 명확하게 조직할 수 있음	2개의 상이한 관점을 이해하고, 그것들을 논리적으로 요약할 수 있음	2개의 상이한 관점을 찾아내고, 자신의 언어로 그 내용을 다시 말할 수 있음	주어진 정보에서 한 사람의 관점을 파악하고, 그것을 교사에게 설명할 수 있음	

의 부록에 나오는, 좀 더 완전한 루브릭을 사용할 수 있다. 모든 상황에 적용할 수 있는 단 하나의 루브릭은 없다. 각자 구체적인 목적에 맞게 루브릭을 수정해야 한다. 이 프로젝트의 다른 요소에는 협업, 기술

(technology), 발표 스킬이 포함되는데, 이런 것들은 교사의 판단 하에 루브릭에 추가될 수 있다. 일부 성취기준은 하위 성취기준으로 나눌 수도 있다. 이처럼 루브릭은 융통성 있게 설계할 수 있다.

비판적 사고는 모든 교과영역에 포함될 수 있다. 〈표 5.2〉는 다른 교과목에서의 비판적 사고 평가의 예를 보여주고 있다.

표 5.2 **교과영역에서의 비판적 사고**

교과영역/ 성취기준	교수/학습목표	평가
미술: 선별된 작품의 디자인적 요소에 대한 평가	선별된 작품의 디자인 요소에 비추어, 여러 예술가의 작품을 감상하고 학습한 것을 기록하기	각 작품에 드러난 디자인 요소를 마인드맵이 얼마나 완전하고 구체적으로 분류해 보여주는가의 정도
사회: 신문 기사의 정확성에 대한 조사	선거운동 기간 중 언론사별 뉴스를 비교 및 분석하기	벤다이어그램을 이용해 언론사별 뉴스를 얼마나 깊이 있고 상세하게 비교·대조하는가의 정도 기술(technology) 활용 스킬: 기사에 나온 데이터를 지지하거나 반박하기 위해 인용된 웹퀘스트와 출처의 정확성
언어: 등장인물의 동기에 대한 분석	어휘력을 증강시켜 이를 등장인물 분석에 적용하기	어휘의 정확한 사용과 등장인물 및 그들의 동기에 대한 시각화의 정확성

요컨대, 학생들에게 비판적 사고를 가르치는 것은 폭넓은 지지를 받고 있고, 명백한 정당성을 확보하고 있다. 리처드 폴(Richard Paul)과 제럴드 노식(Gerald Nosich)은 고차원적 사고에 대한 전국 단위의 평가를 제안한 바 있다(2009). 지금으로서는 학급 단위에서 교사들이 교수 및 학습에 비판적 사고를 포함할 수도 있으나, 이에 대한 평가전략

을 개발하는 일은 난제가 될 것이다. 학급 수준에서는 다음과 같은 방식으로 비판적 사고를 시작할 수 있다.

- 교실의 자리 배치(대모둠, 소모둠, 융통성 있는 자리 배치)와 일상활동 (발표, 모둠활동, 질문하기)을 통해 비판적 사고력 개발을 돕는다.
- 내용지식을 먼저 쌓고, 일상적으로 이를 적용한다.
- 내용지식과 이를 높은 수준으로 적용하는지를 평가한다.
- 다양한 개방형 질문을 활용하여 학생들에게 문제의 규명, 증거의 평가, 추론을 요구한다.
- 블룸의 교육목표분류(Bloom's Taxonomy)에 나오는 모든 영역과 수준을 교수 및 학습에 포함한다.
- 학습자에게 친숙한 루브릭과 체크리스트, 자기성찰 및 또래성찰, 피드백, 저널 작성, 학습일지 등을 가지고 비판적 사고를 평가한다.

문제해결

> 세상을 구하기 위해 한 시간이 주어진다면, 나는 문제가 무엇인지를 규명하는 데 55분을 쓰고, 해결책을 찾는 데는 단지 5분만 사용할 것이다.
>
> – 알베르트 아인슈타인 (Albert Einstein)

일부 학교에서는 문제해결(problem solving)에 대한 공식적인 평가를 수학시간에만 하는데, 이런 관행은 모든 교과영역에서 문제해결의 활용이 중요하다는 사실을 간과하는 것이다. 문학과목에서는 등장인물이 문제에 봉착하고, 과학실험 및 사회과목에서도 문제가 발생하며, 사람들도 일상생활 속에서 매일 문제에 직면한다. 이런 모든 종류의 문제는 일련의 단계별 문제해결 과정을 통해 해결할 수 있다. 여기서 소개하는 것은 여러 교과영역 및 학년에서 적용할 수 있으며, 모든 연령대의 학생들에게 명시적으로 가르칠 수 있다.

문제해결의 정의

문제해결은 문제를 규명하고, 어떤 선택의 여지가 있는지 고려하며, 충분한 정보를 가지고 선택을 하는 기본적인 과정이다. 문제해결 기법은 쉬운 답이나 일상적인 해결책이 존재하지 않을 때 사용된다. 그 과정은 문제에 대해 분명하게 기술하는 것으로부터 시작한다. 문제를 말해보라고 하면, 학생들은 흔히 "우리 부모님은 제가 밤늦게까지 안 들어오는 것을 허락하지 않으셔요."라든가 "제 친구들은 숙제한 것을 안 빌려줘요."라는 식으로 말한다. 중요한 것은 학생들로 하여금 문제의 복잡성을 알게 하고, 신중하게 문제를 정의하도록 하는 것이다. 일반적으로 학생들은 부모님을 졸라서 지치게 만들거나, 숙제를 보여줄 다른 친구를 찾는 식으로 문제를 쉽게 해결하려고 할 것이다. 문제해결 과정은 바라는 목표를 현재의 전략으로는 달성할 수 없을 때 활용된다.

문제해결 과정은 다음과 같은 지식과 스킬을 요구한다.

- 문제에 대해 깊이 있고 분명하게 기술하며 그 복잡성을 인식한다.
- 열린 마음으로 문제를 바라보며 대안을 평가하고, 여러 관점을

고려한다.

- 정보를 수집하고 그에 입각해 현명한 선택을 하고 계획을 짠다.
- 온전하고 정확하게 계획을 시행하고 이를 모니터링한다.
- 최종 결과를 평가하고 문제를 기꺼이 재논의한다.

문제해결은 다음과 같은 단계를 거친다.

1단계: 문제를 이해하라

- 여러분은 자신의 언어로 문제를 진술하고, 그것을 분명하게 정의할 수 있는가? 장소와 상황 같은 요인들과, 관련이 있고 뒷받침해주는 증거가 있으면 포함하라.
- 여러분이 찾아내거나 하려고 하는 것이 무엇인가?(그것이 어떤 증상이나 해결책이 아니라 문제임을 확실히 하라.)
- 알고 있는 것, 모르는 것, 그리고 변수는 무엇인가?
- 제시된 문제의 서술에 어떤 정보가 포함되어 있는가?
- 혹시 빠져 있거나 무관한 정보가 있다면 무엇인가?

2단계: 모든 가능한 해결책 도출을 위해 브레인스토밍을 하라

- 폭넓게, 그리고 창의적으로 생각하라.
- 이 과정에서는 어떤 의견이든 모두 수용하라.
- 아이디어에 대해 속단하지 마라.
- 3단계로 넘어가기 전에 모든 아이디어를 게시하라.

3단계: 계획을 짜라

- 아이디어를 분석하고 종합하고 조직하라. 표, 다이어그램, 차트 등을 만들어라.
- 어떤 것이 논리적 출발점으로 보이는가?
- 출발점을 하나 선정하고, 이어질 과정을 개발하라.
- 결정에 포함된 자원, 가치, 목표를 검토하라.

4단계: 계획을 실행하라

- 3단계에서 작성한 전략(들)을 실행하라.
- 진행하면서 단계마다 계획을 확인하라. 이것은 각 단계에 대해 직관적으로 확인할 수도 있고 공식적으로 증명할 수도 있다.
- 여러분의 작업에 대해 정확히 기록하라.
- 융통성 있게, 성찰하면서 계획을 실행하라.

5단계: 결과를 평가하라

- 해결책을 원래의 문제에 비추어서 분석하라. 말이 되는가? 논리적인가? 합리적인가? 장기적인 영향은 무엇인가?
- 결과를 원래의 문제와 결부하여 확인하라. 그 결과가 문제를 해결했거나 작은 변화라도 가져왔는가?
- 성공적인 해결책이 아니었다면, 문제해결을 위한 다른 방법이 있는지, 초기 단계로 다시 돌아가야 하는지를 결정하라.

실제 수업에의 적용

이튼 선생님의 3학년 반은 올해 많은 책을 읽고 있는데, 학생들 각자 좋아하는 책 목록을 가지고 있다. 선생님은 학생들에게 등장인물이 문제에 봉착한 상황을 그리고 있는 책을 한 권씩 찾아보라고 말했다. 학생들은 등장인물 중 한 사람의 역할을 맡음으로써 관점 취하기 스킬을 연마하게 된다. 학생들은 또한 충고를 해주는 칼럼니스트의 역할을 맡으면서 등장인물이 문제를 해결하도록 조언해준다. 이러한 과제를 통해서 학생들은 갈등과 문제해결이 어떻게 문학적 기법으로 사용될 수 있는지 배우게 된다. 그 과정에서 학생들은 이해하며 읽는 스킬, 등장인물을 묘사하는 스킬, 특정한 과제와 목적을 위해 글 쓰는 스킬을 개발하게 된다.

반 전체 학생들이 돌아가며 이야기하는 시간에 학생들은 자기가 선정한 인물과 그 인물이 당면한 문제에 대해 묘사한다. 재미와 몰입감을 높이기 위해 학생들은 등장인물처럼 옷을 입고 연기할 수도 있다. 이 활동을 하는 동안 이튼 선생님은 학생들을 관찰하면서 기록하고, 도움이 필요한 학생들과 나중에 개별적으로 만나 등장인물과 그들의 문제를 분명하고 정확하게 연결하도록 돕는다. 그런 다음 문제해결 적용 사례를 편지 양식에 담은 샘플 편지를 배포한다. 학생들은 모둠을 이루어 등장인물, 문제점, 그리고 등장인물이 그 문제를 해결하기 위해 사용할 수 있는 단계들에 대해 토의한 후, 각자의 노트북에 서로 공유한 아이디어를 기록한다. 그리고 나서 이 문제해결 과정과 관련 있는 등장인물에게 위 정보를 이용해 편지를 쓴다. 학생들은 등장인물이 당면한 문제를 정의하도록 돕고, 여러 해결책을 제시하고, 등장인물로 하여금 그중 가장 좋은 것을 선택하도록 조언한다. 학생들은 이 계획을 실행하기 위한 전략과, 등장인물이 향후 그 계획이 효과가 있었는지 평가할 방법을 기술한다.

학생 각자가 루브릭을 사용하여 자신의 수행을 평가하고 나면, 작성자의 이름을 빼고 편지를 복사하여 동일한 루브릭으로 또래평가 과정을 거친다. 이튿 선생님은 동일한 루브릭을 사용하여 종합평가를 한다. 이 루브릭에 선택된 요소들이 〈표 5.3〉에 나와 있다.

표 5.3 **문제해결 루브릭**

성취기준	전문가 (4점)	우수자 (3점)	견습생 (2점)	초보자 (1점)	점수
문제를 찾아낸다	문제를 분명하게 기술했으며, 뒷받침이 되는 여러 세부사항을 포함시켰다.	문제의 기본 내용을 몇 가지 세부사항과 뒷받침 정보로 기술했다.	문제의 일부를 설명했으나, 문제의 모든 것을 이해하는 데는 어려움을 겪었다.	문제의 일부를 인식하고 정의하는 데 어려움을 겪었다.	
복수의 해결책을 찾아낸다	실현 가능하면서 분명히 서술된 해결책을 적어도 4개 제시했다.	타당한 해결책을 2~3개 제시했다.	가능한 해결책을 1~2개 제시했다.	해결책을 1개 제시했으나, 그것이 옳은지 확신이 없었다.	
해결책을 지지한다	모든 해결책을 분석하여, 문제와 최종 결과에 대한 이해를 보여주는 해결책을 1개 선정했다.	여러 해결책을 평가하고, 그 중에 타당한 것을 1개 선정했다.	의미 있다고 생각하는 것을 1개 선택해 간단히 설명했다.	해결책에 대해 설명하지 못했다.	

CCSS(국가공통핵심성취기준)에는 문제해결과 관련하여 다음과 같은 성취기준이 나와 있다.

- 스토리텔링 형식의 응용문제를 이해하고, 끈기를 발휘해 그것을 해결한다.
- 저자가 하나의 논점을 지지하기 위해 어떻게 추론과 증거를 사용하는지 설명한다.
- 타당한 추론을 하고, 충분한 관련 증거를 갖고 논점을 뒷받침하는 설득력 있는 글을 쓴다.
- 핵심 질문에 근거하여 리서치 프로젝트를 수행한다.

문제해결 스킬과 CCSS, 교과영역 성취기준 사이에는 입증할 만한 관련성이 있다. 〈표 5.4〉는 이를 일부 보여준다.

표 5.4 교과영역에서의 문제해결

교과영역/성취기준	교수	평가
사회: 증거를 들어 분석 내용을 뒷받침한다.	루이지애나 영토 매입 당시 제퍼슨 대통령의 의사결정 과정에 대해 글을 읽고, 영상을 시청하고, 토의한다.	제퍼슨 대통령의 결정에 관한 사실과 영향을 마인드맵으로 표현하기
수학: 스토리텔링 형식의 문제를 풀이한다.	여러 가지 계산을 통해 액체의 양을 측정한다.	각각의 단계를 되돌아보면서 도해를 곁들여 계산하기
과학: '증거가 충분한가'라는 관점에서 논쟁과 주장을 평가한다.	법의학적 결론을 내릴 때 고려하는 일련의 추론과 사실을 설명한다.	문제가 무엇인지를 보여주는 영상을 시청한 후, 체계적인 문제해결 과정을 개괄적으로 보여주는 도표 작성하기

교실 밖에서 문제해결은 개인적·지역적·국제적으로 적용할 수 있다. 친구와의 의견 불일치에서부터 세상의 갈등에 이르기까지 문

제해결 스킬을 갖춘 사람은 그런 문제를 더 잘 해결할 수 있다.

창의성

> 대성당의 모습을 마음에 품고 바위 더미를 응시하는 순간,
> 그것은 더 이상 바위 더미가 아니다.
>
> – 앙뜨완 드 쌩떽쥐뻬리 (Antoine de Saint-Exupéry)

포 브론슨(Po Bronson)과 애슐리 메리먼(Ashley Merryman)이 1,500명의 CEO를 대상으로 한 여론조사(2010)에서 창의성(creativity)이 미래 리더로서의 능력 중 첫 번째로 꼽혔다. 대니얼 핑크(Daniel Pink)

는 미술 석사학위(Master of Fine Arts, MFA)가 새 시대의 경영학 석사
학위(Master of Business Administration, MBA)가 될 것이라고 주장했
다(2009). 골프나 바느질 스킬처럼 창의성은 강화될 수도 있고 심지
어 배울 수도 있다. 일례로 오하이오 주 애크론에 있는 한 학교(www.
akronschools.com/scienceschool/)에서는 학생들에게 실생활에서 겪
는 딜레마를 창의적으로 해결하라는 과제를 정기적으로 내준다. 프
로젝트 기반의 학습과 창조적인 문제해결이 이 학교 교육과정의 핵
심으로, 학생 42%가 빈곤층임에도 불구하고 학업성취도가 눈에 띄
게 향상되었고, 학생들은 계획·학습·평가에 적극적으로 참여하였다.
켄 로빈슨 경(Sir Ken Robinson)의 TED(Technology, Entertainment,
Design) 강연을 본 적이 있는가? 이 창의성과 혁신의 지도자는 학교
가 창의성과 미적인 표현을 가치 있게 여기고 권장할 것을 촉구한다
(2006).

기업들은 일명 '자유로운 금요일(free-form Fridays)'을 통해 창의
성의 가치에 대해 배우는데, 이날 직원들은 자유롭게 브레인스토밍을
하고 기발한 생각을 나눈다. 이와는 대조적으로 교사들은 대부분의
시간을 성취기준에 기반을 둔 교수행위를 하느라 창의성을 위한 시간
을 거의 갖지 못한다. 대개 성적이 낮거나 예산이 모자랄 때 교육과정
에서 맨 먼저 없애는 과목이 미술이다. 그러나 창의성과 성취기준은
정반대의 위치에 있는 것이 아니다. 실제로, 사실 확인과 기초연구 기
반이 튼튼하지 않으면 창의성을 발휘하기가 불가능하다. 21세기에는
성취기준과 창의성이 균형을 맞추어야 하는데 각각은 서로를 뒷받침
하기 때문이다.

CCSS(국가공통핵심성취기준)의 요구사항에 대해 21세기스킬파트너십(Partnership for 21st Century Skills, p21.org)은 다음과 같이 답한다(2010a, p.3).

언어과목 성취기준 안에 '창의성' 항목은 존재하지 않는다. 언어과목과 창의적 표현 간에 본질적으로 관련성이 있다는 사실을 생각하면 이 점은 특히 우려스럽다. 매체의 창의적 형태를 이해하는 것은 물론이고, 독창적이고 창의적인 작품에서 은유, 직유, 암시를 이해하고 적용하는 것은 21세기 스킬의 대단히 중요한 능력이다. 현재의 성취기준은 은유, 직유 등의 사용에만 관심이 있는데, 이것조차도 정보문이나 설명문을 분석하고 생산하는 맥락에서 그러하다. 이제는 독창적인 작품을 만들어내는 일에도 관심을 기울여야 한다.

창의성의 정의

창의성을 측정하는 첫 번째 단계는 그것을 기술하는 것이다. 창의성의 사전적 정의는 다음과 같다. "창의성은 창조하는 능력, 즉 이제까지 없던 것을 만들고, 새로운 형태를 부여하고, 기발한 스킬을 동원해 생산하고, 완전히 새로운 것을 만들거나 생겨나게 하는 것이다. 심리학자 칼 로저스(Carl Rogers)에 의하면 창의성은 "개인의 독특함으로부터 생겨나는, 새로운 관계곱(relational product, 행동주도적 작업에서 두 가지를 결합하는 과정-옮긴이)의 등장"이다(1967, p.350).

모든 창의성 개념에서 공통되는 내용은 독창성, 고유성, 상상력, 융통성, 유창성, 연결, 새로운 패턴 형성, 개인적 표현이다. 탐구심과 호기심은 창의적 생각이 떠오르게 하는 핵심이다. 또한 브레인스토밍 및 문제해결 기법은 창의성의 기반이 되는 스킬이다.

물리수업에서 모건과 샘은 자전거 부속품 모음을 가지고 새로운 교통수단을 디자인하라는 과제를 받았다. 이 과제에 기본적으로 요구되는 능력은 새로운 가능성을 인식해서 그것을 현실로 바꾸는 능력이다. 그들의 호기심을 자극한 것은 기어의 비율이 속도에 어떤 영향을 주는가였다. 몇 번의 시행착오와 노력 끝에 기어, 크랭크, 반경의 비율 등에 관한 자료를 읽고 나서 그들은 새로운 기어 비율을 정하고 인체공학적 핸들을 디자인했다. 이렇게 독특한 아이디어를 생각해내는 것이 바로 내용지식을 창의성과 혁신에 응용하는 것이다. 모건과 샘이 창의성이 뛰어난 학생임에는 틀림없지만, 세상에 단 하나뿐인 자전거를 만드는 능력은 기어, 비율, 바퀴가 어떻게 작동하는지에 대한 핵심 이해와 그것들을 독특한 방식으로 바라보면서 독창적인 디자인을 창작해내는 능력에 달린 것이다.

창의성을 평가하기 위해서는 측정할 수 있는 지표들을 파악하고 정의할 필요가 있다.

다음은 교실에서 지도할 때 참고할 만한 창의성의 특징이다.

• **호기심**: 캐묻기, 질문하기, 더 깊은 뜻 알아보기
  – 이 대상에 관해 무엇을 알고 싶은가?
• **유창성**: 여러 아이디어 생각해내기
  – 대피소를 세울 수 있는 방법은 얼마나 많은가?

- **독창성**: 새롭고 참신하고 독특하고 비범한 아이디어 내기
  - 페이스북 다음에는 무엇이 생겨날까?
- **정교함**: 집약적으로 세부사항을 보여주기, 기존 세부사항에 아이디어 추가하기
  - 이 카펫의 줄무늬 패턴을 어떻게 하면 모자이크로 바꿀 수 있는가?
- **상상력**: 기발한 아이디어 내기, 새로운 생각이나 제품을 구상하기, 독창성 발휘하기
  - 2070년의 학교 모습은 어떠할까?
- **유연성**: 다양한 가능성에 열려 있는 아이디어 내기
  - 계획이 실현되지 않는다면 어떻게 할 것인가?

창의성에 관한 이렇게 다양한 아이디어는 교실에서의 적용과 평가에 많은 여지를 남긴다. 데니스 셰커지안(Denise Shekerjian)은 『슈퍼 천재들(Uncommon Genius)』(1991)에서 맥아더 상을 받은 사람들의 창의적 재능을 기술하고 있다. 저자에 따르면 이 창의적인 천재들은 일상생활에서보다 자신의 활동 영역에서 더 똑똑한 사람들이다. 그들은 같은 것을 보면서도 남들과 다르게 본다. 이것은 유체역학, 지정학, 기술, 음악, 미술에서 대단한 재능이 있는 사람들에게 적용된다.

많은 사람들은 미술과 창의성을 동일시하는데 확실히 그 둘 사이에는 밀접한 관련성이 있다. 그러나 대부분의 미술가들은 창의성 외에도 작품 속에 특정한 디자인 요소를 포함한다. 이를테면 색, 공간, 선, 질감, 균형, 형태, 비율, 형식, 통일성을 들 수 있다. 학생들은 창의

성의 요소를 디자인 요소와 별개로 적용할 수도 있고 둘을 통합할 수도 있다. 예를 들어 유토피아의 지도를 그린다고 할 때, 학습목표에 따라 사회교과의 내용, 창의적 요소, 혹은 디자인 요소를 넣을 수 있다. 평가 역시 그러한 목표에 맞춰 이뤄진다.

창의성에 대한 평가전략에는 루브릭, 체크리스트, 또래평가, 자기평가, 성찰이 포함된다. 또한 진도를 기록하는 일지, 관찰, 이야기 형식의 관찰기록도 진도를 표시하는 방법으로 사용할 수 있다. 평가전략이 무엇이든 간에 그것은 교수 목적, 목표, 최종 결과와 긴밀하게 연계되어야 한다.

실제 수업에의 적용: 이해력 개발

8학년 세계사 수업시간에 페리어 선생님은 사회의 존속과 관련하여 인간의 창의성이라는 주제를 도입하였다. 선생님은 창의성이야말로 문명사회의 성공에 필수 요소라고 생각하고 창의성의 핵심 요소를 소개하기 위해 감자를 사용한다. 학생은 각각 감자 한 개와 여러 개의 질문 및 활동 목록을 받는다.

- **호기심**: 이 감자의 역사에 관해 무엇을 물어보고 싶은가?
- **유창성**: 이 감자의 윤곽을 가능한 한 여러 모양으로 바꾸어보라.
- **독창성**: 이 감자의 형태나 성질이 바뀌어도 여전히 감자로 남아 있을 방법들을 생각해보라.
- **상상력**: 눈을 감고 이 감자의 기원을 찾아서 어두운 터널 속으로 들어가보라. 그곳에 무엇이 있는가?

- **유연성과 복잡성:** 이 감자를 자를 칼이 없다면, 무엇을 사용하여 자르겠는가?
- **정교함:** 이 감자를 다른 어떤 용도로 활용할 수 있는가?

페리어 선생님은 위와 같은 개념들을 설명하면서 형성평가와 통합한다. 즉, 학생들에게 짝을 지어 위에 제시한 창의성의 각 요소에 관한 또 다른 예를 생각해보라고 한다. 학생들은 이 예들을 함께 검토하고 창의성의 복잡성과 뉘앙스를 논의하면서 각각의 예시에 대해 찬성과 반대를 표한다.

그 다음에 모둠활동으로 창의성 과제에 참여한다. 각 모둠은 일상적인 물건들을 조합하여 새롭고 유용한 물건을 만들라는 과제를 받는다. 일상적인 물건에는 찰흙, 판지, 깡통, 플라스틱 용기, 끈, 아이스크림 막대기, 구형 플로피 디스크, 탈지면 등이 포함된다. 또래검토를 통해 학생들은 새로 만든 물건을 검토하고, 각 물건에서 두드러진 창의성 요소를 기술한다.

모둠활동을 통해 학생들은 인류 초기 문화를 하나 선정하여 창의적인 요소의 사용이 그 문화의 존속에 어떤 도움을 주었는지 알아본다. 학생들은 페니키아, 바빌로니아, 메소포타미아, 그리스, 로마, 인도 중에서 선택할 수 있다. 이전에 배운 리서치 전략을 이용하여 학급에서 발표할 것을 만드는데 이때 위키(Wiki), 글로그스터(Glogster), 프레지(Prezi), 세컨드라이프(Second Life), 파워포인트(PowerPoint)와 같은 기술 기반의 형식을 사용할 수 있다. 발표에는 문화적 요소와 영향력이 포함되며 여기에는 지리, 정치, 경제, 종교, 과학, 미술 등이 들어간다. 또한 사회과목 리터러시에 CCSS(국가공통핵심성취기준)가 반영되는데 복합적인 텍스트 읽기, 텍스트 속의 세부사항 요약하기, 텍스트 분석하고 해석하기 등이 해당된다. 학생들은 이러한 전통적인 과제에서 각각의 창의성 요소를 생각해보고 문화와의 연계성을 찾아야 한다.

페리어 선생님이 만든 평가 모형은 루브릭, 체크리스트, 성찰을 결합했는데 〈표 5.5〉(p.148)에서 보는 것처럼 일련의 성취기준과 학습목표가 담겨 있다. 학생들은 각 항목을 체크하고 자신이 각각의 성취기준을 얼마나 잘 달성했는지에 대해 성찰한 내용을 추가한다. 그러고 나면 선생님이 점수를 매기고 피드백을 제공함으로써 평가를 완료한다.

교사가 이런 형식의 과제를 자신의 교과영역 학습목표에 맞출 수 있는 기회는 많이 있다. 예를 들어, 내용지식을 강화하기 위해 모둠은 각자 학습한 문화에 대한 자료표를 만들거나, 그 문화와 오늘날의 자국 문화를 비교하는 벤다이어그램을 만들 수도 있다. 성취기준, 교과 내용, 수업지도, 평가가 학년에 따라 조정될 수 있고, 이를 통해 책무성과 관련성은 물론 유연성을 발휘할 여지도 생기는 것이다.

표 5.5 **루브릭/체크리스트/성찰을 결합한 창의성 평가 모형**

성취기준/목표/체크리스트 필요하면, 각각에 대해 1에서 4까지의 척도로 측정한다. (참고: 점수는 교사의 점수 체계에 따라 조정할 수 있음)	학생의 채점: 탁월, 우수, 발전 중, 부족 (성찰한 내용을 자세히 기록)	교사의 평가: 탁월, 우수, 발전 중, 부족 (상세한 피드백을 기록)
교과내용: 　주제의 명확한 설명_____ 　정보의 정확도_____ 　과목의 모든 핵심 요소 포함 여부_____		
창의적 요소: 　발휘 대상_____ 　창의적 요소 확인_____ 　정확한 묘사_____ 　증거와 예시를 통한 뒷받침_____		
리서치 신뢰성: 　복수 자원의 활용_____ 　출처의 정확한 인용_____ 　논리적 흐름이 자연스러운 요약_____		
발표: 　논리적 순서_____ 　주제에 대한 초점 유지_____ 　길이 규정 준수_____ 　모둠 내 모든 멤버의 참여_____		
점수 합계_____	**코멘트:**	

실제 수업에의 적용: 디자인 요소

이번에는 예술작품을 만드는 과정에 창의성을 적용하는 좀 더 구체적인 예를 들어보자. 고등학교 미술시간에 올린슈 선생님은 멕시코의 결혼식 화병에 관한 단원을 가르치면서 문화, 창의성, 예술의 통합

수업을 했다. 먼저 단원의 목표와 앞으로 사용할 교수과정 및 평가방법에 대해 설명한 후, 선생님은 학생들이 알고 있는 결혼식 전통에 대해 브레인스토밍을 하게 함으로써 기본 지식과 학습의 준비상태를 확인한다. 이때 읽기자료와 시각자료를 제시하고, 나라 및 문화 간의 결혼식을 비교·대조하게 한다. 그 다음에 학생들에게 여러 종류의 세라믹 제품을 보여준다. 학생들은 모둠활동을 통해 그들이 이미 배웠고 사용한 적이 있는 창의성 요소와 디자인 요소들을 확인한다. 〈표 5.6〉(p.150)은 예술적 창의성을 위한 교안의 일반적인 예시이고, 〈표 5.7〉(p.151)은 결혼식 화병 과제에 대한 루브릭이다.

다른 예들과 마찬가지로 이 교안도 학년별, 교과영역별로 달라질 수 있다. CCSS는 읽기, 듣기, 문해력 및 지식의 통합에 포함될 수 있다. 창의성에 대한 평가전략들은 여러 21세기 스킬 평가에 적합한데 교사들이 직접 이러한 연계를 만들어가는 것이 좋다. 중요한 것은 창의성 평가가 필수적인 학업 성취기준을 측정한다는 점이다.

표 5.6 예술적 창의성 함양을 위한 교안

대단원:
소단원:
성취기준: • 공통 핵심사항: • 교과영역: • 21세기 스킬:
단원목표와 학습목표:
필요한 자료:
시작/사전평가/수업지도: **형성평가:** • 마무리:
개별화:
평가: • 학습내용: • 학습과정: • 학습결과물:

표 5.7 다문화 예술작품 평가 루브릭

세라믹의 기준 루브릭 – 디자인 요소: 푸에블로 결혼식 화병

1. 표면은 매끈하고 질감이 적절하다.
2. 우아한 목 부분은 정확한 대칭을 이룬다.
3. 연결하는 손잡이는 형태가 양호하다. (흠이 있거나 떨어지지 않았다)
4. 네거티브 스페이스((negative space, 예술작품에서 형상의 뚫린 공간. 비례, 균형, 공간감을 창출하며, 여기서는 도자기에서 뚫려 있거나 비어 있는 공간을 의미–옮긴이)가 고르고 대칭을 이룬다.
5. 모든 표면이 초벌굽기 전에 깨끗하게 다듬어졌다. (혹이나 흠집이 없다)
6. 유약은 표면이 더욱 윤기가 나도록 칠해졌다. (세 겹으로)

기준보다 우수 (4점)	기준을 충족 (3점)	기준에 근접 (2점)	기준에 미달 (1점)
코멘트: 이 화병은 네거티브 스페이스를 효과적으로 사용하여 비율이 잘 맞고 역동적인 모습을 이루었다. 유약의 표면도 화병의 가치를 높인다. 대칭과 만듦새에 세심하게 신경을 써서 디자인적으로 매우 우수하다.	**코멘트:** 이 화병은 손잡이를 효과적으로 사용하여 독창적인 형태를 만들어냈다. 그러나 모양과 대칭은 각각의 요소가 좀 더 균형을 이루었더라면 좋았을 것이다.	**코멘트:** 이 화병은 형태상 미흡한 부분이 있다. 유약이 골고루 칠해지지 않았으며, 대칭에 좀 더 신경을 썼더라면 좋았을 것이다. 손잡이는 고르게 건조되지 않아서 갈라진 틈이 있다.	**코멘트:** 이 화병은 형태가 제대로 잡히지 않았다. 손잡이도 조잡하게 만들어졌고, 위치도 중심에서 벗어났다. 불에 굽기 전에 대칭과 표면을 확인하고 좀 더 주의를 기울였어야 했다.

표 5.7이 다음 페이지로 이어짐

다음 기준에 관한 체크리스트를 자기평가에 사용하라.

기준 1: 구조
- 화병은 하나의 몸체, 두 개의 주둥이, 튼튼하게 연결해주는 손잡이로 이루어져 있다.
- 화병의 모든 부품은 탁월하게 조합되어 있다. 이음새가 매끈하다.
- 형태는 잘 만들어졌고, 양쪽이 대칭을 이룬다.
- 연결 손잡이 가운데의 네거티브 스페이스는 정밀하고 균형이 잡혀있다.
- 연결 손잡이 및/혹은 주둥이가 건조 중에 갈라지지 않았다.

기준 2: 유약
- 유약은 정확하고 고르게 완벽하게 칠해졌다. (빈 곳이 없음)
- 화병의 스타일과 형태를 보완할 수 있는 유약을 선택했다.

기준 3: 디자인 요소
- 색, 공간, 선, 질감, 균형, 모양, 비율, 형태, 통일성 중 자신이 사용한 것을 기술하라.

기준 4: 창의적 요소
- 창의성, 유연성, 정교함, 독특한 아이디어, 새로운 패턴 중 자신이 사용한 것을 기술하라.

내러티브(서사) 형식의 성찰
- 이 작품을 완성하면서 여러분이 거쳤던 과정을 평가한다.
- 여러분의 최종 완성품을 성취기준과 필수사항에 비추어 평가한다.
- 잘된 작업은 무엇이고, 만약 다시 이 작업을 한다면 다르게 하고 싶은 것은 무엇인가?
- 이 프로젝트에 관한 여러분의 결론은 무엇인가?

결론:
여러분이라면 자신에게 몇 점을 주겠는가?

출처: 몬트빌고등학교(코네티컷 주, 오크데일 소재) 미술교사 캐롤린 올차크(Carolyn Olczak)의 허락 하에 사용

실제 수업에의 적용: 창의성

프렌드십초등학교의 모든 학생들은 "발명대회"라는 연례행사에 참여한다. 이 행사는 학생들이 창의성을 적용하여 새롭고 획기적인 물건이나 아이디어를 만들어낼 수 있도록 기회를 제공한다. 행사는 다양한 방

식으로 열릴 수 있다. '계란을 깨트리지 않고 학교 지붕에서 떨어뜨리기'
와 같은 문제해결에 기반을 두기도 하고, 교과통합 수업으로 사용하기
도 한다. 이 행사를 과학품평회로 지정하는 학교도 있다. 프렌드십초등
학교는 발명대회 행사의 방침을 정했는데 결과물에 대해서는 대단히 개
방적이고, 그 전략에서는 구체적이었다.

발명대회는 학급 수준에서 시작하며 교사와 학생이 함께 브레인스
토밍을 하여 그들의 생활, 지역사회 및 세상이 필요로 하는 것을 알아
낸다. 그 다음에는 유명한 발명가들과 그들의 발명품을 살펴본 후, 이
런 발명품이 발명가의 지식과 스킬에 어떻게 연계되어 있으며, 그 당
시의 필요에 어떻게 부응했는지 논의한다. 교사가 리서치에 관한 기
준을 추가할 경우 학생들은 각자 발명가를 한 사람씩 선정하여 그 기
준에 기반한 리서치 프로젝트를 완수할 수 있다. 대안적인 방법으로
는 교사가 웹퀘스트를 포함시켜 학생들이 세기의 발명품을 선정하고
그 이유를 설명하도록 하는 것이다. 교사는 대상 발명품의 범위를 좁
혀 기술이나 생활의 질적 개선 등으로 한정할 수도 있다. 기본적으로
교사가 사용하는 전략은 학생들의 요구사항과 학년 및 교과영역의 적
절한 기준을 충족해야 한다.

프렌드십학교의 모든 교사들은 창의성을 명시적으로 가르치는 데
동의하며, 여기에는 창의성의 정의와 구성요소가 포함된다. 그런 후
에 창의성을 높이고 문제해결과 혁신을 포함하는 지도 절차를 따른
다. 교사들은 다음과 같은 방식 중 하나를 선택하여 시작할 수 있다.
최고의 창의적 결과물에 대해 짝과 함께 의견 교환하기, 비디오와 파
워포인트 슬라이드를 이용하여 교사주도 수업하기, 독서반응(reading

response, 독서를 하고 그에 대해 글을 쓰는 것–옮긴이)과 같은 응용활동 등이 가능하다. 교사들은 협력해서 그 단원의 주요 교수목표를 정하고, 비용과 크기에 대한 합리적인 한계를 설정하며 기본 규칙을 검토한다.

창작품은 다음과 같은 기준으로 판단한다.

- 창작자는 창작품이 실제 필요한 것임을 보여줘야 한다.
- 창작자는 창작품이 그러한 필요를 어떻게 충족시키는지를 보여줘야 한다.
- 창작품에는 참신성, 독창성, 복합성 및 정교함이 충실하게 드러나야 한다.
- 마지막 결과물은 온전히 창작자의 작품이어야 한다.
- 발표를 할 때는 아이디어 구상부터 창작품 개발까지의 전체 과정을 설명해야 한다.
- 창작자는 일정, 진척 상황, 사고과정, 당면했던 어려움, 최종 결과물에 대한 성찰을 일지에 기록해두어야 한다.

과거에 고안된 창작품에는 다음과 같은 것이 있다.

- 물병이 달린 개 목걸이와 목줄
- "스낸들(snandal)"(스니커와 샌들의 결합)
- 스파게티용 회전 포크와 커피 젓는 기계
- 애완동물용 자동차 시트
- 소매에 달아 재채기를 막아주는 장치

- 교육용 트위스터게임(Twister game, 여섯 줄의 다른 색 원을 그리고, 회전판을 돌려 지시사항에 나오는 대로 두 손, 두 발을 원 안에 놓게 하는 게임–옮긴이)
- 타악기와 관악기를 겸한 새로운 악기

이에 대한 평가는 다음 항목을 포함한다.

- 문제(problem)와 필요(need)확인
- 문제에 관한 연구의 깊이와 정확성
- 문제를 해결함; 필요에 부응하고 그것이 적합함
- 시제품이나 모형이 해결책을 명확하게 보여줌
- 창의적인 요소가 분명함

위에 제시한 평가기준을 루브릭이나 체크리스트에 적용할 수 있으며, 다른 창의성 과제와 마찬가지로 다중 평가전략을 사용할 수 있다. 메타인지와 성찰은 창의성 평가의 중요한 요소이다. 교사의 관찰과 창작과정을 메모해두면 진척 상황을 계속 파악하고 기록할 때 도움이 된다. 학생의 일기와 학습일지 또한 과제의 올바른 수행에 도움이 된다.

발명대회의 형식과 평가는 다른 교안들에 비해 느슨한 구조일지 모르지만, 바로 이 점이 창의성의 본질을 드러낸다. 학생들은 이러한 활동을 하면서 확산적 사고(divergent thinking)와 수렴적 사고(convergent thinking)를 모두 사용해 일상생활의 사물들을 새로운 눈으로 바라보게 된다. 그러면서도 전체의 구조는 일관성을 유지할 수 있고, 평가를 통

표 5.8 **창의성 평가 루브릭**

기준	탁월 (4점)	숙달 (3점)	기본 (2점)	초보 (1점)
호기심	나는 새로운 요소와 아이디어에 강한 흥미를 느끼며 그것들을 적극적으로 찾아 나선다.	나는 일부 사항에 호기심을 느끼며 새로운 아이디어와 사실들을 기꺼이 찾아 나선다.	나는 도움을 받으면, 새로운 사고방식과 수행 방식을 찾아볼 수 있다.	나는 불안함을 느껴, 새로운 아이디어나 일을 피하려 한다.
유연성	나는 새로운 상황에 잘 적응하며, 일상적인 학습에서도 많은 가능성을 발견한다.	나는 상황이 바뀌어도 효과적으로 일할 수 있으며, 어떤 일을 배우면서 그 잠재되어 있는 가능성을 알아본다.	나는 변화에 적응하기 힘들어 할 때가 가끔 있다. 다르게 생각해보라고 누가 일깨워주면, 그렇게 할 수는 있다.	나는 상황이 바뀌면 생산성이 떨어진다. 고정관념에서 벗어나지 못한다.
독창성	나는 대부분의 주제에 대하여 새로운 아이디어를 많이 생각해낼 수 있다.	나는 몇몇 새로운 아이디어를 스스로 생각해낼 수 있다.	나는 가이드라인이 있으면, 새로운 아이디어를 생각해낼 수 있다.	나는 새로운 것을 생각해내는 데 도움이 필요하다.

해 결과물이 보강된다.

앞에서 소개한 루브릭과 평가는 창의성의 결과물을 평가했는데, 〈표 5.8〉은 창의성의 과정을 평가한다. 이것을 좀 더 확대한 것이 부록 A(p. 350)에 나와 있다.

창작과정에 대한 성찰적 분석은 〈표 5.9〉에 나와 있다. 이것은 교사뿐만 아니라 학생도 사용할 수 있다.

표 5.9 창의성 성찰 및 분석

창작과정에 대한 성찰: 처음에 한 질문과 생각은 무엇이었는가?   창작품은 어떤 요구사항을 충족하고 있는가?   첫 번째 단계를 어떻게 결정하였는가?   각각의 단계를 취하게 된 동기는 무엇인가?
아래의 창의성 요소를 어떻게 사용하거나 제시했는가?   호기심   유창성   독창성   상상력   유연성과 복잡성   정교함
작업일지를 쓴다. 어떤 단계를 거쳤는지와 각 단계의 결과에 대한 분석, 무엇을 바꿨는지, 그리고 최종 결과물을 얻기까지의 과정을 포함한다.
다음에는 어떤 것을 다르게 할 것인가? 사용하려고 하는 다른 창의성 요소, 다른 자원 등이 있는가?

아이들의 창의성을 측정하는 토랜스 검사(Torrance Test for Creative Thinking)는 50년 이상 사용되어오면서 정확성이 뛰어난 것으로 입증되었다. 50년이 넘는 기간 동안 이 검사는 아이들의 창의성을 추적해왔는데, 어릴 때의 창의성과 일생 동안의 창의적 성공은 상관관계가 높은 것으로 판명되었다. 그런데 갑자기 학생들의 창의성 점수가 눈에 띄게 낮아졌다(Zagursky, 2011). 이것이 전자기기 사용시간이 늘어났기 때문이건 교육과정에서 창의적 표현을 하는 시간이 줄어들었기 때문이건 간에 전세계적으로 이에 대한 걱정이 크다. 그러나 이것은 한편으로는 창의성이라는 것을 가르칠 수 있고 배울 수 있고 평가할 수 있다는 증거이기도 하다.

메타인지

(자신의) 사고에 잠시 시간을 투자하면 적지 않은 이자를 받게 될 것이다.

– 작자 미상

이건 진짜 어렵군.

– 소피아 (9세)

전문 조경업자에게 정원의 어떤 곳에 왜 특정 식물을 심었는지 물어보면 그는 햇빛, 토양, 물, 계절의 변화, 색깔, 관리, 식물과 관련된 필수 요소를 고려했다고 답할 것이다. 초보 정원사에게 같은 질문을 하면 아마 다른 대답이 나올 것이다. 그는 그 식물의 모양이나 색깔이 좋았다거나 그날 묘목이 그것밖에 없었다거나 하는 이유를 들 것이다. 이 초보 정원사는 차츰 스킬과 지식이 쌓여감에 따라 환경, 계절, 가용 시간, 자신의 스킬에 가장 알맞은 식물을 고르게 될 것이다. 시간이 지나면서 이 초보자의 사고는 전문가의 사고에 점점 근접해갈 것이다.

메타인지의 정의

메타인지(metacognition)는 "생각에 대해 생각함"을 가리키는 포괄적인 용어다. 그러나 이 개념은 여전히 애매모호하다. 21세기 사고의 다른 요소들과 마찬가지로 그 의미와 복잡성에 대한 이해로부터 출발하는 것이 최선의 방법일 것이다. 이 분야의 초기 권위자 중 한 명인 스탠퍼드대학교의 존 플라벨(John Flavell) 교수는 메타인지의 핵심은 자신의 사고를 관리하고 모니터링하는 능력이라고 기술하였다(1979). 이는 자신, 타인, 학습, 행위와 관련하여 자신의 생각에 대해 알고 모니터링하며 조절하는 것을 의미한다. 즉, 생각과 학습을 적극적으로 통제하고, 학습과 수행을 향상시킬 전략을 사용하는 것이며, 아울러 학습자가 어떻게 정보를 받아들이고 저장하고 다시 꺼내서 사용하는지를 고려하는 것이다.

플라벨은 아이들의 메타인지 능력이 단계적으로 향상된다고 하였는데, 이는 피아제(Piaget)의 지적 발달 이론과도 상통하는 것이다. 첫 단계에서는 정보를 구분하여 나중에 사용하기 위해 저장할 정보를 선택한다. 다음 단계에서는 문제해결과 비판적 사고에 사용할 수 있도록 선택한 정보를 유지하는 법을 터득한다. 마지막 단계에서는 목적에 맞게 정보를 선택하여 특정한 상황에 사용한다. 뇌가 성장하고 전두엽이 발달하면서 메타인지 능력도 좋아진다.

교실에서 메타인지는 다음과 같은 특성을 가진다.

- **목적 및 목표 지향적인:** 학습에는 노력과 초점이 필요하다.
- **앞을 내다보는:** 학습의 결과와 미래에 초점을 맞춘다.
- **의식하는:** 사고, 아이디어, 스타일을 선택적으로 사용하고 다른 사람들에게 미치는 영향을 의식한다.
- **유연성/융통성 있는:** 학습과 사고는 가변적이다.

국가공통핵심성취기준(Common Core State Standards, CCSS)에는 유치원부터 고등학교에 이르는 기초성취기준(K-12 Anchor Standards)의 리서치 영역에 다음 항목을 포함한다. "문해력 훈련용 텍스트 혹은 정보성 텍스트에서 증거를 도출해서 분석, 성찰, 리서치를 뒷받침한다." 이렇게 함으로써 교수·학습이 자기성찰에 가까워질 수 있지만, 일반적으로 CCSS는 타인의 작품에 대한 검토와 분석에 더 초점을 맞춘다. 언어과목 성취기준의 검토에서 21세기스킬파트너십(p21.org)은 "메타인지, 즉 배우는 방법을 배우는 것에 대한 언급은 사실상 없다. 이것은 심각한 실수이다."라고 지적한다(2010a, p.1).

메타인지를 향상시키기 위해서는 학생들에게 일상적으로 다음과 같이 요구해야 한다. "새로운 지식과 스킬에 대해 생각해보라. 자신이 알고 있는 것과 알고 싶은 것에 대해 기록해보라. 자신의 사고방식을 평가해보라. 자신의 사고와 행동을 모니터링하고 관리하는 방식을 검토해보라."

다음은 메타인지를 안내해주는 길잡이 질문들이다.

- 학습하는 동안 나는 무엇을 생각했고 수행했는가?

- 내가 배우고 싶은 것은 무엇이었으며, 나는 어떤 과감한 전략을 사용했는가?
- 내가 그런 것들을 선택한 이유는 무엇인가?
- 그런 전략은 얼마나 효과가 있었는가?
- 나는 어떤 문제점들에 봉착했으며, 어떻게 대처했는가?
- 어떤 전략들이 더 효과적이었고 덜 효과적이었는가?
- 나의 다음 단계는 무엇인가?
- 나는 효과적인 전략 사용을 어떻게 강화할 수 있는가?
- 지금 내가 가지고 있는 질문은 무엇인가?
- 나는 그것이 효과가 있었는지 어떻게 아는가?

메타인지적 활동

오늘날의 교실은 진도 때문에 시간이 부족하고 내용지식의 학습이 우선이라서 메타인지를 가르치거나 평가하는 일은 전통적인 교안에 통합해서 가르쳐야 한다. 이때 메타인지를 사용하게 하는 활동을 추가로 제공할 필요가 있다. 메타인지적 활동(metacognitive wrapper)은 카네기멜런대학교에서 마샤 러벳(Marsha Lovett)이 처음 쓰기 시작한 용어로 "기존의 학습 혹은 평가 과제와 관련이 있으며 학습자의 메타인지를 강화하는 활동"을 의미한다(2008). 수업 전에는 기준선과 마음자세를 확립하기 위해, 수업 중에는 학습을 추적하고 기록하기 위해, 수업 후에는 성찰과 요약을 위해 메타인지적 활동을 사용하면 좋다. 〈표 5.10〉(p.162)은 메타인지의 각 단계가 어떻게 이전 단계를 둘러싸고 포함하는지를 보여준다.

표 5.10 **메타인지의 층위**

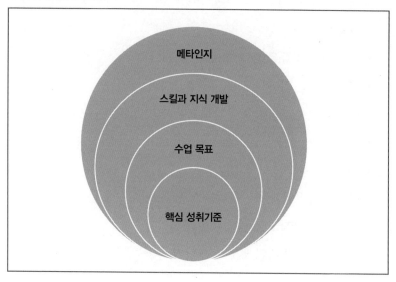

메타인지적 활동을 포함하는 과학수업에서는 CCSS(국가공통핵심성취기준)와 교과성취기준이 분명해지고, 학생들에게는 실험일지를 작성할 것을 요구한다. 실험일지를 기록함으로써 이전 수업에서 배운 어휘를 회상하고, 해당 실험을 완수하기 위한 단계를 계획하며, 사용 목적에 맞게 모든 학습을 기록하고, 자신의 스킬과 지식을 평가할 수 있다. 마지막으로 학생들은 성찰을 통해 무엇이 효과가 있었는지 또는 없었는지, 어떤 생각이 성공에 도움이 되었는지, 다음에는 어떤 것을 좀 달리 해볼 것인지를 되돌아보며 기술한다.

2학년 학생들은 자신이 창작한 이야기를 읽고, 마지막에 잠시 짬을 내서 성찰적 활동을 한다. 그들은 앞으로 더 잘하려면 다음에는 무엇을 좀 달리 할 것인지 설명하면서 발표를 끝낸다. 어떤 학생은 장면 배경을 좀 더 자세히 설명할 것이라면서 "아마도 눈 오는 숲을 더 잘 묘사할 것"이라고 말했고, 다른 학생은 "사람 잡아먹는 괴물을 더 무시무시하게 묘사할 것"이라고 말했다.

〈표 5.11〉에 나온 것과 같은 메타인지적 활동은 학생들이 사고하며 연구하는 모든 수업에서 이용 가능하다. 학생들은 과제를 하는 동안 각 단계에서 잠시 멈추고 각자의 생각을 기록한다. 교사들에 따르면 학생들은 처음 이런 활동을 할 때는 반응이 별로 없지만, 시간이 지나면서 이 과정에 대해 더 잘 이해하게 된다고 한다. 지원과 피드백이 주어

표 5.11 메타인지적 성찰

리서치 프로젝트를 끝내고 나서 각자 아래 질문에 대답해본다.
1. 계획 　a. 이 주제에 관해 지금 알고 있는 것이 무엇인가? 　b. 이 주제에 관해 알고 싶은 것/알아야 할 것은 무엇인가? 　c. 어떤 자료를 탐구할 생각인가? 　d. 어디서, 어떻게 시작할 것인지를 어떻게 결정하였는가? 　e. 어디에서 시작했는가? 제일 먼저 한 일은 무엇인가? 그 이유는 무엇인가?
2. 행동 　a. 어떻게 진행하였는가? 그 단계를 기술한다. 　b. 어떤 자료가 가치가 있었고 그 이유는 무엇인가? 그것에 대해 어떻게 평가하는가? 　c. 그동안 섭렵한 자료의 목록을 만들어본다. 가장 유용했던 것에 별표(*)로 표시한다. 　d. 어떤 자료에 별표(*)를 할 것인지를 어떻게 결정하였는가? 　e. 자신이 잘하고 있는지 못하고 있는지를 어떻게 알았는가? 스스로에게 어떤 질문을 하였는가? 　f. 어떤 문제에 부딪혔는가? 그 문제에 대응하여 과정상 어떤 변화나 조정을 하였는가? 　g. 목표에 도달하였는지를 어떻게 알았는가?
3. 평가 　a. 완성도 높은 결과물을 만드는 데 무엇이 효과가 있었는가? 　b. 새롭게 사용한 전략이 있다면 무엇인가? 　c. 새로 시작한다면 무엇을 달리 해볼 수 있겠는가? 　d. 과제의 요구사항과 관련하여 얼마나 잘 하였는가?
리서치나 메타인지와 관련하여 다른 어떤 생각을 가지고 있는가?

지면 학생들은 더 구체적인 반응을 내놓을 수 있게 된다. 이런 활동을 통해 학생들은 사고전략을 개선하고 훌륭한 리서치 스킬을 발전시킬 수 있고, 교사는 분명한 지침을 제공받아 메타인지적 능력을 키우고 발전시킨다는 목적을 달성할 수 있다.

실제 수업에의 적용

어떤 학생이 수학에서 분수를 모르겠다고 할 때 이 말은 여러 가지로 해석될 수 있다. 학생이 분모와 분자라는 말을 이해하지 못한다는 뜻인가, 숫자의 연속에 대해 잘 모른다는 뜻인가, 아니면 나눗셈을 할 때 필요한 기본적인 전략을 떠올리기 어렵다는 뜻인가? 메타인지적 과정을 통해서 교사는 일찌감치 문제를 확인하고 해결할 수 있다. 가령, 학생이 봉지 속의 사과 12개를 친구 3명에게 똑같이 나눠주는 것을 분수로 나타낼 수 없다고 하자. 교사는 학생에게 자신의 생각을 말로 설명해보라고 하고, 그것을 이해하기 위해 지금까지 어떻게 했는지를 서술해보라고 할 수 있다. 이렇게 함으로써 학생이 잘못 이해하고 있는 것을 발견하고, 추가적인 자료, 또래의 지원, 교사의 개입을 포함하는 적절한 반응을 이끌어낼 수 있다.

메타인지의 요소에 대한 수업 후, 캐시디 선생님 학급의 학생들은 메타인지 능력을 보여준 유명인물에 관해 조사하여 전기를 쓰고 발표를 한다. 학생들은 그들 자신이 선택한 기술을 이용해 발표할 수 있다. 발표에는 인물의 일생에 대한 요약과 가장 뛰어난 업적이 포함되어야 한다. 또한 인물과 그의 메타인지적 전략 사용 간의 연계를 보여주는 그래픽 오거나이저도 포함돼야 한다. 발표에서 학생들은 메타인지에 대해 그들이 얼마나 이해하고 있는지, 인물이 메타인지를 어떻게 통제했는지, 그리고 메타인지가 인물의 생산성과 어떤 연관이 있는지를 보여준다. 체크리스트와 루브릭에 메타인지가 반영되도록 만들 수도 있다.

글쓰기는 인지적 사고와 메타인지적 스킬을 포함하는 대단히 복잡한 과정이다. 펄라 선생님 반의 학생들은 브레인스토밍, 계획하기, 개요 만들기, 초안 잡기부터 시작한다. 메타인지적 활동을 사용하여 각 단계에서의 어려움을 "쉽다"에서 "어렵다"까지의 척도상에 표시함으로써 난이도를 평가한다. 〈표 5.12〉는 이와 같은 예다.

표 5.12 **사고 모니터링**

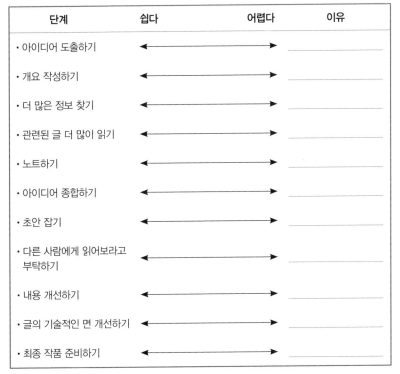

단계	쉽다	어렵다	이유
• 아이디어 도출하기	←	→	
• 개요 작성하기	←	→	
• 더 많은 정보 찾기	←	→	
• 관련된 글 더 많이 읽기	←	→	
• 노트하기	←	→	
• 아이디어 종합하기	←	→	
• 초안 잡기	←	→	
• 다른 사람에게 읽어보라고 부탁하기	←	→	
• 내용 개선하기	←	→	
• 글의 기술적인 면 개선하기	←	→	
• 최종 작품 준비하기	←	→	

펄라 선생님은 학생들의 글쓰기와 이러한 성찰에 대한 검토를 통해 그들이 가장 힘겹게 느꼈던 곳이 어디인지 알 수 있었다. 선생님은 학생들에게 요약 및 결론을 종합할 것을 요청한다. 그리고 적절한 개입이 무엇이며, 다음 단계가 무엇인지 함께 결정한다.

다음은 졸업학기의 캡스톤 프로젝트에서 가져온 예인데, 학생들은 메타인지에 대해 배우고 나서 분석을 통해 자신의 삶과 연계하는 활동을 한다.

*캡스톤 프로젝트(Capstone Project): 메타인지

자기 자신을 알라

활동1. 대니얼 골면(Daniel Goleman)의 글 「자기 자신을 알라(Know Thyself)」(Goleman, 1995에 수록)의 1~4페이지를 읽고, 아래의 지시에 따르라.

　A. 여러분 자신의 생각, 느낌, 반응, 기질, 성향에 대해 아는 것이 어떤 가치가 있는지 생각해보라. 이로운 점 3가지를 가능한 한 구체적으로 설명하라.

　B. 여러분 자신의 사고과정, 개인적인 장점과 스킬, 학습 스타일 등을 어떻게 알 수 있는가? 자신이 누구인지 더 잘 알 수 있는 3가지 방법을 기술하라.

활동2. 자신의 생각, 정보처리 방식, 성향에 대해 최소한 3가지의 평가 도구로 평가하라. 여기에는 옳고 그른 답이 없으며, 더 좋거나 더 나쁜 결과도 없다. 이러한 자기평가 도구는 어느 특정 시각과 장소에서의 자신이 누구인가를 평가하는 것일 뿐이다.

활동3. 각각의 자기평가 도구에 대해 아래 사항을 성찰해보라. 평가 도구와 성찰 내용을 제출하라.

  A. 이런 평가 기록을 통해 자신에 대해 무엇을 알게 되었는가? 이미 알고 있었는가? 만약 알고 있었다면 어떻게 알고 있었는가? 새로운 것을 배웠다면 이에 대한 자신의 반응을 기술하라.

  B. 자신의 장점과 그 장점이 여러분 자신, 친구, 가족, 직장 및 다른 사람들에게 주는 이로움을 기술하라.

  C. 이 지식을 지금 이 수업, 여러분의 캡스톤 프로젝트 및 미래에 어떻게 응용할 수 있는가?

---

*캡스톤 프로젝트(Capstone Project): 캡스톤은 건축물의 맨 위에 올려 놓는 관석으로 여기에서는 졸업학기에 해당 과정의 교육을 완료하는 의미로 진행되는 리서치 프로젝트를 일컬음. 학생 스스로 관심 주제를 선정하고 계획을 세워 연구 및 조사하고 최종 결과물을 발표함-옮긴이

이 프로젝트에서 학생들은 학습에 참여하는 동시에 자신의 학습을 성찰하게 된다. 학생들은 자신의 학습과정을 분석하여 결론을 내리고, 자신의 아이디어에서 배우고 그 아이디어를 실행에 옮긴다.

자기평가를 통해 학생들은 자신의 사고과정을 알아내고, 자신이 구체적인 예를 통해서 더 잘 배우는지 아니면 언어적인 신호를 통해 더 잘 배우는지 파악하며, 자신의 사고가 제멋대로 흐르기보다는 순차적인지 여부를 알게 된다. 학생들이 이런 사고과정을 설명할 수 있

을 때, 학습은 더 명료해지고 개개인에 맞춘 반응도 가능하다. 이 말은 교사가 개별 학생의 강점에만 맞추어 가르친다는 것이 아니라 교사와 학생이 함께 가능한 한 활발하고 의미 있게 배울 수 있는 길을 찾는다는 뜻이다.

메타인지는 21세기 스킬의 다른 부분과도 연관이 있다. 학생들이 어떤 사고 스킬을 사용했는지 질문을 받게 되면 이 때 비판적 사고는 메타인지가 된다. 문제해결과 관련해서는 학생들이 이전의 경험에서 얻은 지식의 전이(transfer)가 어떻게 새로운 문제와 연관이 있는지 분석하는 것을 예로 들 수 있다. 발표의 경우에는 각기 다른 환경 및 청중에게 어떤 전략이 가장 효과적인지 혹은 덜 효과적인지 생각해볼 때, 그것이 바로 메타인지 활동이 된다.

메타인지에 유용한 평가전략 중에서 다른 평가에 포함시킬 수 있는 전략으로는 다음과 같은 것들이 있다.

- 소리 내어 생각하는 '씽크 얼라우드(think-aloud) 기법', 즉 자신의 사고과정을 말하고 생각하고 기록하는 것
- 쓰기 길잡이(writing prompts, 특정 주제에 대해 특정 방식으로 글을 쓰도록 안내하는 학습과제−옮긴이)에 따라 글쓰기 및 성찰하기
- 과제를 수행하는 과정 중 작성하거나 수행 후 되돌아보며 작성하는 그래픽 오거나이저(graphic organizers)
- 이야기 형식의 관찰기록(anecdotal records)
- 학생협의회(conferences)
- 학습하는 동안 자신의 생각을 기록하는 데 사용되는 학습 강화

활동(learning wrappers)

- 학생들에게 작업에 대한 통찰력을 줄 수 있는 설문지나 자기보고(self-reporting) 도구들

메타인지 능력의 개발은 교실 밖에서도 이루어진다. 이에 관한 교훈은 과거와 현재의 사상가들로부터 얻을 수 있다. 찰스 다윈(Charles Darwin)은 "무지가 지식보다 더 자주 자신감을 불러온다."라고 말했다. 미시간대학교의 해럴드 스티븐슨(Harold Stevenson)교수는 미국의 학생들이 다른 나라 학생들보다 스스로의 능력에 대한 자신감은 더 높지만, 실제 수행 성과는 다른 나라 학생들에게 크게 뒤처진다는 것을 발견했다(1990). 교실에서는 무지가 축복이 될 수 없다. 운동선수들은 경기에서 지면 경기 장면을 녹화한 비디오 테이프를 반복해서 돌려보며 잘잘못을 검토한다. 그들은 영상을 보며 문제점을 분석하고, 다음 경기에서의 성공 기회를 높일 전략을 짠다. 바로 이것이 우리가 교육의 전 과정을 통해 수용해야 할 아이디어다. 진도 지침에 엄격하게 매달리기보다는 학생들 스스로 학습을 계획하고, 학습에 대해 성찰하고, 학습의 다음 단계를 찾아보게 하는 것이 모두에게 더 나을 것이다.

모든 학년의 모든 학생이 메타인지적일 수 있다고 생각하는가? 이것이 얼마나 중요한가?

이것이 각기 다른 연령과 단계에서는 어떤 식으로 보이겠는가?

오늘날 빠르게 변하는 디지털 시대가 메타인지에 미치는 영향은 무엇이라고 생각하는가?

메타인지 활동을 여러분의 교수와 학습에 포함시킬 방도를 생각해보라.
다음의 교안 형식을 따르라.

• 성취기준
• 장기목표/단기목표
• 내용 스킬 및 지식의 성공기준
• 메타인지

학생들의 메타인지 능력이 향상되었다는 것을 어떻게 알 수 있는가?

마지막 고려사항

이 책은 전통적 교육목표와 21세기 교육목표 사이에 조절과 균형이 필요하다는 것을 일관되게 강조했다. 학교는 내용지식을 엄격히 가르치는 일과 이의 적절한 응용이 조화를 이루도록 해야 한다. 그렇다고 평가에서의 완전한 방향 전환을 요구하는 것은 아니다. 중요한 것은 비판적 사고 스킬을 개별 학급 수준의 평가에서부터 국제적인 수준의 평가에 이르기까지 실제 평가에 반영하는 것이다. 학생들은 글로벌한 세상과 일터에서 살아갈 수 있도록 준비되어야 한다. 국내의 시험이 전통적으로 내용지식을 측정해온 데 비해, 국제학업성취도평가(Programme for International Student Assessment, PISA) 같은 국제적 평가는 비판적으로 생각하고 정보를 분석하고 그것을 실생활에 적용하는 능력을 평가한다. 우리에게 주어진 명령은 단지 세상의 흐름에 맞추는 것이 아니라 더 적극적으로 앞으로 나아가는 것이다.

생 각 해 보 기

다음 각각의 스킬에 대해 여러분의 학교나 교실에서 응용할 수 있는 방법을 기술하라.

- 비판적 사고

- 문제해결

- 창의성

- 메타인지

제**6**장

행동 스킬 평가

A Guide to
Evaluating
Mastery and
Authentic
Learning 1st
Edition

지식만으로는 충분치 않고 실제로 적용해야 한다. 의지만으로는 충분치 않고 실제로 행해야 한다.

– 요한 볼프강 폰 괴테 (Johann Wolfgang von Goethe)

5장에서 다룬 사고 스킬은 의사소통과 협업을 통해 행동으로 바뀌며, 학습도구의 사용으로 강화된다. 의사소통과 협업은 학습과정(process)을 이끌어주고 궁극적으로 학습결과물(product)에 이르게 한다는 점에서 핵심 요소라고 할 수 있다.

의사소통

의사소통에서 가장 큰 문제점은 의사소통이 성공했다는 착각이다.

– 조지 버나드 쇼 (George Bernard Shaw)

대부분의 생명체는 어떤 형태로든 의사소통을 한다. 심지어는 바이러스조차도 세포 수용체를 통해 의사소통을 한다. 앞으로 누군가가 이런 바이러스가 어떻게 작용하는지를 알아내서 감기나 HIV 바이러스,

혹은 다른 병의 완치법을 발견할지도 모른다. 인간은 가장 복잡한 방식으로 의사소통을 하는데, 예를 들면 쓰기, 말하기, 다양한 감각기관을 통한 소통이 있다. 의사소통은 의미를 창조하는 것, 지식과 스킬 및 신념을 다른 사람들에게 알리는 것, 여러 곳으로부터 정보를 받아들이는 것을 포함한다.

인류가 존재한 이래로 사람들은 의사소통을 해왔다. 엄마가 잠자리에서 아이에게 들려주는 이야기 같은 구두언어 전통은 지금도 계속된다. 초기의 알파벳은 말하기를 통한 의사소통뿐만 아니라 쓰기를 통한 의사소통을 가능하게 했다. 1400년대에 구텐베르크의 인쇄술 발명으로 문자언어는 대중화되었다. 1950년대 최초의 상업용 컴퓨터인 유니백(Univac)에서 시작해 개인용 컴퓨터, 노트북, 태블릿, 스마트폰이 탄생했다. 그 결과 오늘날 의사소통은 과거 어느 때보다 훌륭하고 정교해졌고, 또 필수 불가결한 것이 되었다.

학교와 교실, 가정과 직장에서 배움은 효과적인 의사소통에 기반을 두고 있다. 전통적으로 교사는 강의를 통해 정보를 전달함으로써 의사소통을 했다. 오늘날에는 정보 전달의 매체가 더욱 다양해졌으며 여기에는 비디오, 디지털 이미지, 오디오, 원격통신기술 등이 있다.

학생들이 주고받는 의사소통의 양은 실로 방대하다. 그들은 자신의 학습을 기록하고, 사고를 설명하며, 글이나 말로 정보를 전하고 공유하고, 자신의 작업을 도표나 숫자로 나타낼 수 있다. 학생들이 이 모든 것을 사용하여 지식을 만들어낼 때 지식의 적합성과 의미는 더욱 강화된다.

월터 선생님의 5학년 학급은 초기 미국사를 공부하고 있다.

CCSS(국가공통핵심성취기준)의 목표는 학생들이 "정보 텍스트를 읽고 이해하며, 텍스트의 요지가 무엇인지 아는 것"이다. 지역의 교육과정은 다음과 같은 성취기준을 토대로 한다. "학생들은 다양한 지적 역량을 사용하여 주요 사상, 시대, 주제, 그리고 초기 미국사에서의 전환점에 대해 이해했음을 보여준다." 이 단원을 배우는 동안 학생들은 초기 정착민의 기록이나 역사소설 등의 자료를 읽고, 영화를 보고, 버지니아 주 노포크 혹은 매사추세츠 주 보스턴 같은 곳을 선택했던 초기 정착민 가족의 후손으로부터 이야기를 듣는다. 학생들은 마치 그 시대 그 장소에 살았던 주민인 것처럼 일지를 쓰고, 식사도구에서부터 무기에 이르기까지 그 시대의 물건을 만들고, 일상생활 문제를 모둠별로 해결하고, 종합평가로 그 단원을 끝낸다. 이 종합평가에서 학생들은 그래픽 오거나이저를 사용하여 초기 미국인들의 생활을 묘사하는 에세이를 작성한다.

오늘날의 학생들이 접하는 정보의 양은 정보를 보내고 받을 수 있는 여러 채널로 인해 크게 증가했는데, 이는 정보를 해독하고 사용하는 일을 훨씬 복잡하게 만들었다. 콘텐츠의 방대한 양으로 인해 정보를 전달하는 데만도 많은 시간이 소요되므로, 속도를 늦추고 정보가 어떻게 받아들여지는지 확인하는 것은 불가능한 일이 되어버렸다. 의사소통 스킬을 명시적으로 가르칠 필요는 없다고 생각할 수도 있겠지만 이 격언을 기억하라. "내가 말하려고 했던 것을 네가 들었다고 생각한다는 것을 알지만, 네가 들은 것이 내가 진짜로 의도했던 것인지에 대해서는 확신이 없다." 아니면 애벗과 코스티요 쇼의 "Who's on First?"라는 말을 떠올려볼 수도 있을 것이다(미국의 TV 코미디 프로그램으로, Who's on First? 라는 말에서 'Who'는 한 야구선수의 별명으로 사용되었는데, 이렇게 되면 '1루에 누가 있나?'라는 뜻과 '1루에는 Who가 있다'는 뜻의 이중 의미가 됨-옮긴이).

의사소통의 정의

의사소통은 다양한 21세기 스킬을 동시에 요하는데 분석, 평가, 문제해결, 메타인지, 협업 및 기술 등이 그것이다. 많은 교과영역 성취기준은 CCSS를 바탕으로 만들어지며 이들은 아래의 쓰기, 말하기 및 듣기 스킬을 목표로 하고 있다.

- 복잡한 개념과 정보를 조사하고 전달하는 정보 텍스트를 쓸 수 있다.
- 명료하고 단어·구·문장 간의 응집성이 높은 글을 쓸 수 있다. 이렇게 할 때 글의 전개·구성·유형이 과제·목적·청중에게 적합한 것이 된다.
- 정보와 연구결과를 쉽게 이해할 수 있도록 구조화하고 적합한 스타일로 발표할 수 있다.
- 다양한 맥락과 의사소통 과제를 고려해 말하는 방식을 조정할 수 있다.
- 다양한 대상과 함께 폭넓은 대화에 참여할 수 있다.
- 다양한 매체 형태로 제시된 정보를 종합하고 평가할 수 있다.

의사소통에서 높은 능력을 보이려면 연습이 필요하다. 의사소통 스킬은 명시적으로 가르치거나, 다른 과목의 교수·학습에 통합하여 지도할 수 있다. 모든 학년에서 읽기, 듣기 및 관찰은 필수적이다. 언어를 통한 정보 전달과 문제해결은 중요한 스킬이다. 학년이 올라가면서 정보의 분석과 종합은 아주 중요해진다.

이런 스킬들은 교육의 핵심 요소이지만, 21세기에는 다음과 같은 광범위한 목표를 이루기 위해 필요한 스킬들이 바뀌고 있다. 즉 디지털 시대의 문해력은 기술을 사용한 의사소통과, 디지털 및 시각적 정보를 해석하고 사용할 것을 요구한다. 상호작용이 활발한 의사소통으로는 다음과 같은 방식이 있는데 이 방식으로 소통하는 것을 고려해보라. 예를 들면, 쓰기, 말하기, 시각적 소통, 동시적 소통, 비동시적 소통, 온라인상의 소통, 가상세계에서의 소통 등이다. 아래의 의사소통 스킬은 CCSS 외에도 21세기 교육 실천을 주장하는 기관들에 의해 확인된 것이다.

- 다양한 형태의 구어적 의사소통을 식별하고 사용하고 이해하기: 대화, 토론, 설득
- 다른 사람과 건설적인 대화에 참여하기
- 수용적(receptive) 의사소통 스킬 보이기: 주의 집중, 경청, 이해
- 다양한 형태의 문어적 의사소통을 식별하고 사용하고 이해하기: 격식·비격식체 글쓰기, 과학적인 글쓰기
- 다양한 목적을 위한 여러 형태의 미디어를 읽고 보고 듣기
- 여러 형태의 미디어를 동시에 사용해 효과적으로 의사소통하기: 구어적·문어적·시각적·비언어적·기술적 미디어

- 설득력 있게 의사소통하기: 중립적인 태도의 견해 및 선호 표현

실제 수업에의 적용

에스피노자 선생님은 신임교사로서 자신에 대해 또 학생들에 대해 많은 목표를 가지고 있다. 선생님은 신입 연수를 받으면서 학생들이 지식 창조에 적극적인 역할을 하게 함으로써 학습에 참여시키겠다는 목표를 정한다. 또한 가능한 한 삶과 관련된 실제적인 학습이 될 수 있도록 독려하고 있다. 그래서 첫 단원을 지역사회와 이웃에 대한 이해로 정한다. 이것은 도시지역의 몇몇 구간이나 작은 마을의 중심가를 걷는 활동, 혹은 시골지역을 탐방하는 것으로 응용할 수 있다. 에스피노자 선생님은 이 프로젝트를 연장해서 그 안에 읽기, 쓰기, 수학, 과학, 체육, 기술, 미술 등 여러 과목을 집어넣기를 원한다. 그러나 선생님이 강조하는 것은 의사소통 스킬의 향상이다. 아래는 수업활동의 일부이다.

- 지역사회 생활에 관한 이야기 중 학년 수준에 맞는 책을 읽고 그 감상을 나눈다. 이야기와 담소 내용을 요약해서 기록한다.
- 이웃이나 지역사회를 탐방하면서 보고 들은 것에 대해 메모한다.
- 이웃이나 지역사회 곳곳의 이름을 기록한 지도나 다이어그램을 제작한다.
- 사진을 찍어서 지도에 주석을 다는 데 사용한다.
- 지역사회 사람들을 인터뷰해 그들의 삶, 경험, 역사에 대해 듣는다.
- 지역사회 사람들에 대한 연대기를 만들어 출판한다.

학습활동의 확장

- 이웃에서 발생할 수 있는 자연재난에 대비한 계획을 세운다. 태풍, 지진, 토네이도, 원자력 등으로 발생하는 재난에 대해 배운다. 재난 발생시 행동요령에 대해 이웃에게 알릴 수 있는 방법을 고안한다.
- 환경 미화작업, 지역사회 공원 조성, 푸드뱅크 설립 등과 같은 지역사회 서비스 프로젝트를 개발한다.
- 위성위치확인시스템(GPS), 구글지도 및 발표도구를 이용하여 기술활용 스킬을 통합한다.

학생들은 모둠을 이루어 다양한 방법으로 이런 활동을 할 수 있고, 내용은 학생 수준에 맞추어 개별화할 수 있으며, 서로 다른 종류의 평가를 사용할 수 있다. 그러나 에스피노자 선생님은 모든 활동에 CCSS의 요소들을 반드시 포함시킨다.

이 단원의 평가는 여러 형태로 나타난다. 문해력은 전통적인 읽기, 쓰기 기능에 맞추어 평가된다. 매핑(mapping, 관련 있는 두 데이터 체계를 일정 규칙에 맞게 연관시키는 것-옮긴이)은 수학 교육과정의 성취기준에 맞추어 평가된다. 마찬가지로 과학과 기술 과목은 각 과목의 성취기준에 의해 평가된다. 그러나 의사소통 스킬은 평가방법이 확실하지 않다. 에스피노자 선생님도 멘토교사가 몇 가지 평가전략을 공유해준 다음에야 의사소통 스킬 평가에 대해 확실하게 알 수 있었다. 선생님은 〈표 6.5〉(p.186)의 루브릭과 〈표 6.6〉(p.187), 〈표 6.7〉(p.187)의 체크리스트에서 아이디어를 얻어 〈표 6.1〉(p.182)에 나온 것처럼 이 프로젝트를 위한 복합적 평가도구를 제작하였다.

　의사소통 스킬은 별도로 가르치기보다는 교과영역 및 그 영역의 성취기준에 통합해 가르치는 경우가 흔하다. 이렇게 교과 및 성취기준에 의사소통 스킬을 반영한 수업의 예가 초등학교(〈표 6.2〉(p.183)), 중학교(〈표 6.3〉(p.184)), 고등학교(〈표 6.4〉(p.185)) 순서로 소개된다. 여기에 소개된 수업의 예는 그 자체로 사용할 수도 있고, 다른 학습에 통합시킬 수도 있으며, 학년과 과목에 따라 조정될 수도 있다. 수업의 예를 읽으면서 표에 나오는 각 활동을 더 큰 계획과 학습의 연속선상(아래 양식 참조)의 일부로 마음속에 그려보라. 이 장의 마지막 부분에서는 다시 아래 양식에 그 아이디어를 개인 맞춤형으로, 즉 각자 자신에게 맞는 내용으로 채울 것이다. 이는 21세기 학습을 위한 종합적인 교안의 일부일 뿐이며 전체 양식은 부록 B(p.365)에 나온다.

CCSS	21세기 스킬/지식	교수 및 학습 전략	평가

표 6.1 의사소통에 관한 복합적 평가

나의 학습 궤적: 아래의 각 과목에서 새롭게 배운 것

읽기와 쓰기 _____ 점수 _____

수학 _____ 점수 _____

과학 _____ 점수 _____

이 단원에서 나는 몇 가지 방법으로 배우고 의사소통을 했는가? 그 각각에 대해 나는 어떻게 보여주었는가? 어떤 방법이 효과가 있었으며, 다시 한다면 어떤 것을 바꾸겠는가?

- 듣기
- 보기
- 말하기
- 쓰기
- 발표하기와 설득하기
- 기술 사용하기

각 척도에서 나의 의사소통 스킬을 어느 등급으로 평가할 수 있는가?
(각 척도에 자신의 위치를 X표시하고, 자신의 장점 및/혹은 개선을 위한 제안을 설명하라.)

- 듣기

열심히 듣는다   귀 기울여 들을 필요가 있다

◀--▶

- 말하기

매우 명확하다   주저한다

◀--▶

- 쓰기

정확하고 짜임새 있다   쉽지 않다

◀--▶

- 자원의 이용

믿을 만한 결과물을 낸다   훈련과 시간이 더 필요하다

◀--▶

읽기에 대한 성찰: 지역사회와 이웃에 관해 배운 것을 나의 생활과 학교에 어떻게 응용할 수 있는가?

표 6.2 초등학교 수업에서의 의사소통

응용학습/참학습	평가전략
어떤 인물에 관한 이야기를 읽는다. 이야기 속의 인물은 상대방의 말에 주의를 기울이지 않았다가 난처한 상황에 빠진다. 이 이야기와 여러분 자신의 경험을 바탕으로 과거에 상대방의 말에 주의를 기울이지 않아서 곤란했던 때의 이야기를 써본다.	평가: 학생들은 정보를 받아들이는 방식에 관한 마인드맵(mind map, 정보를 시각적으로 조직하고 보여주는 것—옮긴이)을 만든다. 이러한 방식에는 귀(단어와 어조), 눈(신체와 작품), 기타 감각기관(접촉, 냄새) 등이 있다. 학생들은 각각을 어떻게 사용하는지 설명한다(정교성과 명확성에 대해 루브릭을 이용하여 점수를 매긴다). 또, 귀로만 들을 때와 눈과 기타 감각기관까지 이용해서 들을 때의 차이를 비교하고 대조한다(세부사항, 깊이, 정확성에 대해 체크리스트를 이용하여 점수를 매긴다).
게임을 한다. 이 게임에서 학생들은 수업에 나오는 5개 이상의 사실, 어휘, 혹은 어떤 항목의 리스트를 듣게 된다. 그러고 나서 학생들이 얼마나 많이 기억하는지를 보라. 그 다음에는 다른 리스트를 가지고 같은 게임을 하는데, 이번에는 그 리스트를 말과 글로 동시에 제시한다.	의사소통 전략별로 학생들이 얼마나 많은 것을 기억하는지를 비교하는 그래픽 오거나이저를 만든다. 의사소통 형태에 따라 기억이 더 잘되거나 안되는 이유에 대해 곰곰이 생각해본다.
시각적 해석: 두 사람이 등장하는 사진을 본다. 그들은 어떤 문제에 대해 의견을 달리하는 것처럼 보인다. 이를 바탕으로 지금 무슨 일이 일어나고 있는지에 대해 이야기를 만든다. 사진에서 얻은 시각 정보를 이용하여 이야기를 뒷받침한다.	설명의 명료성, 깊이, 순서에 대해 척도상에 평가한다. 학생들은 이미지에 담긴 정보를 서로 연결할 수 있는 능력에 대해 곰곰이 생각해본다.
여러분 자신의 응용활동을 추가한다.	

표 6.3 **중학교 수업에서의 의사소통**

응용학습/참학습	평가전략
목적있는 글쓰기 • 과학: 기업체 사장에게 편지를 써서 그 기업의 처리공장에서 지역 수자원 공급처에 오염물질을 방류하는 것을 중지하도록 촉구한다. • 수학: 수학이 왜 중요한지를 타인에게 납득시킨다. 수학이 일상생활에서 쓰이는 예를 포함한다.	편집자들로 구성된 패널에 의한 또래평가: 내용, 핵심에서 벗어나지 않음, 명료성, 정보의 정확성, 설득력에 대해 평가한다.
차례대로 전달하기: 1번 학생이 하나의 아이디어, 사실에 입각한 의견, 학교문제(혹은 교과영역 문제)에 대한 해결책을 제시한다. 2번 학생은 1번 학생의 말을 들으면서 판단이나 해석, 의견을 보탬이 없이 그 말의 요지를 다시 설명한다. 만약 1번 학생이 그 설명이 정확하다고 말하면, 2번 학생은 3번 학생에게 자신의 아이디어나 의견 혹은 해결책을 말한다. 3번 학생은 그 말의 요지를 다시 설명하고, 이 과정은 계속된다.	체크리스트(〈표 6.6〉(p.187)): 설득력 있고 사실에 근거한 주장을 하고, 다른 사람의 말을 숙고하면서 듣는 능력을 평가한다. 자기평가, 또래평가, 교사평가: 듣기와 말하기 스킬에 관한 체크리스트를 사용한다.
고민 상담: 괴롭힘을 당하는 사람에 대한 비디오를 보거나, 그에 대한 편지에 답장을 쓴다.	글쓰기 루브릭과 의사소통 루브릭을 함께 사용한 평가: 명료성, 내용의 깊이, 반응의 실행 가능성에 대해 평가한다.
여러분 자신의 응용활동을 추가한다.	

표 6.4 고등학교 수업에서의 의사소통

응용학습/참학습	평가전략
영어: 시, 단편, 혹은 소설을 읽으면서 모둠활동을 통해 작품 속 등장인물 간의 효과적인 의사소통에 장애가 되는 요소를 파악한다.	학생의 토론 참여에 대한 교사의 관찰 혹은 체크리스트: 의견 제시의 적절성과 정확성 및 타인에 대한 주의 집중을 평가한다.
주어진 과제에 대한 모둠 내 의사소통으로, 준비시간은 제공되지 않는다. 이것을 스스로 택한 주제에 대한 의사소통과 비교한다. 후자의 경우에는 정보를 수집하고 발표를 준비할 시간이 주어진다.	두 가지 접근법에 대해 체크리스트를 가지고 평가한다. 그 둘 사이의 차이에 대해 비교·대조·분석을 한다. 모둠 내 의사소통에 관한 체크리스트 (〈표 6.7〉(p.187))를 사용해 평가한다.
취업 인터뷰를 하는 어떤 사람에 대한 이야기를 들려준다. 그는 직무기술서도 읽지 않았고 인터뷰 중 하품을 하고 갈등해결에 도움이 되지 않는 부적절한 전략을 쓴다. 또 정해진 절차를 소홀히 했다는 이유로 자신이 이전 두 직장에서 해고당했는데 이것은 전적으로 사장의 잘못이라고 말한다.	내용지식에 대한 평가: 학생들은 그 사람의 4가지 잘못을 나열한다. 응용에 대한 평가: 학생들은 뛰어난 인터뷰 스킬을 보여주는 촌극(비디오로 제작 가능)을 제작한다. 내용의 정확성과 기술의 사용에 대해 평가한다.
영화 〈12명의 성난 사람들(12 Angry Men)〉(살인 누명을 쓴 소년에 대해 토론을 하는 12명의 배심원에 관한 영화-옮긴이)을 보고, 거기에 나오는 의사소통의 유형을 분류한다(예: 설득, 관점에 대한 지지 이용, 듣기, 정보 명료화, 문제해결, 의사결정).	평가: 의사소통의 유형을 보여주는, 정확한 분석이 담긴 마인드맵과 그것을 뒷받침해주는 인용구나 영화 속 예를 평가한다.
여러분 자신의 응용활동을 추가한다.	

표 6.5 **의사소통 루브릭 (부록 A(p.353)에 확장판이 있음)**

스킬/지식	탁월	숙달	기본	초보	점수/ 비중
목표로 한 대상에게 메시지를 전한다.	• 의사소통의 목적을 인식하고, 이를 달성하기 위해 정보를 정리하여 발표한다.	• 의사소통의 목적을 안다. • 정보 및 발표가 목적에 부합한다.	• 의사소통의 목적이 다소 불분명하여 정보 및 발표의 질을 떨어뜨린다.	• 의사소통의 목적을 혼동하고, 내용과 과정에 집중하지 못한다.	
수용적 의사소통: 목적을 가지고 주의를 집중해서 듣고, 읽고, 본다.	• 사실과 의견을 구별하고, 메시지의 의도를 인식하며, 관점을 뒷받침하는 증거를 파악한다.	• 사실을 식별하고, 설득하려는 시도를 인식한다. • 요지를 파악하고 요약한다.	• 메시지에서 사실적 진술을 일부 파악한다. • 메시지를 해석하는 스킬이 점점 나아지고 있다.	• 사실을 그대로 반복하는 데 그친다. • 메시지의 목적을 부분적으로 이해한다.	
생각을 표현하기 위해 충분한 자원을 동원한다.	• 주제와 목적에 적합한 의사소통 자원을 조합해 선택하고 사용한다.	• 대체로 과제에 적합한 자원을 선택한다.	• 1–2개의 자원을 독립적으로 선정할 수는 있으나, 전반적으로는 추가적인 자원을 동원해 의사소통을 뒷받침할 필요가 있다.	• 생각을 표현하는 양식에 별로 익숙하지 않아서 소통의 질이 기준에 비해 떨어진다.	

표 6.6 **의사소통 체크리스트**

성취기준/목표	학생의 평가: 탁월, 숙달, 기본, 초보 (근거 제시)	교사의 평가: 탁월, 숙달, 기본, 초보 (근거 제시)	개선을 위한 전략
정보를 받아들임 ____ 주의를 기울임 ____ 사려 깊게 경청함 ____ 정보를 이용함			
의사소통을 위해 복수의 채널을 이용함 ____ 언어적 ____ 비언어적 ____ 시각적			
다른 사람들을 납득시킴 ____ 짜임새 있는/순서대로 배열된 ____ 정확한/사실 기반의 ____ 설득적 ____ 이해하기 쉬운			

표 6.7 **모둠 내 의사소통 체크리스트**

모둠 내 의사소통	코멘트
√ 성취기준에 따라 만족스럽게 수행한 경우 × 성취기준이나 지침을 토대로 만족스럽게 수행하지 못한 경우	
도입이 청중의 관심을 사로잡는다.	
목적이 처음부터 끝까지 분명하다.	
내용이 이해하기 쉽고, 논리적인 순서를 따르고 있다.	
말하기: 언어가 목적에 적절하다. 목소리의 크기, 속도, 발음이 효과적이다.	
몸짓언어, 눈맞춤, 제스처를 통해 청중의 관심을 사로잡는다.	
메시지를 뒷받침하기 위해 기술을 사용한다.	
발표의 요지를 종합해서 요약한다.	

다음은 의사소통 스킬을 직접적으로 포함하는 교수 및 학습 활동이다. 각 활동은 다른 교수목표나 성취기준에 통합될 수도 있고, 의사소통 스킬을 발달시키기 위한 활동으로 독자적으로 사용될 수도 있다.

- **읽기**: 관용구를 잘못 이해하고 사용하는 사람에 관한 책을 읽는다. 예를 들면 『Amelia Bedelia(아멜리어 베델리어)』(1963)나 『Butterflies in My Stomach(내 뱃속의 나비)』(2008) 같은 책이다. 책에 나온 표현의 문자 그대로의 의미와 관용적인 의미에 대해 토론한다. 더 많은 관용구에 대해 브레인스토밍하고, 문자 그대로의 의미와 일상생활에서 통용되는 의미를 비교한다. 문자 그대로의 의미, 관용구, 완곡어, 빗대는 말을 포함하는 다이어그램이나 마인드맵으로 평가한다.
- **다문화 이해**: 지시사항 따르기 과제를 완수하는 데 학생마다 사용하는 언어가 모두 다르다. 각 학생에게는 지시사항 중에서 딱 한 단어만 주고, 과제 수행을 위해 의사소통할 때 그 한 단어만 사용할 수 있게 한다. 지시사항은 과목이나 내용에 맞게 조절할 수 있다. 이를테면 소프트웨어나 웹사이트의 사용방법을 설명하라는 식이다. 의사소통에 관해 학생들이 학습한 것을 다음과 같은 성찰을 바탕으로 평가한다. '무엇이 효과가 있었고, 어떤 어려움이 있었으며, 이런 것이 우리 교실 안에서, 그리고 글로벌한 의사소통에서 어떤 의미를 갖는가?'
- **수학**: 학생들은 둘씩 등을 맞대고 앉는다. 한 학생은 다이어그램

이 그려진 종이를 갖고 있는데 마치 수학수업에서 배우는 여러 도형이 서로 연결되어 있는 것처럼 보인다. 다른 학생은 그냥 빈 종이를 한 장 들고 있다. 1라운드에서는 지시사항을 전하는 학생만 말할 수 있다. 지시사항을 듣는 학생은 상대방에게 좀 천천히 말해달라거나 다시 말해달라거나 명확하게 말해달라고 하지 않고, 최대한 지시사항에 따라서 다이어그램을 그린다. 2라운드에서는 두 사람이 서로 말할 수 있고 질문할 수 있으며 전체 과정의 속도를 조절할 수 있다. 둘의 그림 사이에 어떤 차이가 있는지, 그리고 이것이 실제 상황에서 어떻게 적용될 수 있는지를 설명하는 능력을 평가한다. 이런 과정은 과학수업에도 적용할 수 있는데, 예를 들면 한 학생이 다른 학생에게 DNA를 어떻게 배열하는지에 대해 설명한다.

- **게임:** 〈제퍼디(Jeopardy)〉(어떤 질문에 대한 정답을 보여주고, 역으로 질문이 무엇이었는지 맞히게 하는 미국의 TV 게임쇼-옮긴이)나 〈누가 백만장자가 되고 싶은가?(Who Wants to Be a Millionaire?)〉(문제를 풀면 상금이 차츰 많아져서 100만 달러까지 올라가는 미국의 TV 퀴즈쇼-옮긴이)와 같이 내용 기반의 인기 있는 게임을 응용한다. 이 게임에서는 학생들이 추가로 자신의 답변을 설명하거나 정당화하고 다른 학생들에게 자신이 옳다는 것을 납득시키기 위해 설득력 있는 논쟁을 해야 한다. 학생마다 개별적으로 사전 검사를 하고 나서 함께 협력하여 한 차례 게임을 한 후 자신들의 점수를 확인하는 것으로 평가를 한다.

- **요약:** 미러 게임(Mirror Game, 일본에서 개발된 컴퓨터 게임의 하나-옮

긴이)을 복습용으로 사용할 수 있다. 한 학생이 내용을 요약하여 말하고, 다른 학생은 그 요약을 자신의 말로 바꾸어서 다시 말한다. 상급 학년 학생들이라면 한 학생이 텍스트에서 한 문단을 읽고 다른 학생은 그 내용을 자신의 말로 바꾸어 표현한다. 예를 하나 추가하거나 확인을 위한 질문을 할 수도 있다. 자신의 말로 바꿔 표현한 내용이 원래의 내용 및 의도와 잘 맞는지 평가한다.

- **정보 전달:** 학생들은 팀이나 짝을 이루어 어떤 아이디어나 개념에 관한 글을 받은 후, 글을 요약하고 핵심 단어 및 개념을 선정하여 다른 학생들에게 전달한다. 전달받은 학생들은 그 글을 읽고 3-5개의 사실 정보를 포스트잇에 기록한다. 읽기가 끝나면 정보를 포스트잇에 적어서 분류하고 각각의 포스트잇을 가장 알맞은 칸이나 상자에 배치한다. 예를 들어, 정부에 관한 글을 읽고 작성한 포스트잇은 행정, 사법, 입법 칸에 들어갈 수 있다. 내용의 정확성이나 포스트잇을 배치한 논거를 옹호하는 능력에 대해 평가한다.

- **다른 사람 가르치기:** 학생 각자가 선생님의 역할을 맡는다. 여기에는 컴퓨터 활용, 요리법, 수학문제 풀이, 구두점, 실험실 이용 절차 등을 가르치는 일이 포함될 수 있다. 내용의 정확성, 교수전략 및 학습의 결과물이 포함된 루브릭으로 평가한다.

어항(fish bowl, 참여자들을 두 모둠으로 나누어 이중으로 원을 만들어 앉게 한 후, 안쪽은 토론을 진행하고 바깥쪽은 토론을 관찰하게 함. 학생의 참여를 극대화하는 관찰 기법의 토론-옮긴이): 학생들은 이중으로 원을 만들어 앉는다. 안쪽 원(어항)의 학생들은 토론 주제를 받고, 교사가 제공했거나 그들이 직접 찾아본 참고자료를 읽고 토론 준비를 한다. 바깥 원에 앉은 학생들은 토론을 지켜보면서 내용, 발표 스킬, 경청 태도에 대해 평가한다.

- **토론:** 교과내용을 의사소통에 내포시키는, 복잡하지만 유용한 방법이다. 이 방법은 교육과정의 대부분의 과목에서 많은 주제에 사용할 수 있다. 다음은 몇 가지 예다.

  - 사회: 미국의 외교정책 (고립주의 vs. 확장주의), 이민법
  - 수학: 숫자 체계 vs. 문자 체계
  - 과학: 줄기세포 연구
  - 언어: TV/영화 등급, 언론의 자유, 학교에서의 웹사이트 차단

토론을 시작하기 전에 학생들은 존중하는 태도로 참여하기, 발표에 귀기울이기, 시간 엄수하기에 관한 기본 규칙을 정하고 합의한다. 토론 지침도 사전에 정해서 참여자 모두가 숙지하도록 해야 한다. 여기에는 팀을 선정하는 과정, 계획·발표·협의·반박 각 단계에 할당되는 시간에 대한 지침이 포함된다. 평가는 토론에서 언급된 내용지식은 물론 의사소통 및 토론 스킬에 대해서도 이루어진다.

〈표 6.8〉(p.192)에 제시된 토론 루브릭은 자기평가, 또래평가, 교사평가에 사용할 수 있다. 좀 더 길고 상세한 루브릭은 부록 A(p.354)에 나와 있다.

의사소통 스킬에 대한 평가는 교과내용과 과제의 목적에 따라 다르다. 교사가 정보의 깊이를 평가하기 위해 사용하는 방법은 또래가

표 6.8 토론 루브릭

성취기준	기대 이상 (4점)	기대 충족 (3점)	노력 중 (2점)	기대 이하 (1점)	점수
내용: 시작하는 말, 반박	• 관점이 분명하고 설득력 있음 • 논리적이고 구체적이며 정확함	• 관점이 분명함 • 주장은 대부분 설득력 있고 초점이 명확함	• 관점이 다소 모호함 • 의견이 확실하지 않고 세부적인 면에서 다소 모호함	• 논점에서 벗어남 • 발언에 확신이 없음	
보충설명	• 보충설명이 사실에 기반을 두고, 자세하고 설득력 있음	• 보충설명이 사실과 데이터를 포함하고, 목적이 분명함	• 보충설명이 사실, 목적, 초점 측면에서 불완전함	• 보충설명이 분명하지 않음	
구성	• 유창하고 분명하고 논리적임 • 시간을 효과적으로 사용함	• 시간 배분을 잘해서 주제를 순서대로 전개함	• 순서를 따르기 어렵고, 시간 제한을 지키지 못할 수 있음	• 순서와 구성에 결함이 있어서 시간 제한을 지키지 못함	
발표	• 침착하고 전문적인 태도로 청중의 몰입을 높게 유지함	• 청중을 몰입시키는 효과적인 스타일을 갖춤	• 발표 스킬과 청중을 몰입시키는 면에서 연습이 더 필요함	• 청중을 몰입시키지 못함	

청중의 참여도를 평가할 때 사용하는 방법과는 다를 수 있다. 형성평가는 학습을 향상시키기 위한 평가로 총괄평가와는 그 형식과 목적에서 다르다. 또한 의사소통 스킬에 따라 평가방법도 달라야 할 것이다. 독자를 염두에 두고 글을 쓰는 것과 말로 하는 메시지를 해석하는 것은 다르게 평가되어야 하기 때문이다. 이는 기술을 사용하는 의사소통이나 다른 교과영역에 통합된 의사소통에도 마찬가지이다. 따라서

평가는 획일적으로 적용되는 것이 아니라 성취기준, 학습과정, 학습 결과물에 따른 맞춤형이 되는 것이 바람직하다. 이 장에서 소개한 활동과 평가, 루브릭 중 일부는 내용이 많고 매우 집약적이라 여러분 각자의 구체적인 학습목표에 맞게 쉽게 세분화될 수 있다.

생 각 해 보 기

- 의사소통 스킬을 가르치고 평가함에 있어서 여러분의 우선순위와 필요(needs)는 무엇인가?

- 교실에서 의사소통을 명시적으로 가르칠 수업을 설계해보라. 부록 B(p.365)에 있는 교안을 하나의 틀로 이용하라.

- 기존의 교과영역 수업에 의사소통 스킬을 통합하도록 조정해보라.

- 이러한 수업을 어떻게 평가할 것인가?

협업

> 혼자서는 성취할 수 있는 것이 아주 적지만, 함께라면 아주 많은 것을 성취할 수 있다.
>
> – 헬렌 켈러 (Helen Keller)

협업(collaboration)은 대인관계 상황에서의 효과적인 의사소통 스킬을 기반으로 한다. 그러나 협업은 단순한 협동(cooperation) 그 이상이다. 그것은 함께 계획하고 작업하는 것, 다양한 관점을 고려하는 것, 의견을 제시하고 경청하고 타인의 입장을 지지하면서 대화에 참여하는 것, 이러한 것을 배우는 것과 관련이 있다. 협업의 힘은 모둠의 구성원들이 혼자서는 해낼 수 없는 것을 할 수 있게 한다. 협업은 모둠의 생산성과 개선을 위한 개개인의 기여를 인정하고 가치 있게 여기는 것이다. 한 연구결과에 의하면 "수학적 패턴과 같은 주제에 대한 논의에서 효과적으로 협업하려면 모둠 구성원들은 그들의 발언, 글, 행동의 의미를 공유하는 방식으로 활동을 조직해야 한다."고 한다(Cakir, Zemel & Stahl, 2009, p.115). 즉, 21세기 스킬을 사용하는 능력은 말과 글, 그리고 행동을 통하여 지식과 정보를 처리할 줄 아는 능력과 관계가 있다는 것이다.

협력학습은 시너지(synergy)라는 아이디어에 기초를 두고 있는데, 전체는 부분의 합보다 크다는 것이다. 이는 윌리엄스 선생님의 프로젝트 기반 수업에서 흔히 볼 수 있다. 학생들은 몇 달에 걸쳐 협력학습을 통해 『Discovering and Exploring Habits of Mind(마음습관의 발견과 탐색)』(Costa & Kallick, 2000)을 완전히 이해한 후, 개별적으로 공공 프로젝트(service projects)를 시작한다. 일주일에 두 번씩 하는 모둠 체크인(group check-ins, 수업 전에 교사와 학생이 만나 그날의 주요 학습목표 등을 확인하는 과정-옮긴이)에서는 으레 어떤 문제로 쩔쩔매는 학생이 있기 마련이고, 그러면 어김없이 다른 학생들이 도움을 준다. 마이크가 자신의 소방 로봇을 작동하는 방법을 알아내지 못했을 때, 한 학생이 원격 조종이 가능한 자동차 기계장치를 사용해보라고 조언을 했다. 몇 번의 시행착오와 문제해결 끝에 마이크는 소방 로봇을 작동시킬 수 있게 되었다. 캐슬린이 곧 있을 기아퇴치기금 모금행사를 어떻게 알려야 할지 결정하지 못했을 때, 학급 전원이 그 소식을 각자 페이스북, 블로그, 트위터에 올리자 그 즉시 학교 담장과 도시의 경계를 넘어 "지역" 전역에 그 소식이 알려졌다.

오늘날 가장 좋은 아이디어는 대부분 협업에서 나온다. 페이스북은 여러 사람의 아이디어로부터 만들어졌다. 전세계의 약사들은 차세대 약을 개발하기 위해 협업하고, 자동차는 국제적으로 생산된 부품들로 조립되며, 위키리크스(Wikileaks, 익명의 제보자가 정부나 기업의 비윤리적 행위와 관련된 기밀을 폭로하는 국제 고발 전문 웹사이트-옮긴이)는 그에 대한 평가와는 별개로 분명 국제적 협업의 산물이다. 실제로 세상에서 가장 중대한 문제의 대부분은 더 이상 어느 한 사람에 의해서 해결될 수 없다.

협업의 정의

협업은 단순히 남들과 함께 일하는 것 그 이상이다. 협업은 적극적인 청취 스킬, 존중하는 태도로 대응하기, 다양한 의사소통 채널을 통해 분명하게 의견 표하기, 이런 스킬을 사용해서 합의와 타협에 이르기를 포함한다. 협업을 하는 교실에서는 학생들이 공통의 목표를 향해 작업하고, 함께 배우며, 의미 있는 과업에 참여하고, 이전에 배운 것을 기반으로 새로운 아이디어와 결과물을 생성한다.

CCSS(국가공통핵심성취기준)의 협업에 대한 성취기준은 아래와 같이 일반적인 개념으로 시작하여 학년이 올라가면서 새로운 기준이 추가된다.

- **유치원부터 고등학교**: 다양한 파트너와 여러 종류의 대화 및 협업에 효과적으로 참여하며, 타인의 의견을 기반으로 자신의 생각을 분명하고 설득력 있게 표현한다.
- **유치원부터 초등학교 저학년**: 합의된 토의 규칙에 따른다.
- **초등학교 고학년**: 필독 자료를 읽고 준비된 상태로 토의에 참석한다.
- **중학교**: 구체적인 질문을 던지고 대답한다. 주제에 도움이 되는 코멘트를 한다. 타인이 말한 새로운 정보를 인정한다.

고등학생에게 적용되는 협업의 성취기준은 다음과 같다.

- 예의 바르고 민주적인 토의 및 의사결정을 촉진하고, 목표를 정하며, 역할을 확정짓는다.
- 문제 제기와 그에 대한 응답을 통해 추론과 증거를 조사하고, 다양한 관점을 촉진하며, 대화를 진척시킨다.
- 다양한 관점에 사려 깊게 반응하고, 코멘트를 종합하며, 모순을 해결하고, 추가 정보를 찾는다.

21세기 협업 스킬의 필수 요소는 다음과 같다.

- 모둠 내에서 경청과 발언, 통솔하는 역할과 따르는 역할의 균형을 맞춘다.
- 유연성, 타협, 공감을 얻는 스킬을 보여준다.
- 더 큰 모둠의 관심사와 필요를 고려해서 우선적으로 다루며 진전

시킨다.

- 모둠 구성원의 기여와 강점을 높이 평가하고, 인정하며, 활용한다.
- 새로운 아이디어와 결과물을 만들어내도록 함께 작업한다.
- 작업을 완수하도록 적극적으로 참여하고, 기여하며, 책임을 함께 진다.
- 여러 개인의 견해가 반영된 결정을 하도록 타인을 존중하면서 작업한다.
- 합의한 부분과 그렇지 못한 부분을 파악하고 갈등을 해결할 길을 모색한다.
- 솔직한 논의, 토론, 의견 불일치에도 존중하는 태도로 참여한다.

실제 수업에의 적용

협업하는 교실을 관찰해보면 교사가 유일한 권위자가 아니라는 점이 맨 먼저 눈에 들어온다. 지식과 학습의 교류가 학급의 모든 구성원 사이에서 일어나고, 이때 교사는 코치이자 촉진자로서의 역할을 한다. 이 말은 교사가 아무렇게나 학습이 흘러가도록 용인한다는 뜻이 아니다. 그보다는 교사가 기본적인 틀을 제공하고 학생들이 그 틀을 채우도록 지원한다는 뜻이다. 모둠은 학습의 주제, 목표, 목적을 토대로 유연하게 구성해야 한다. 과학과제는 이질적인 학생들로 모둠을 이루어 협업하게 하고, 언어과제는 동질적인 학생들로 새롭게 모둠을 구성할 수도 있다.

모둠 내에서 학생들은 촉진자, 재진술자, 관찰자, 기록자의 역할을 맡을 수 있다. 작업의 순서는 목적을 정의하고 목표를 정하는 것부터 시작한다. 목표는 성취기준을 토대로 미리 정해질 수도 있고, 학생들 스스로 정할 수도 있다. 학생들이 지식을 공유하고 발전시켜감에 따라 아이디어와 질문도 분류되고 차례대로 배열되어 학습을 안내한다.

과학수업에서는 자기력을 분석하라는 목표 아래 학생들은 자석의 힘을 측정할 것인지, 남·북극을 알아볼 것인지, 아니면 자석과 전기 사이의 관련성을 보여줄 것인지를 결정할 수 있다. 사회수업에서는 모둠별로 특정 전쟁의 원인에 대해 알아볼 때, 남북전쟁, 1차세계대전, 2차세계대전, 베트남전쟁, 사막의 폭풍작전(Desert Storm, 1991년 걸프전쟁 당시에 실시한 바그다드 공습의 작전명-옮긴이) 등에서 선택할 수 있다. 모둠은 다시 모여 그들이 찾아낸 것을 비교·대조·분석한다. 영어수업에서는 모둠활동으로 학생들이 세컨드라이프(Second Life)라는 소프트웨어를 사용하여 안데르센의 고전적인 이야기를 디즈니 작품처럼 각색하는 작업을 할 수 있을 것이다. 이에 대해서는 루브릭, 체크리스트, 일지, 마인드맵 등을 이용하여 자기평가, 또래평가, 교사평가를 할 수 있다.

새롭게 떠오르는 신기술 덕분에 학생들은 협업을 하며 창조하고 디자인할 수 있다. 컴퓨터 지원 협력학습(Computer-Supported Collaborative Learning, CSCL)은 컴퓨터를 통한 학습을 촉진하고, 참여자들이 함께 지식을 공유하고 구성하도록 해준다. 학생들은 대화와 토의에 참여하고 독창적인 자료를 만들거나 문제를 해결할 수 있다. 위키(Wikis), 구글닥스(Google Docs), 스카이프(Skype) 및 쌍방향 화이트보드 같은 제작 및 공유 도구 덕분에 이제 3페이지짜리 보고서는 머나먼 과거의 것이 될런지도 모른다.

학생들은 이런 도구들을 이용해서 글로벌 수준에서 협력하며 세계의 기아에 대한 아이디어를 공유하거나 급식 메뉴의 영양가를 분석할 수 있다. 서로 다른 나라에 사는 교사들은 그들의 교실을 위키나 스카이프를 이용하여 연결할 수 있다. 어떤 협업 프로젝트에서는 학생들이 각자 자신이 속한 지역사회의 멸종위기 생물에 대한 보호 방안을 공유하고 비교한 후 그 정보를 전 세계와 공유하였다.

협업은 문제해결, 디지털 리터러시, 구두·문자·시각적 의사소통 능력 등의 21세기 스킬을 포함하고 그 위에 구축해나갈 수 있다. 〈표 6.9〉(p.200)는 이런 예들을 보여준다.

협업은 또한 기존의 교육과정 및 성취기준과 연계된 활동을 이용해서도 달성할 수 있다. 교수행위 전에 '형성적 코너활동'(formative corner activity, '4-코너활동'이라고도 함. 학생들이 교실의 각 코너에서 게시된 질문에 대해 토론하고 그 요지를 녹음하거나 문자로 기록한 후, 옆 코너로 이동해 같은 과정을 반복함. 네 차례에 걸쳐 각 코너로의 이동이 끝나 제자리로 돌아온 후, 코너별로 요지를 발표하는 활동-옮긴이)을 통해 유사성이 높은 학생들끼리 모둠을 형성하여 자신들의 아이디어와 입장을 옹호할 수 있다. 먼저 학생들은 목록이나 그래픽 오거나이저를 이용하여 그들이 알고 있는 것을 종합적으로 파악한다. 학습과정 중에는 모둠원들이 협력해서 요지나 가장 중요한 성과를 요약한다. 그런 다음 이것들을 갤러리워크(Gallery Walk, 마치 갤러리에서 작품을 감상하듯 교실이나 복도를 한 바퀴 돌며 다른 모둠 혹은 개인이 게시한 학습결과물을 관람하는 형태의 협력학습-옮긴이)에 게시하고 서로의 작업물을 검토한다.

표 6.9 **협력학습과 평가**

과목/주제	협업	평가
언어: 시인 마케팅	각 모둠은 서로 다른 시인의 작품(들)을 읽는다. 배정된 역할: 기록자, 질문자, 성찰자 각 모둠은 시인의 문체, 주제, 견해, 목적 등을 분석하고, 그들이 알아낸 것을 종합한 다음, 좋은 시의 성취기준을 적용하여 그 작업물을 다른 사람들에게 판다.	개인: • 시나 시인에 대해 주석을 달고 분석함 • 루브릭을 사용하여 분석의 내용, 정확성 및 세부사항을 평가함 • 새로 학습한 내용과 학습과정에 관해 학습일지를 작성함 모둠: • 협업 루브릭 • 배정된 역할에 대한 또래평가
과학: 가뭄 해결	모둠의 각 구성원은 정치인, 기상학자, 환경운동가, 언론인 등 한 가지 직업을 배정받는다. 각자 조사한 후, 자신의 관점에서 보고한다. 모둠은 문제점을 파악하고 해결책에 합의한다.	개인: 연구에 관한 루브릭 모둠: 협업과 합의 도출에 관한 루브릭 공통: 다른 모둠이 답을 하도록 시험 문제를 작성함
지리: 위도와 경도	매일 좌표를 게시하면서 하루를 시작한다. 모둠별로 해당 지역의 날씨, 지리, 수자원 시스템, 동식물의 생활에 대해 알아본다.	지리적 기술자(descriptors)로 기록한 위도 및 경도 일지 데이터를 자신의 추론을 옹호하는 능력
사회: 르네상스의 재탄생	학생들은 르네상스로 인한 변화에 대해 조사하고 발표한다. 모둠별로 조사와 발표를 어떻게 할 것인지 결정한다. 최종 결과물에는 건축, 의복, 과학, 미술, 음식, 가족에 관한 내용과 함께 당대의 중요한 인물이 포함되어야 한다.	교사평가 및 모둠 내 자기평가: 각 구성원이 프로젝트에 개인적으로 기여한 바를 보고할 기회를 줌 루브릭은 협업, 교과내용, 학습과정 및 발표를 포함함

협업은 학급 간에도 또 교과영역을 넘나들면서도 할 수 있다. 다음은 그런 예들이다.

- 디지털 일러스트레이션과 디지털 리터러시: 디지털 도구를 활용해서 그린 일러스트판 영웅담을 창작한다.
- 과학과 요리: 녹말, 이스트, 글루텐의 특성을 배우고 실제 보여준다.
- 과학과 생활: 재활용의 전략과 이점

평가전략은 4장에서 소개한 방법들이 모두 포함되며 교과내용의 학습을 측정하는 표준화시험부터 학생들이 관리하는 계약에 이르기까지 광범위하다. 〈표 6.10〉(p.202)은 협업에 관한 루브릭이고, 확장된 예는 부록 A(p.355)에 나온다.

그밖에 협업에 대한 평가에는 다음과 같은 것이 포함된다.

- **계약**(contracts): 광범위한 모둠 프로젝트를 시작하기 전에 먼저 계약서를 쓴다. 구성원들은 협업 규칙을 따를 것에 동의하고, 연구·학습·시간 엄수 등에 대해 책임을 질 것에도 동의한다.
- **이야기**(narratives, 서사): 이야기는 모둠별로 학습 과정 및 결과물에 대해 묘사할 기회를 제공한다. 모둠은 자신들의 작업을 묘사한 것을 제출하는데, 이것이 평가 루브릭과 연계되어 있기 때문이다. 교사는 이것을 자신의 관찰 및 독해진전도평가기록표(running records, 학습자의 읽기 수준 및 어려움을 측정하기 위해 학습자

표 6.10 **협업 루브릭**

스킬/지식	탁월	숙달	기본	초보	점수/비중
생산적으로 작업한다	우리는 과제에 집중하고 원하는 결과를 얻기 위해 우리의 모든 시간을 효율적으로 사용했다. 각자 할당된 일을 했고 때로는 더 많이 수행했다.	우리는 함께 작업을 잘 했고, 대부분의 경우 일이 끝날 때까지 과제에 집중했다. 각자 할당된 일을 거의 모두 수행했다.	우리는 가끔 함께 작업을 했는데, 모두가 기여를 했거나 각자 맡은 일을 완수한 게 아니라서 작업을 끝내는 것이 어려웠다.	우리는 제대로 협업하지 못했다. 과제에 집중하기보다는 각자 자기 방식대로 하며 남들에게만 무엇을 하라고 명령하려고 했다.	
상대를 존중한다	모두가 경청하고 공유된 아이디어에 대해 토의했다.	구성원들은 대부분의 경우 존중하는 태도로 듣고 상호작용했다.	일부는 다른 사람의 아이디어를 존중하는 데 어려움이 있었다.	구성원들은 다른 사람의 의견을 기꺼이 들으려 하지 않았고, 구성원 간에 언쟁을 했다.	
양보와 타협을 한다	모두가 공동의 목표를 달성하기 위해 융통성을 발휘하며 협업했다.	대체로 우리는 작업을 진척시키기 위해 양보와 타협을 할 수 있었다.	더 많은 사람이 양보와 타협을 하지 않았기 때문에 기대만큼 진척시키지 못했다.	의견 불일치가 많았고, 일부 구성원은 자기 방식대로만 하려고 했다.	
책임을 공유하고 모두가 기여한다	모두가 최선을 다해 일했고 부여받은 과제를 끝까지 수행했다.	구성원 대부분이 각자 맡은 역할을 끝까지 해냈다.	각자 맡은 역할을 하도록 하는 것이 어려웠다.	우리는 각자가 자신의 역할을 해낼 것이라고 믿고 의지할 수 없었다.	

가 읽기활동을 할 때 한 실수 등을 기록한 것-옮긴이)와 비교한다.

- **포트폴리오**(portfolios): 진행 중인 작업의 포트폴리오는 단계마다 취한 조치, 사용 자원, 개인별 기여도를 보여주는 기록이며, 이것을 컴퓨터에 저장해두면 진행 중인 과정을 모니터링하기 쉽고 학생들이 다음 단계를 계획하는 데 도움이 된다.

- **그래픽 오거나이저**(graphic organizers): 모둠 구성원의 역할과 그 수행 정도를 보여주는 데 사용할 수 있다. 개별 구성원의 기여도를 시각적으로 보여준다.

---

1. 각자 배정받은 역할을 완수했다.

정확하게 완수함   거의 완수하지 못함

◄--►

5   4   3   2   1

코멘트:

---

2. 과제에 대한 기여도는 구성원 모두 똑같다.

전적으로 똑같이 기여함   일부는 기여하지 않음

◄--►

5   4   3   2   1

코멘트:

---

3. 개별적으로 일하는 것보다 협업을 통해 더 나은 성과를 거두었다.

훨씬 더 생산적이었음   별 차이가 없음

◄--►

5   4   3   2   1

코멘트:

- **체크리스트**(checklists)/ **평가척도**(rating scale): 다음과 같은 양식을 활용하면 교사와 학생이 바른 방향으로 나아가도록 도울 수 있다.
- **자기평가 및 또래평가**(self-and peer-evaluation)/**성찰**(reflection): 모둠 프로젝트를 진행하는 과정에서, 또 모둠별 발표 단계에서 실행할 수 있다. 무엇이 가장 효과적이었나, 다음에는 어떤 부분을 달리 할 것인가와 같은 개방형 질문이나 일반 질문은 물론이고 과제에 따른 구체적인 질문을 포함할 수 있다. 자신이 사용한 자원 중 가장 도움되는 것, 혹은 전에는 몰랐는데 이번에 알게 된 것 3가지는 무엇인지에 대해서도 질문할 수 있다.
- **교사의 관찰**(teacher observation): 협업을 평가하는 중요한 도구이다. 학습과정 내내 학생들을 지원해주고, 전략을 제안하며, 의견 불일치를 해결해주는 것 모두가 학습과정을 진척시키는 데 도움이 된다. 교사의 관찰을 토대로 한 평가에서는 학생들의 리서치 전략이나 의사소통 스킬, 문제해결 스킬 등의 사용 증거를 찾음으로써 타당성이 강화된다.
- **학생일지**(student logs)**와 학습일지**(journals): 달성한 구체적인 목표와 진척도를 지속적으로 평가하고 기록한다. 체크리스트나 간단한 서술을 사용한 일일 체크인에는 당일의 개인별 기여도와 다음 단계의 계획에 대한 관점이 반영되어 있다.

교수·학습·평가를 협업을 통해 하는 데는 어려움이 있다. 인터넷으로 하든 만나서 하든 시간 제약과 학생의 안전에 대한 우려가 장애물이 될 수 있다. 협업의 과정을 지나치게 강조하다 보면 교과내용을 가르치는 것을 간과하기 쉽다. 하지만 학생들은 교실 밖에서 최신 SNS(Social Networking Service, 소셜 네트워킹 서비스)를 이용하고 있으므로 학교 울타리 안에서만 이를 차단하고 단절시킬 수는 없는 노릇이다. 교실에서의 사용을 장려하기 위해서 이팔(e-Pals), 글로그스터 이.디.유(Glogster EDU), 프레지(Prezi) 등은 학교에서 안전하게 사용할 수 있는 장치를 제공하고 있다.

평가는 개인의 학습과 모둠의 생산성 사이에서 공정한 균형을 이루려고 하면 복잡해진다. 이는 단지 등급을 매기는 것이 아니라 협업 과정의 복잡성과 협업의 결과물을 보기 때문이다. 평가는 학습을 통한 성장(단지 최종 성적만이 아님), 과정(전략, 자원, 결정, 협동), 결과물(생산품, 관련성, 유용성, 일의 완성 및 목표와의 연계)에 관한 것이다. 수업시간에 수학문제를 함께 푸는 것과 같이 간단한 협업은 '약자 괴롭히지 않기' 캠페인을 전개하는 것과 같은 장기적이고 복잡한 프로젝트와는 다르다.

모둠별로 점수를 주느냐 개인별로 주느냐 하는 것은 과제의 형태에 따라 다르고, 협업이 지식과 스킬 향상이라는 두 목표를 어떻게 달성하게 하는가에 달려 있다. 각각의 목표에 주어지는 비중은 과제에 따라 조정될 수 있다. 세포조직에 이름을 붙이는 활동은 주로 개인별 평가가 되어야 하지만, 클래식이나 동시대의 문학작품에 근거한 역할극은 모둠별 평가가 되어야 할 것이다. 이런 평가는 개인적인 기여, 긍정적인 팀워크, 존중하는 태도의 문제해결, 생산적인 전략을 포함한다.

일반적으로 개인별 성취도와 모둠활동을 둘 다 반영하여 이를 합산한 점수를 주도록 한다. 과학실 실험에 대한 점수를 예로 들면, 실험

일지를 통해 개별 학생의 학습을 반영한 점수와, 모둠 및 모둠활동에의 기여도를 반영한 점수를 합산하는 것이다. 프로젝트 점수도 개인별 학습 성과를 반영하는 점수와 협업 과정을 반영하는 점수를 합산할 수 있다.

협업은 시간이 많이 걸리고 시끄럽고 어수선할 수 있다. 그러나 긍정적인 협업은 역동적이고 관심을 사로잡으며 건설적이다. 또한 레프 비고츠키(Lev Vigotsky, 아동의 인지발달에서 타인과의 관계 및 사회적 상호작용을 강조한 교육심리학자–옮긴이)나 앨버트 반두라(Albert Bandura, 인간의 행동은 타인의 행동이나 상황을 관찰하거나 모방한 결과로 이루어진다는 '사회학습이론'의 창시자–옮긴이) 같은 이들이 기술한 사회적 학습 토대를 뒷받침해줄 수 있다.

건축가 프랭크 로이드 라이트(Frank Lloyd Wright)는 아홉 살 때 숙부와 사촌들과 함께 걸었던 일이 자신의 학습 철학에 어떤 영향을 주었는지 말한 적이 있다. 그들은 눈 덮인 들판을 걷다가 잠시 멈추고 걸어온 길을 되돌아보았다. 숙부가 걸어온 길은 들판을 가로지른 직선 모양인 반면 사촌들의 길은 나무에서 울타리로, 다시 암소에게로 지그재그 모양이었다. 따라서 그들은 들판을 가로지르는 데 시간이 더 걸렸다. 숙부는 그에게 항상 앞서가는 리더를 따라가라고 했지만, 그는 사촌들이 길에서 함께 발견하고 배운 것들에 대해 얼마나 열정적이었는지를 알 수 있었다. 빈스 롬바디(Vince Lombardi)가 이를 한 마디로 잘 표현했는데, "복잡한 미식축구 방어선을 뚫는 것이든, 현대 사회의 문제를 해결하는 것이든 간에 함께 일하는 사람이 이긴다."

디지털 리터러시

> 디지털 리터러시가 텍스트를 대체하지는 않는다. 그것은 텍스트에
> 대한 우리의 이해를 넓고 깊게 해준다.
>
> – 필립 M. 앤더슨 (Philip M. Anderson)

앞서 1장에서 빠른 변화가 새로운 표준이 된 현재의 교육환경에 대해

이미 언급한 바 있다. 세상은 바뀌고 있고, 학생들은 달라졌으며, 직장도 빠르게 진화하고 있다. 새로운 디지털 리터러시(digital literacy) 및 비주얼 리터러시(visual literacy)와 관련지어 보면 지금은 10억 명 이상이 인터넷상에서 정보를 읽는다(Nielsen Company, 2012). 학생들은 주로 SNS, 음악, 동영상 때문에 인터넷을 사용한다고 한다. "미디어 리터러시(media literacy)는 그냥 중요한 정도가 아니라 절대적으로 중요하다. 아이들이 대중매체의 도구가 되느냐 아니면 대중매체가 아이들의 도구가 되느냐 하는 차이를 가져올 것이다."

맥아더 재단(MacArthur Foundation)에서 발표한 보고서 「Kids and Credibility(아이들과 신뢰성)」(Flanagin & Metzger, 2010)에 의하면 11세에서 18세의 청소년 중 89%가 인터넷상의 정보를 믿을 만하다고 답했다. 「The 2010 Horizon Report(2010 전망보고서)」(Johnson et al., 2010)에 따르면 정보의 범람으로 인해 교육자들은 학생들이 정보의 신뢰성을 이해하고 평가하도록 돕는 데 어려움을 겪는다고 한다.

오늘날의 학생들은 모든 디지털 도구들을 손쉽게 사용하고 있는데, 이는 마치 무언가를 수선하거나 제공하기 위해 사용하는 가정용품과도 같다. 코네티컷대학교 뉴리터러시연구소(New Literacies Research Lab)의 도널드 류(Donald Leu)는 한 걸음 더 나아가 이 모든 새로운 기술이 교수와 학습에 자연스럽게 연결되어야 한다고 말한다.(2010) 읽기 매체가 종이에서 스크린으로 바뀌면 읽기의 본질도 바뀌어야 한다는 것이다.

디지털 리터러시의 정의

도널드 류는 새로운 리터러시에 대해 묘사하기를 "인터넷에서 성공적인 읽기를 하는 데 필요한 스킬, 전략, 습성"이라고 하였다(Leu, 2010). 웹사이트 외에도 새롭게 부상하는 정보통신기술은 학생들이 정보를 습득하고 사용하는 방법을 바꾸고 있다. 블로그, 트위터, 페이스북을 통해 학생들은 새로운 학습을 즉시 공유하고 비교하며 밝혀진 사건들을 분석한다. 학생들은 게임 소프트웨어, 시뮬레이션, 동영상을 통해 배우고 있다. 정보 수집의 방법이 새로워지면서 발표의 방법도 변했다. 이제 파워포인트는 프레지(Prezi), 글로그스터(Glogster), 엑스트라노멀(Xtranormal) 등에 비하면 구식이다. 애니메이션, 3D 및 가상세계를 위한 새로운 도구들도 빠르게 개발되고 있다.

새롭게 부상하는 기술로 인해 학생들은 다음과 같은 스킬까지 포함하도록 전통적인 리터러시를 응용하고 확장해야 한다.

- 방대한 양의 데이터에서 핵심 정보를 선택하고 중심이 되는 문제를 알아내기
- 핵심어와 검색전략을 효과적으로 사용하기
- 여러 출처로부터 나오는 정보를 관리하기
- 온라인 자료의 정확성과 신뢰성을 비판적으로 평가·확인하기
- 여러 출처에서 나온 정보를 평가·비교·종합하기
- 미디어 메시지의 목적과 설득력을 제대로 이해하기
- 메시지가 신념·행동·가치에 미치는 효과를 생각하기

CCSS(국가공통핵심성취기준)는 디지털 리터러시를 드러내놓고 옹호하거나 전통적인 리터러시와 구별하지는 않았지만, 디지털 리터러시와 관련하여 다음과 같은 성취기준을 포함하고 있다.

- 정보를 표현하고 발표의 효과를 높이기 위해 디지털 미디어와 데이터의 시각적 제시를 전략적으로 사용한다.
- 여러 출처로부터 관련 정보를 수집하고 그 정보의 신뢰성과 정확성을 평가한다.
- 텍스트에 나온 논쟁과 주장에 대해 타당도와 관련성을 평가한다.

대부분의 교사들이 위키피디아의 한계를 잘 알고 있지만, 디지털 리터러시에 관해서는 이 사이트에 나온 정의가 오히려 더 분명하고 간결하다.

디지털 리터러시는 디지털 기술을 이용하여 정보를 찾아내고, 조직하고, 이해하며, 평가하고, 분석하는 능력이다. 그것은 현재의 기술에 관한 실천적인 지식과 사용방법에 대한 이해를 포함한다. 디지털 리터러시를 갖춘 사람들은 의사소통과 작업을 더 효율적으로 하는데, 특히 동일한 수준의 지식과 스킬을 가진 사람들과 함께 할 때 그렇다("디지털 리터러시", 날짜 미상).

오늘날 대부분의 가정은 인터넷 접속이 가능하고 대다수의 직장에서 컴퓨터 사용이 필수적이지만, 아직도 아날로그 교사들은 디지털 학생들을 지필고사로 평가한다. 새로운 리터러시는 오늘날의 학습자가 언어와 이미지를 모으고, 보고, 사용하는 방법을 새롭게 바꾸고 있다. 온라인상의 자료를 읽는 것은 전통적인 책을 읽는 것과는 다르다. 정보를 찾아내고, 평가하고, 편집하고, 제시하는 것 역시 다르다. 이러한 변화는 구두언어 전통에서 구텐베르크 인쇄술로의 전환에 맞먹는다.

실제 수업에의 적용

디지털 검색 스킬

변화하는 환경에 대응하기 위해 교사와 학교가 취할 수 있는 단계들이 있다. 다음에 소개하는 6가지 디지털 스킬은 디지털 리터러시를 향상시키기 위한 전략으로 명시적으로 가르칠 수 있다.

1. 중심 이슈를 알아내고 핵심 질문을 통해서 검색을 좁혀나가기

- 학습을 안내해줄 질문으로 시작한다.
- 핵심 학습목표에 초점을 맞춘다.
- 질문을 잘하면 유용한 검색어를 얻을 수 있다. 종종 학생들이 인터넷 검색에서 허둥대는데 그 이유는 핵심 질문의 중요성을 이해하지 못하기 때문이다.

<table>
<tr><td colspan="2" align="center">예</td></tr>
<tr><td align="center">정보 유용성이 낮은 질문</td><td align="center">정보 유용성이 높은 질문</td></tr>
<tr><td>어떻게 동영상을 만드는가?</td><td>무료 동영상 제작 소프트웨어는 어떤 게 있는가? 그것을 사용하는 방법을 어떻게 배울 수 있는가?</td></tr>
<tr><td>어떻게 기금모금을 하는가?</td><td>기아를 줄이는 데 어떤 기금모금 전략을 사용할 수 있으며, 어떤 기관을 이용할 수 있는가?</td></tr>
<tr><td colspan="2">여러분 자신의 질문을 써보라.</td></tr>
<tr><td colspan="2">평가: 질문의 수준, 깊이, 복잡성에 관한 피드백</td></tr>
</table>

2. 수준 높은 검색전략을 이용하여 정보 찾아내기("최고의 검색엔진"이라는 검색어로 구글에서 찾아도 구글이 첫 번째로 나오지는 않음)

- 정보가 조직되는 방법을 이해한다: 불 논리(Boolean logic, 참과 거짓, 또는 0과 1의 두 가지 값만을 이용하는 논리학의 한 분야로 컴퓨터 공학에서 널리 응용됨-옮긴이)와 검색 알고리즘

- 효과적이고 능률적인 검색전략을 개발한다.

- 핵심어를 효과적으로 사용한다(예를 들어, "1812년 전쟁"과 "1812년 경제적 원인으로 발발한 전쟁" 중 어느 것이 더 효과적일까?).

- 도메인 이름의 중요성을 이해한다(최근에는 도메인 이름을 .com, .edu, .net, .gov로 한정하지 않기로 결정했다).

- 여러 링크에 나오는 정보를 현명하게 해석하는 법을 배운다.

- 더 향상된 검색전략을 구별해낸다(예를 들어, 그냥 구글(Google)에서 찾기보다 구글스칼라(Google Scholar)를 이용한다).

예		
서로 다른 검색어를 이용하여 각각의 검색에서 얻은 정보를 비교한다.		발견한 웹사이트의 수: 아래 웹사이트의 수:
		.com
		.edu
		.org
		.gov
		기타
제왕나비	제왕나비와 서식지	
음식	건강한 식사	
두통	두통의 원인	
여러분 자신이 검색결과를 비교한 내용을 추가한다.		
평가: 차트의 완성과 비교의 세부사항에 관한 교사의 피드백		

3. 정보의 평가와 확인: 정보의 질을 평가할 때 중요한 고려사항

- 누가 작성했는가? 이 도메인/ 출판사가 여러분이 찾는 정보의 검색에 적절한가?
- 저자의 신용이 어떤가?(신뢰도)
- 다른 출처의 정보와 일관성이 있는가?(타당도)

- 정보가 진실인지 확인할 수 있는가? 출처를 입증할 기록이 있는가?
- 정보 생성 날짜가 나와 있는가? 최근에 생성된 정보인가?
- 다양한 관점을 인식할 수 있는가? 정보의 왜곡 가능성에 주의한다.
- 비판적 시각에서 정보를 생각해본다.
- 미디어 메시지가 갖는 설득력을 인지한다.

예

웹사이트를 하나 선택한 후에 다음 질문에 답하라.

- 누가 웹페이지의 내용을 작성했나? 출처에 관해 알려진 바가 있는가?
- 정보의 구성 방식이 어떠한가? 논리적인 순서를 따르고 있는가?
- 저자나 출처의 신뢰도는 어떠한가? 이를 어떻게 확인할 수 있는가?
- 비슷한 정보를 다른 웹사이트에서도 발견할 수 있는가? 그 출처가 얼마나 비슷하거나 다른가?
- 최신 정보임을 어떻게 알 수 있는가?
- 링크는 현재 활성화되어 있으며 유용한가?

- **평가:** 완성도, 깊이, 명확성, 반응의 정확성에 대한 자기평가 및 교사의 피드백

---

4. 정보의 통합

- 여러 출처로부터 관련 있는 정보를 신중하게 수집한다.
- 주제나 목적과 관련 없는 정보를 배제한다.
- 여러 출처로부터 나온 정보에서 중복되는 것을 배제하면서 정보를 통합한다.

- 개개의 사실을 연결하여 종합적인 결론을 이끌어낸다.
- 정보 속에 숨겨진 패턴을 인식하고 기술한다.
- 질문에 대한 답변이 어느 시점에 이루어진 것인지 판단한다.
- 정보의 출처를 밝혀 저작권을 침해하지 않도록 하고 윤리적 사용 및 판권에 관한 법규를 준수한다.

예

다음은 후각에 관한 정보를 이용할 수 있는 웹사이트이다.
- http://en.wikipedia.org/wiki/Sense_of_smell
- http://faculty.washington.edu/chudler/chems.html
- 이 외에도 이용할 수 있는 제3의 웹사이트를 직접 찾아보라.

위 각각의 웹사이트를 방문해보고, 후각에 대해 배운 것을 요약하라.

평가: 요약문에 여러 웹사이트의 정보가 통합되었는지 여부, 웹사이트 선택 과정, 비교의 정확성, 도출한 결론이 올바른지 여부

5. 정보의 공유와 소통

- 다른 사람들이 작업한 것을 토대로 분명한 메시지를 만들어낸다.
- 정보를 공유하기 위한 다양한 전략과 방법을 이용한다.
- 발견한 사실을 객관적으로 발표하거나, 일부 왜곡이 있을 수 있다는 것을 인지한 상태에서 발표한다.
- 다른 사람의 피드백과 견해에 대해 수용적인 태도를 취한다.

> **예**
>
> 시사적인 이슈 하나를 선택한다. 이슈에 대해 3개의 출처를 찾아서 상호비교를 통해 정보를 교차 확인한다. 자신의 블로그 또는 웹페이지 게시글을 준비한다. 다른 사람들이 게시글에 댓글을 달면 그것을 보고 요약한 다음 그에 따라 자신의 게시글을 어떻게 수정할지 적어본다.
>
> **평가:** 정보 출처의 질, 디지털 리터러시 루브릭(〈표 6.12〉(p.219)), 블로그나 웹페이지를 위한 글쓰기/ 의사소통 루브릭, 피드백에 대한 반응

6. 윤리적인 이용

- 정보를 안전하고 합법적이고 책임감 있게 사용한다.
- 출처를 밝힌다.

> **예**
>
> • 학생들은 판권에 관한 웹퀘스트(Webquest, 웹에 설계된 프로그램을 토대로 프로젝트 또는 문제중심 학습이 가능하도록 만들어진 온라인 프로젝트 학습의 대표적인 유형−옮긴이)를 완성하고 정확하게 작성했는지 평가받는다.
>
> • 학생들은 프로젝트를 할 때 APA 양식이나 MLA 양식(미국심리학회(American Psychological Association, APA)와 미국현대언어학회(Modern Language Association, MLA)가 정한, 가장 널리 쓰이는 문헌 작성 양식−옮긴이)을 사용하여 출처를 밝히고, 올바르게 작성했는지 평가받는다.

가짜 웹사이트

디지털 리터러시를 가르치고 배우기 위해 좋은 출발점은 가짜 웹사이트를 이용하는 것이다. 인터넷상에는 이런 가짜 웹사이트들이 여럿 있다(자주 바뀐다). 얼핏 이 웹사이트들은 모두 진짜 같고 정확한 정보,

이미지, 링크인것처럼 보인다.

○ 탐험가에 관한 모든 것: http://www.allaboutexplorers.com
○ 일산화 이수소: http://www.dhmo.org/
○ 태평양 북서쪽 나무 문어: http://zapatopi.net/treeoctopus/
○ 빅토리아 로봇: http://www.bigredhair.com/robots/

핀 선생님의 8학년 학생들은 가짜 웹사이트를 보기 전에 모둠별로 논의를 하며 다음과 같은 질문에 대해 합의에 도달한다.

- 홈페이지에서 어떤 것을 볼 것으로 기대하는가?
- 웹사이트의 홈페이지를 어느 정도 읽어야 그것이 무엇에 관한 것인지 알 수 있는가? 자신의 답변을 뒷받침할 근거를 댄다.
- 웹사이트가 자신에게 유익한지 여부를 어떻게 판단하는가?
- 어떤 링크를 클릭할 것인지 어떻게 결정하는가?

그 다음에 핀 선생님은 〈표 6.11〉(p.218)에 나온 것과 같은 디지털 리터러시 활동지를 나누어주고, 학생들이 자신의 연구주제를 검색하도록 가짜 웹사이트로 유도한다.

표 6.11 **디지털 리터러시 활동지**

시작: 우리는 주제에 대해 무엇을 배우고 싶어하는가?	
웹사이트에서: 이 웹주소(URL)에서 무엇을 배울 수 있는가? 이 웹사이트의 저자와 그의 신뢰도에 대해 어떻게 알아볼 수 있는가? 이 웹사이트의 디자인, 연락처, 최근의 업데이트 및 링크에서 무엇을 알 수 있는가?	
분석: 정보가 정확한지 여부를 어떻게 알 수 있는가? 정보가 최신의 것처럼 보이는가? 어떻게 알 수 있는가? 어떤 다른 견해가 표명되어 있는가? 이 웹사이트의 정보를 어떻게 검증할 것인가?	
결론:	

각 모둠이 활동을 마친 후에 핀 선생님은 예시로 웹사이트 및 동영상을 보여주면서 사실과 허구를 어떻게 구별할지에 대해 설명한다. 그러고 나서 학생들은 각자 〈표 6.12〉와 같은 자기평가를 완성한다.

표 6.12 **디지털 리터러시 자기평가 루브릭**

스킬/ 지식	탁월	숙달	기본	초보	점수/ 비중
선별 한다	나는 디지털 정보의 출처가 갖는 편파성을 잘 이해하고, 그것을 사려 깊게 골라내 평가할 수 있다.	나는 디지털 정보의 출처가 갖는 편파성에 대해 충분히 이해하고 있고, 대개 나의 목표에 상응하는 믿을 만한 출처를 찾아낸다.	나는 괜찮은 디지털 정보의 출처를 몇 군데 찾을 수 있으나, 가끔 어느 것이 나의 목적에 더 부합하는지 판단할 수 없다.	나는 선생님의 도움을 받아야 디지털 정보의 출처를 찾아낼 수 있고, 그것이 좋은 것인지 알 수 있다.	
평가 한다	나는 디지털 정보의 저자와 출처를 확인하여 그것이 좋은 것인지 판단하는 데 매우 능숙하다.	나는 대개 저자의 신뢰성을 확인하고, 정보에 일관성이 있는지 확인한다.	대부분의 웹사이트가 내게는 좋아 보이는데, 그래도 체크리스트나 지침서가 있으면 도움이 된다.	나는 가짜 웹사이트에 속은 일이 있어, 진짜를 골라내는 데 도움이 필요하다.	
출처, 메시지, 효과를 고려한다	나는 디지털 정보의 설득력을 인지하고 있으며, 왜 이런 효과를 갖는지 이해한다.	나는 디지털 정보의 출처에도 편견이 있을 수 있으며 그것이 나의 판단에 영향을 줄 수 있음을 안다.	나는 일반적으로 디지털 정보를 받아들이지만, 신뢰도가 현격히 떨어지는 정보는 골라낼 수 있다.	나는 대부분의 웹사이트가 나의 관심에 가장 부합하는 정보를 제공한다고 생각한다.	
가짜 웹사이트에 대한 자기 성찰: 무엇을 배웠으며, 그것을 앞으로 어떻게 사용할 수 있는가?					

리서치 프로젝트

오 선생님은 리서치 프로젝트와 메타인지에 대한 성찰을 접목시키면서 학생들에게 뇌에 대해 좀 더 학습하자고 한다. 선생님은 먼저 답이 정해져 있는 질문을 다음과 같이 몇 가지 던지며 뇌에 대한 소개를 한다. 학생들은 이에 답하면서 교실의 지정된 코너로 이동한다.

- 남자와 여자의 뇌 중에서 어느 쪽이 큰가?
- 뇌에는 반구와 엽(lobe, 전두엽처럼 뇌의 부분을 일컫는 말-옮긴이)이 몇 개 있는가?
- 열 살짜리 아이와 어른 중 누가 신경세포가 더 많은가?
- 뇌의 어느 부분이 가장 늦게 발달하는가?
- 뇌의 전두피질(frontal cortex)은 자전거를 탈 때 기능하는가, 아니면 자신의 미래에 대해 생각할 때 작동하는가?

이와 같은 사전평가를 토대로 오 선생님은 뇌 구조 및 기능의 신경생물학 기초수업을 준비한다. 이때 수업자료로는 비디오, 간단한 읽기자료, 어휘 점수카드가 사용된다. 학생들은 리서치의 세부 주제 중에서 선택을 하게 되며, 그들이 리서치를 시작하기 전에 선생님은 인터넷 검색전략과 정보 평가전략을 복습한다. 그런 다음 검색을 하게 되는데, 이때 학생들은 정확하게 인용된 출처를 적어도 3개 이상 사용하여 자신이 알아낸 것을 적절한 형식으로 발표한다. 발표 형식은 블로그, 프레지, 포스터, 시뮬레이션, 대본/촌극, 비디오, 노래, 그 밖에도 어느 것이든 자유롭게 취할 수 있다.

리서치 프로젝트를 하면서 동시에 하게 되는 것이 리서치에 대한 메타인지 활동인데, 이것은 학생들이 리서치를 수행하면서 자신의 생각을 기록하는 것(표 6.13 참조)이다. 학생들은 리서치를 시작한 곳(검색 엔진)과 그 이유를 적어야 하며, 사용한 검색어, 선정한 웹사이트를 기록한다. 또 문제에 봉착했을 때 자신이 어떻게 했는지, 수준 높은 발표가 되도록 정보를 조합할 방법을 결정할 때 어떤 사고과정을 거쳤는지에 대해서도 기록한다. 마지막으로 자신의 프로젝트와 발표를 전체적으로 성찰한다.

표 6.13 디지털 리서치 스킬 자기평가

검색전략	나의 전략
사용한 검색엔진	이유는?
사용한 검색어	어떤 것이 가장 효과적이었는가?
웹사이트 선정	선정시 어떤 요소를 고려했는가?
사용한 웹사이트 3가지	이 웹사이트들을 선정한 이유를 설명하라.
정보 및 저자의 신뢰성에 대한 확인	어떤 방법으로 확인했는가?
디지털 정보 및 자신의 디지털 스킬과 관련하여 이 프로젝트로부터 무엇을 배웠는가?	

이처럼 리서치 프로젝트와 디지털 리터러시의 접목을 통해 오 선생님은 많은 것을 알게 되었다. 일례로 거의 모든 학생이 아주 단순한 방법으로 과제를 한다는 것을 발견했는데, 구글에서 한 단어로 검색을 해서 첫 번째 웹사이트를 클릭하여 나온 정보를 그대로 사실로 받아들이는 식이었다. 또 선생님의 주목을 끈 것은 좀 더 성공적으로 프로젝트를 하는 학생들은 리서치 과정에서 더 깊이 성찰하고, 정보 출처에 대해 비판적으로 분석하며, 발견사항을 체계적으로 종합하여, 초

점이 명확한 결과물로 재탄생시킨다는 점이다. 이렇게 만들어진 결과물은 다음과 같은 평가기준을 충족했다. 즉 정확한 내용, 합리적인 종합, 목적에 부합하는 정보의 조직화, 수준 높은 발표 스킬, 청중의 참여 등이다.

내용지식과 새로운 리터러시의 이러한 결합이야말로 도널드 류가 강조해온 것이다. 그러나 유감스럽게도 상황은 전혀 개선되지 않았음을 그의 다음과 같은 지적에서 알 수 있다.

이 새로운 리터러시가 미국의 교실에 도입된 적이 거의 없었다. 실제로, 새로운 리터러시의 많은 것들이 어떤 의도가 분명한 교육정책에 의해 공공연하게 저항을 받거나, 아니면 때로는 인터넷에 대해 자기가 가르치는 학생들만큼 알지 못하는 교사들에 의해 은밀하게 저항을 받는 것 같다(Leu, 2010).

생 각 해 보 기

- 인터넷에서 잘못된 정보를 얻은 경우를 생각해보라. 그런 경험에서 배운 것은 무엇인가?

- 정보의 홍수 속에서 학생들이 믿을 만한 정보를 찾아 이용할 수 있도록 돕는 전략은 무엇인가?

- 디지털 읽기와 더 전통적인 형태의 읽기를 어떻게 비교할 것인가? 각 형태의 읽기자료의 목적에 대해 생각해보라.

- 표준화시험이 디지털 형태로 구현되어야 하는가?

비주얼 리터러시

세상이 점차 디지털화되면서 시각적 학습을 하는 데 더 많은 시간을 보내고 있다. 그림이나 이미지도 읽을 수 있다는 생각 때문에, 리터러시라는 개념은 글로 쓴 텍스트를 해독하는 것에서 복잡하고 비순차적인 다양한 경험을 포함하는 것으로까지 확대되었다. 시각적 메시지는 디지털 세상 도처에 있는데, 디지털 세상이 아닌 곳에서도, 이를테면 티셔츠나 광고판 등에서도 찾아볼 수 있다. 비주얼 리터러시라는 새로운 개념이 너무도 빨리 발전하고 급격하게 변화하기 때문에 이 복잡한 분야를 이 장에서 완전하게 이해할 수는 없을 것이다. 따라서 이 장에서는 간단히 개요만 제시하고자 한다.

비주얼 리터러시의 정의

새로운 형태의 이미지들이 생겨남에 따라 비주얼 리터러시(visual literacy)의 정의도 발전한다. 비주얼 리터러시는 이중의 의미가 있는데, 디지털 이미지를 이해하는 것과 생성하는 것 둘 다를 의미한다. 이해와 관련해서는 해석·분석·평가를 포함하고, 생성과 관련해서는 아이디어의 창작이나 종합을 포함한다. 이것은 시각 이외에 다른 감각을 포함하는 것으로까지 확장될 수 있다. 예컨대, 음악가나 요리사가 매일 사용하는 감각인 청각이나 미각으로 확장될 수도 있을 것이다. 아마도 조만간 비주얼 리터러시(시각 리터러시) 대신 감각 리터러시(sensory literacy)라고 불릴 때가 올 듯하다.

　　CCSS(국가공통핵심성취기준)에 비주얼 리터러시에 대한 항목은 없지만, 정보 전달을 위해 디지털 미디어를 사용하는 것에 관해서는 다음과 같이 언급하고 있다.

- 이미지 형태로 제시된 정보 해석하기
- 이미지를 통해서 아이디어를 표현하고 의사소통하기
- 시각적으로 제시된 것을 평가하기
- 표현된 목적을 위해 적절한 도구를 고르고 사용하기
- 시각적 개념과 모형을 창조하기

다음은 시각적 표현의 방법과 유형의 예다.

○ 그림
○ 사진
○ 만화
○ 부호
○ 지도
○ 다이어그램과 그래픽 오거나이저
○ 표와 차트
○ 그래프
○ 시간표
○ 단면도
○ 업무흐름도

표 6.14 시각화 방법의 주기율표

주의: 사용자의 위치 및 인터넷 속도에 따라 팝업창이 뜨는 데 시간이 소요될 수 있음. 출처: ⓒLengler&Martin(2007)

랄프 렝글러(Ralph Lengler)와 마틴 에플러(Martin Eppler)는 시각화 방법의 주기율표를 〈표 6.14〉(p.225)와 같이 만들었다(Visual-Literacy.org). 〈표 6.14〉는 다양한 시각화 방법을 데이터 시각화, 정보 시각화, 개념 시각화, 전략 시각화, 비유 시각화, 복합 시각화의 6가지로 분류하여 마치 화학에서 원소의 주기율표처럼 나타낸 것이다.

실제 수업에의 적용

어릴 때의 학습은 대부분 시각 및 청각 자료를 포함한 이야기책을 바탕으로 한다. 아이들은 처음에는 이미지로 익힌 다음 단어를 배운다. 글에 대한 문해력은 학창시절 내내 강조되는 것이다. 지금은 일부 중고등학교에서 삽화와 도표 같은 시각자료가 풍부한 책을 가지고 실험을 하고 있는데, 예를 들면 『American Born Chinese(미국출생 중국인)』(2006), 『수학 귀신(The Number Devil: A Mathematical Adventure)』(1988), 『도구와 기계의 원리(The New Ways Things Work)』(1998), 『도착(The Arrival)』(2007)이 있다.

비주얼 리터러시를 평가하는 방법에는 여러 가지가 있다. 학생이 자신이 배운 바를 설명하려고 다이어그램을 그릴 때 구성, 라벨, 색깔 사용에 관한 체크리스트나 루브릭이 있으면 채점기준을 이해하는 데 도움이 된다. 이는 교사 입장에서도 일관성을 유지할 수 있어 유용하다. 과목마다 주제별로 각각의 기준과 원하는 최종 결과가 있다. 예를 들어, 지도 읽기에는 내용지식·비교·해석·분석이 요구되고, 지도 그리기는 측정·계획·구성을 필요로 한다.

시각 이미지를 대상으로 하는 글쓰기에는 전통적인 평가기준을 사용할 수 있는데 여기에는 도입 문장, 문단의 구성, 내용의 정확성, 글쓰기 관례 등이 있다. 학생들은 또한 시각 이미지를 개요나 간단한 메모로 바꿀 수 있다. 이 작업은 개인적으로 또는 협업하여 할 수 있다.

많은 21세기 스킬이 시각 이미지의 해석에 활용된다. 각각의 스킬에 대한 평가방법은 교수 기준·목적·목표·대상에 따라 달라질 것이다. 이런 평가방법은 매우 빠르게 발전하고 변화하고 있다. 여기서 제안하는 체크리스트와 루브릭은 매우 일반적인 것이며 비주얼 텍스트가 무엇이냐에 따라 더 세부적으로 개발할 수 있을 것이다.

비주얼 텍스트 사용에 관한 체크리스트에는 다음과 같은 기준을 포함시킬 수 있다.

- 저자가 시각적 기법을 사용한 목적을 검토한다.
- 이미지에 사용된 상징을 해석한다.
- 문자 그대로의 의미를 이해하고 추론한다.
- 같은 주제에 관한 것이라도 출처에 따라 어떤 차이점이 있는지 비교한다.
- 의미를 알기 위해서 배경지식을 이용한다.
- 작품을 비판적으로 분석한다.
- 이미지를 자신의 말로 바꿔 글로 옮긴다.
- 작품에 대한 시각적 반응을 만들어본다.

더 어린 학생들에게는 다이어그램에 대해 다음과 같은 루브릭 기준을 적용할 수 있다.

- 다이어그램에는 명확한 제목이 있다.
- 다이어그램 각 부분의 명칭이 정확하다.
- 다이어그램 각 요소 간의 연계성이 드러나 있다.
- 분명하게 그려서 이해하기 쉽다.
- 색깔을 적절히 사용하여 다이어그램의 가독성을 높이고 있다.
- 다이어그램의 이해를 돕기 위해 간명한 정보가 추가되어 있다.

세포나 엔진에 대한 다이어그램의 평가는 세시된 작품 갤러리에서 이루어질 수 있다. 이런 작품은 또래검토를 거친 후 체크리스트 및 피드백과 함께 전시된다. 시각적 메시지는 어디에서나 볼 수 있고 수업에 이를 활용하는 것은 매우 오래전부터 있어왔지만, 현대에 와서 그 중요성이 새롭게 조명을 받고 있다. 여러분도 어렵지 않게 이를 수업에 활용할 수 있을것이다.

생 각 해 보 기

향후 10년 동안 시각적 정보에 대한 노출이 많아지고, 문자 형태로 전달되는 정보에 대한 노출이 줄어듦으로 인해 학생들의 삶이 어떻게 달라질 것인지 예측해보라.

- 이런 예측이 교육에 대한 여러분의 생각에 어떤 변화를 가져오는가?

- 이런 관점에서 볼 때, 여러분의 교실과 학교에서 무엇을 바꿀 것인가?

기술 리터러시

우리가 도구를 만들지만, 나중에는 도구가 우리를 만든다.

– 마셜 매클루언 (Marshall McLuhan)

기술(technology)을 둘러싼 많은 아이디어는 디지털 기술을 처음 접한 사람들을 사로잡지만, 디지털 세상을 오래 살아온 사람들은 그것을 당연한 것으로 여긴다. 자동차가 발명되었을 때 선견지명이 있는 사람들은 이것이 장소를 이동하는 새로운 방법임을 알아보았다. 그러나 다른 이들은 말이 없는 마차는 한낱 젊은이들의 어리석은 공상이라는 믿음에 흔들림이 없었다. 기술과 그 응용은 무한히 성장하고 있다. 미래학자들은 생각이 뇌로부터 곧장 텍스트로 전환되거나, 사람들이 세계 어디에 있든지 직접 실시간으로 얼굴을 마주보며 대화할 수 있는 시대를 전망해왔는데 이미 실현되고 있다. 브레인 마이닝(brain mining, 뇌 기능 간의 유용한 상관관계를 발견하여 미래에 실행 가능한 정보를 추출해내고 의사결정에 이용하는 과정–옮긴이), 분자 복제, 시간여행도 더 이상 먼 미래의 일이 아니다.

현대 기술의 다면성을 고려할 때, 교육적으로 중요한 세부 주제가 다양하게 연구되고 출판될 수 있었던 것은 최근의 기술 발전 덕이다. 미국 교육부의 전미교육기술계획(National Education Technology Plan), 국제교육기술협회(International Society for Technology in Education, ISTE) 및 STEM(과학·기술·공학·수학)교육연합(Science, Technology, Engineering and Math (STEM) Education Coalition) 등의 단체들이 이런

연구 및 출판물을 내놓고 있다. 새로 개발되는 기술들은 온라인 학습, 가상세계, 사회적 네트워크, 이 외에도 많은 서비스를 지원한다. 이 섹션에서는 먼저 교실에서의 학습을 지원하고 확장하는 도구로서 기술을 어떻게 사용할지, 그리고 이런 실제적 활용을 어떻게 평가할 것인지 생각해기로 한다.

그런데 오늘날의 학생들이 10년 전의 학생들과 같을까? 어떤 이들은 기술이 뇌를 변화시키고 있는 것은 아닌지 의문을 표한다. 카이저 가족재단(Kaiser Family Foundation)의 연구에 의하면 오늘날 8~18세 아이들은 스마트폰, 컴퓨터를 이용하여 유튜브, TV 프로그램, 음악, 게임에 하루 8~10시간 이상을 쓰고 있다고 한다(Rideout, Foehr & Roberts, 2010). 니콜라스 카(Nicholas Carr)는 『생각하지 않는 사람들 (The Shallows)』(2010)에서 겉핥기식의 산만한 생각과 피상적인 학습이 깊이 있는 독서를 대체하고 있다고 지적한다. 이런 정신적인 경박함 속에 우리는 짧게 정보에 접속하고, 다양한 출처의 정보를 멀티태스킹(multitasking, 여러 가지 일을 동시에 하는 다중 작업-옮긴이) 하느라 바쁘다. 이처럼 끊임없는 자극의 홍수 속에서 우리의 뇌가 정보와 상호작용하고 처리하는 방식이 점차 바뀐다는 것이다. 책을 읽을 때는 우리가 속도를 조절한다. 그러나 "인터넷"을 "읽을" 때는 새로운 자극과 우리의 관심을 끄는 많은 매력적인 이미지들이 스크린에 끊임없이 나타난다. 이러한 정보의 폭발로 인해 뇌는 정제된 요점을 단기 작업기억에서 장기기억으로 옮기는 처리작업에 방해를 받는다. UCLA의 개리 스몰(Gary Small)교수는 아이들이 웹 검색을 할 때와 텍스트의 한 페이지를 읽을 때 각각의 뇌를 관찰했다(Small, 2009). 기술 기반의 시대에 태어난 디지털 원주민인 아이들은 멀티태스킹과 단기적 의사결정에는 뛰어났지만, 복잡한 추론, 공감과 같은 정서적 능력에서는 뒤처졌다.

기술 및 사회적 변화가 급격하게 일어나는 것과 동시에 좋은 가르침이 어떤 것일까에 대한 연구도 계속되고 있다. 분명한 목적, 효과적이고 몰입도 높은 수업, 수준 높은 질문, 응용학습, 형성평가 접목 등에서 그 답을 찾을 수 있을 것이다. 이러한 효과적인 교수 기법들은 새로운 기술과 통합될 수 있고, 통합되어야 하는데 그렇게 함으로써 서로를 지원할 수 있다.

기술 리터러시의 정의

성취기준

정보와 지식의 생성 및 공유가 폭발적으로 증가하면서 교사의 역할에도 변화가 일고 있다. 정보 전달자에서 학생들이 배운 것을 생각해보고 응용하게 도와주는 지휘자로 바뀌고 있는 것이다. 학습을 열차 타기가 아니라 우주 정거장이라고 생각한다면, 학생들에게 필요한 것은 연료, 안전망, 도킹(docking, 우주에서 두 개 이상의 우주선을 결합함-옮긴이)할 정거장이다. 이런 것들은 새롭게 개발되는 기술을 이용하여 자신의 학습을 관리하기 위해 꼭 필요한 것이다.

그러므로 평가 또한 융통성이 있어야 한다. 다양한 형태로 이뤄지는 다중 측정 방식에서 학생들은 자신의 스킬 및 지식을 다양한 방식으로 보여줄 것이다. 선다형 시험 대신 기술을 이용하여 자신이 배운 것을 적용하며, 그렇게 해서 물건을 디자인하고, 이야기를 만들어내고, 공예품을 창작하고, 협업을 통한 결과물을 만들어낼 것이다.

기술은 학습을 안내하고 과정을 추적해 살펴볼 수 있게 할 뿐만 아니라 국가공통핵심성취기준(Common Core State Standards, CCSS) 및 기술성취기준(technology standards)에 맞는 평가를 할 수 있도록 지원할 것이다. 국제교육기술협회(International Society for Technology in Education, ISTE)는 학생의 기술성취기준을 규명했는데 이것이 바로 전미교육기술성취기준(National Education Technology Standards, NETS)이다. 〈표 6.15〉는 NETS와 CCSS 간의 연계성을 보여준다.

스킬

21세기 스킬(21st century skills) 각각에 대해 앞서 2장에서 정의를 내린 바 있다. 여기서는 기술(technology)적인 스킬에 대해서만 간단히 검토하기로 한다.

- 컴퓨터의 주요한 기능을 이해한다.
- 필요한 목적을 위해 다양한 형태의 컴퓨터 소프트웨어, 프로그램 및 애플리케이션(application, 컴퓨터의 운영 체제에서 실행되는 응용 프로그램-옮긴이)을 이용한다.
- 적절하고 목적에 맞추어 선정한 미디어와 기술을 이용하여 창의성을 높인다.
- 정보를 검색하고, 조직하고, 평가하고, 종합하고, 생성하고, 전달하기 위해 기술을 도구로 사용한다.

표 6.15 **NETS와 CCSS 간의 연계성**

엄선된 NETS 학생 성취기준	관련 CCSS
1. 창조성 및 혁신성 새로운 아이디어를 생성하고, 창의적인 작품을 생산한다.	**쓰기** 작품을 쓰고 출판하기 위해 기술을 활용한다.
2. 의사소통 및 협업 또래와 함께 다양한 디지털 환경과 미디어를 사용하여 상호작용하고 협업하며 출판한다. 다양한 미디어와 형식을 이용하여 청중에게 효과적으로 정보와 아이디어를 전달한다.	**말하기 및 듣기: 이해와 협업** 여러 수준의 파트너와 다양한 대화 및 협업을 효과적으로 준비하고 참여한다. **쓰기: 생산과 배포** 인터넷 등의 기술을 사용하여 글을 쓰고 출판하며 다른 사람들과 상호작용하고 협업한다.
3. 리서치 및 정보의 능숙도 다양한 출처와 미디어로부터 정보를 찾아내어 조직하고, 분석·평가·종합하며 윤리적으로 사용한다. 데이터를 처리하고 결과를 보고한다.	**쓰기: 지식을 쌓고 발표하기 위한 리서치** 여러 인쇄물 및 디지털 출처로부터 관련 정보를 수집하고, 각 출처의 신뢰성과 정확성을 평가하며 정보를 통합한다. **말하기 및 듣기: 지식과 아이디어의 발표** 정보를 표현하고 이해를 강화하기 위해 디지털 미디어와 비주얼 디스플레이를 사용한다.
4. 비판적 사고, 문제해결 및 의사결정 문제를 찾아내고 정보에 입각한 결정을 하기 위해서 데이터를 수집하고 분석한다.	**말하기 및 듣기: 지식과 아이디어의 발표** 정보를 표현하고 이해를 강화하기 위해 디지털 미디어와 비주얼 디스플레이를 전략적으로 사용한다. **수학** 데이터를 표현하고 해석한다.
5. 디지털 시민의식	별로 관련이 없음
6. 기술 운용 및 개념	별로 관련이 없음

- 생산하고, 출판하고, 글을 쓰고, 의사소통하고, 남들과 네트워킹하기 위해 기술을 사용한다.
- 실생활 속에서 복잡한 문제를 파악하고 해결하기 위해 기술을 사용한다.

- 기술의 사용과 관련된 법적·윤리적 문제를 이해하고 검토한다.
- 새로운 기술에 대해 끊임없이 배우고 비판적으로 평가한다.

도구

기술은 학습자가 구체적인 목표에 도달하도록 돕는 도구이다. 그러한 목표에는 내용지식, 응용지식, 학습의 종합, 타인과의 협업, 새로운 아이디어와 결과물을 만들고 공유하는 것이 있다. 이용 가능한 기술적 도구가 너무나 많기 때문에 그것들을 일일이 열거하려는 시도는 덧없는 짓일 것이다. 〈표 6.16〉에 나오는 간단한 목록은 일부 선택된 기술 도구와 그 기능을 보여준다.

실제 수업에의 적용

학급에서의 아이디어

교사와 학생 모두가 기술에 기반을 둔 학습이 삶과의 연계성이 높고 몰입도가 높다는 것을 알고 있다. 복수 학년 통합수업 및 이들이 배울 내용 수준의 예가 〈표 6.17〉(p.236)에 나와 있다. 기술 항목은 몇 개만 예외적으로 구체적인 웹사이트를 밝히고 포괄적인 명칭으로 대신했는데, 이는 기술과 웹사이트가 과거 어느 때보다도 빨리 변하고 있기 때문이다.

표 6.16 기술적 도구

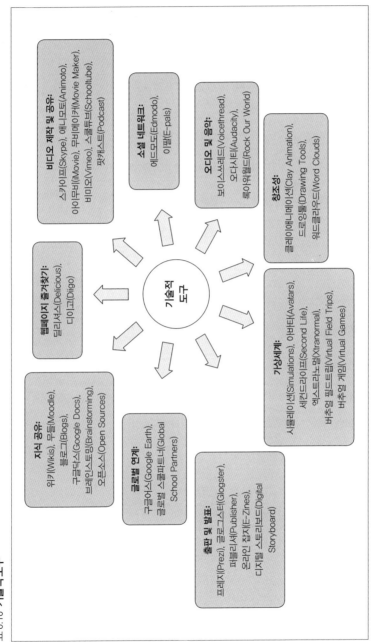

비디오 제작 및 공유:
스카이프(Skype), 애니모토(Animoto),
아이무비(iMovie), 무비메이커(Movie Maker),
비미오(Vimeo), 스쿨튜브(Schooltube),
팟캐스트(Podcast)

소셜 네트워크:
에드모도(Edmodo),
이팔(E-pals)

오디오 및 음악:
보이스쓰레드(Voicethread),
오다시티(Audacity),
록아워월드(Rock Our World)

창조성:
클레이애니메이션(Clay Animation),
드로잉툴(Drawing Tools),
워드클라우드(Word Clouds)

기술적 도구

가상세계:
시뮬레이션(Simulations), 아바타(Avatars),
세컨드라이프(Second Life),
엑스트라노멀(Xtranormal),
버추얼 필드트립(Virtual Field Trips),
버추얼 게임(Virtual Games)

웹페이지 즐겨찾기:
딜리셔스(Delicious),
디이고(Diigo)

지식 공유:
위키(Wikis), 무들(Moodle),
블로그(Blogs),
구글닥스(Google Docs),
브레인스토밍(Brainstorming),
오픈소스(Open Sources)

글로벌 연계:
구글어스(Google Earth),
글로벌 스쿨파트너(Global
School Partners)

출판 및 발표:
프레지(Prezi), 글로그스터(Glogster),
퍼블리셔(Publisher),
온라인 잡지(E-Zines),
디지털 스토리보드(Digital
Storyboard)

표 6.17 **복수 학년 통합수업의 기술 기반 학습**

초등학교	기술 기반의 학습	기술
유치원	매일의 기상 변화를 그래프에 표시하기	그래프메이커
1학년 과학	장난감을 분류하고 그것들의 움직임을 항목별로 나누기	쌍방향 화이트보드
2학년 언어	자신의 이야기를 인터넷에 게시하기	애니모토(Animoto), 주버스트(Zooburst)
3학년 수학	레모네이드 판매대에서 얻은 이익을 계산하기	엑셀
4학년 과학	학생들의 식사 패턴을 비교하기	마이피라미드(Mypyramid.gov)
5학년 수학	학용품을 가장 저렴한 값에 살 계획 세우기	인터넷 쇼핑
초등 상급학년	동네 지도 그리기	디자인 및 그림 프로그램
초등 중급학년	가상 위성여행 계획 작성하기	가상 웹사이트
초등 중급학년	마틴 루터 킹 목사의 "나에게는 꿈이 있습니다." 연설문에 이미지와 음악 넣기	무비메이커/ 슬라이드쇼
중학교		
6학년 언어	어휘에 기반을 둔 크로스워드 퍼즐 제작하기	퍼즐메이커
7학년 사회	이민자에 관한 디지털 스토리 제작하기	디지털 태블릿
8학년 수학	교량 건축하기	컴퓨터이용설계 프로그램(CAD)
중학교	건강한 식습관 촉진을 위한 광고 제작하기	출판도구
중학교	글로벌 문제에 대한 화상회의 개최하기	글로벌 커넥션
중학교	저자와 대화하기	스카이프

고등학교		
9학년 사회	가상 해외여행 준비 및 실행하기	구글어스
10학년 수학	자신의 탄소발자국(온실효과를 유발하는 이산화탄소의 배출량–옮긴이) 계산하기	탄소발자국 웹사이트
11학년 기술	판권 찾기 게임하기	인터넷 웹퀘스트
12학년	대학 지원과정 추적·조사하기	네비언스(Naviance)
고등학교	초등학교 독서친구를 위한 디지털 스토리 쓰기	스토리보드

기술을 이용하고 평가할 때 아래 사항도 고려해볼 만하다.

- 웹상의 협업에 참여한다.
- 학문의 경계를 초월하여 실제적 삶과 연관된 결과물을 만든다.
- 아이디어나 결과물을 홍보한다.
- 기술을 사용하여 정보를 전달한다.
- 가상 여행을 창조한다.
- 웹진(온라인 잡지)을 만든다.
- 역사의 한 시점을 재창조해본다.
- DNA의 구조를 나타내는 3가지 방법을 생각해내고 그 중 하나를 사용하여 모형을 만든다.
- 박물관을 디자인한다.
- 온라인 게임을 만든다.
- 다른 행성에서의 가상의 삶을 상상해본다.

다음의 도구를 가지고 결과물을 평가한다.

- 루브릭 (일반적인 기술 리터러시 루브릭은 부록A(p.357)에 나와 있음)
- 체크리스트
- 학생계약서
- 학습일지
- 사고 및 행동 일지와 저널
- 또래평가와 자기평가
- 관찰, 이야기 형식의 관찰기록, 학생협의회
- 작업 포트폴리오
- 스토리텔링

로이 선생님의 고등학교 영어반이 전국적인 독서행사(Read Across America)에 참여할 때가 되었다. 매년 학생들은 어린이용 책을 선정하고 지역 초등학교와 파트너가 된다. 올해 학생들은 직접 어린이용 책을 쓰고 그것을 전자책 형태로 발표하기로 했다. 이날은 전미교육협회(National Education Association)의 후원을 받아 일명 닥터 수스(Dr. Seuss)라고 불리는 아동문학가, 시어도어 수스 가이젤(Theodor Seuss Geisel)을 기리는 날이다. 선생님이 정한 학습목표는 사회적 이슈가 닥터 수스의 작품에 어떻게 녹아들어 있는지를 분석하는 것이다. 학생들이 정한 어린이용 책의 목표는 어휘와 운율 배우기이다. 학생들은 수업시간에 먼저 아동문학과 독서스킬에 대해 배운다. 그런 다음할 일을 계획하는데 그 예가 〈표 6.18〉에 나와 있다.

표 6.18 디지털 스토리 쓰기 계획서

어릴 때 내가 좋아했던 이야기는 무엇인가? 그 이유는?	오늘날 높이 평가받는 책 3권을 고른다면? 그 책들이 인정을 받고 있는 이유는?
내가 지금 구상하고 있는 이야기 두 가지는 무엇인가?	이야기/토픽/주제를 하나 고를 때 고려할 요인은 무엇인가?
어린이용 책을 쓰는 것에 대해 더 배울 수 있는 방법은 무엇인가?	이야기를 쓸 때 내가 취할 첫 번째 단계는 무엇인가?
어린이용 책을 만들기 위해 내가 사용할 수 있는 기술은 무엇인가?	내가 기술에 관해 더 많이 배우고 그 예를 볼 수 있는 방법은 무엇인가?

이 계획서에 대한 평가는 완성도, 세부사항 및 실현 가능성에 대한 교사의 피드백을 통해 이루어진다. 그 다음에 학생들은 선생님이 마련한 어린이용 책 집필 가이드라인에 따라서 이야기를 쓴다. 학생들은 먼저 스토리보드 모형을 작성하는데 이것을 각자 이름을 밝히지 않고 벽에 전시하여 〈표 6.19〉와 같은 양식으로 또래평가를 주고받는다.

표 6.19 디지털 스토리 계획 또래검토

평가기준	코멘트 (구체적이고 건설적인 피드백을 포함할 것)
내용이 독자의 연령대에 맞는가?	
이야기가 아이들이 읽기에 좋은가?	
단어의 길이와 난이도가 적절한가?	
책의 길이가 아이들이 소화할 만하고, 그 책을 디자인할 때 계획한 시간에 적당한가?	
삽화가 이야기와 잘 어울리는가?	
삽화가 아이들이 보기에 좋은가?	
어떤 소프트웨어를 추천하는가?	

로이 선생님은 디지털 출판 소프트웨어의 전문가가 아니기 때문에 이 분야의 전문가를 교실로 초청한다. 전문가는 학생들에게 무료 공개 소프트웨어를 소개해준다. 이를테면 학생들이 디지털 사진이나 그림을 가지고 슬라이드를 만들 수 있는 마이크로소프트 포토스토리(Microsoft Photo Story), 애플 컴퓨터의 아이무비(iMovie), 비디오 편집 소프트웨어인 윈도우 무비메이커(Windows Movie Maker) , 오디오 편집 프로그램인 오다시티(Audacity) 같은 것들이다. 일부 학생들은 학교에서 개설한 디지털 이미지 수업을 들었기 때문에 포토샵을 잘 알고 있어 다른 학생들의 포토샵 사용을 기꺼이 도와준다.

그 다음에 학생들은 여러 수업시간에 걸쳐 자신의 아이디어를 디지털 스토리로 전환한 후 〈표 6.20〉에 나온 루브릭을 이용해 교사평가와 자기평가를 한다. 단, 이 루브릭은 프로젝트에 사용된 기술적인 면에만 초점을 둔 것임에 주목할 필요가 있다. 글쓰기와 발표하기 같은 다른 스킬은 마지막 루브릭에 들어 있다.

학습에 녹아들어 있는 기술 리터러시를 평가하는 것은 대단히 중요한 의미를 가진다. 그러나 실생활에서는 모든 사람이 매일 똑같은 기술을 사용하지는 않는다. 기술은 구체적인 목적을 위해 엄선해 사용된다. 실생활에서처럼 교실에서의 기술 활용 스킬에 관한 평가도 개개인의 요구에 맞출 필요가 있다. 기술의 개별화된 평가를 위해 노력하는 몇몇 단체가 있는데 다음과 같다.

국제교육기술협회(ISTE)는 전미교육성취도평가(National Assessment of Educational Progress, NAEP)와 협력하여 기술리터러시평가(Technology Literacy Assessment)를 개발 중이다. 이것은 기술적 도구 및 원리를 이

표 6.20 **기술 적용 루브릭**

스킬/지식	탁월	숙달	기본	초보	점수
컴퓨터 기반 기술 지식	나는 다양한 컴퓨터 제품 및 기술 기반의 생산성 도구를 아주 능숙하게 사용하고 정기적으로 작업에 통합한다.	나는 생산성을 높이기 위해 컴퓨터 및 기술 제품과 도구들을 사용하는 데 비교적 능숙하다.	나는 생산성을 높이기 위해 다양한 기술 도구를 사용 하며 기본 과업을 수행할 수 있다.	나는 학습과정 상 컴퓨터 사용 능력을 개발 중에 있다.	
디지털/ 멀티 미디어 제품	나는 이야기를 더 강렬하게 만들기 위해 그래픽 이미지, 비디오, 음향 및 기타 멀티미디어 기기들을 능숙하게 사용한다.	나는 이야기를 지원해줄 그래픽, 비디오, 음향 등의 디지털 및 멀티미디어 제품을 작품 속에 사용할 수 있다.	나는 이미지나 기술적인 것을 작품에 가미할 수 있지만, 그것이 항상 이야기와 조화를 이루는 것은 아니다.	나는 한두 가지 멀티미디어 요소들을 배우는 중이며, 그것들을 작품 속에 더 잘 활용하고 싶다.	
디자인	내 디자인에는 멀티미디어가 많이 활용됐고, 대상물과 요소가 잘 설계되어 있다.	내 디자인은 목적에 맞도록 적절한 대상물과 요소를 갖추고 있다.	내 디자인은 여러 요소가 부족해서 그 질과 적합성의 수준이 낮다.	나는 작품에 디자인 요소를 더하고자 해도 대상물과 요소에서 선택의 여지가 거의 없다.	
선택과 사용	나는 기술을 깊이 이해하고 능숙하게 사용하여 작업 효율을 높인다. 또한 실생활의 복잡한 문제에 가장 적합한 기술을 선택할 수 있다.	나는 일상적으로 기술을 사용하며 기술을 잘 이해하고 발표에 접목시킬 수 있다. 또한 적절한 기술을 잘 선택하는 편이다.	나는 학습을 지원하고 발표를 개선하기 위해 자주 기술을 사용해왔다. 가끔은 다른 사람이 권하는 것을 사용한다.	나는 한 번에 한 가지 기술만 사용해도 내 발표가 개선될 수 있다고 생각하지만, 어떤 것을 사용해야 할지 잘 모르겠다.	

여러분의 강점은 무엇이고, 계획대로 잘 된 것은 무엇인가? 또 기술적인 것이 작업에 어떻게 도움을 주었으며, 다음번에는 어떤 부분을 다르게 하겠는가?

교사의 피드백:

학생의 자기성찰:

해하는 능력, 정보통신 기술을 이용하고 설계하는 능력, 그리고 윤리적 결정과 사회적 상호작용 및 그 결과를 연계하는 능력을 측정하는 시험이다. 상호작용을 기반으로 하는 이 시험에서 학생들은 다양한 교과영역과 상황에서 의사결정을 하고, 데이터를 분석하며, 결과를 예측해야 한다.

하버드대학교 교육대학원의 가상수행평가센터(Virtual Performance Assessment Center)는 과학탐구 스킬과 문제해결 능력을 측정하는 가상세계를 설계하고 있다. 평가를 위한 빈응직·적응석 기술의 사용 또한 증가하고 있다. 컴퓨터로 시험을 보는 학생들은 즉각적인 피드백과 수정 기회를 갖게 된다. 교사들 또한 학생들의 강점과 개선을 요하는 부분에 대한 분석을 신속히 받을 수 있다. 다른 평가 프로그램도 개발 중인데, 학생들이 시험을 볼 때 그들의 지식, 스킬, 시험 치는 능력에 맞게 자동적으로 조정이 되도록 기능이 구현되어 있다.

이와 같은 국가 수준의 온라인 반응형 평가의 개발과 동시에 교사들이 교실에서 기술을 사용해 평가하는 것이 필요하다. 이를 위해서는 교사 대상의 실질적인 전문성 개발과 강력한 기술적 지원이 필수적이다. 그 결과 학생들은 수업에 더 참여하고 자기주도적이며 학습에 대해 더 많은 자주적 결정을 하게 될 것이다.

생 각 해 보 기

1-10의 척도에서 여러분의 기술 활용 스킬은 지금 어느 수준인가?

1	2	3	4	5	6	7	8	9	10

1-10의 척도에서 여러분은 기술 활용 스킬이 어느 정도이기를 바라는가?

1	2	3	4	5	6	7	8	9	10

여러분의 기술 활용 스킬을 높이기 위해 취할 3가지 조치는 무엇인가?

기술을 기존의 교안 및 학습목표에 접목시킬 수 있는 3가지 방법을 들어보라.

학업성취도를 어떻게 평가할 것인가?

마지막 고려사항

학교는 세상의 빠른 변화에 발맞추기 위해 최선을 다하고 있다. 나는 최근에 두 살짜리 아이가 주머니에서 휴대폰을 꺼내는 시늉을 하고, "여보세요, 여보세요?"라고 말하는 것을 들으며 이를 실감했다. 또 여덟 살짜리 아이가 만약 여행 가는 차 안에서 여동생과 똑같은 비디오를 봐야 한다면 여행이 매우 지루할 것이라고 불평하는 것을 들었다. 그날 저녁 내가 참석한 한 학교 이사회에서는 비주얼 노벨(visual novel, 게임의 진행을 묘사하는 데 있어 마치 소설처럼 텍스트의 비중이 높은 작품을 총칭하는 장르명. 텍스트에 그림과 음향을 더하고 사용자가 이야기의 진행에 관여할 수 있다는 차별점이 있음-옮긴이)을 영어 교육과정에 포함시키기로 결정했다. 요즘은 유치원생들도 SNS와 기술을 능숙하게 다루고 이것을 매일같이 사용하는 것을 당연하게 여기는데, 학교는 이 아이들의 요구를 과연 어떻게 충족시킬 것인지 묻고 싶다. 이 장에서 다룬 모든 스킬은 핵심 지식을 기반으로 하며, 21세기의 생산적 시민이 되기 위해서는 이런 지식을 사용해야 한다. 이런 변화에 여러분은 어떻게 대응할 것인가?

각각의 스킬에 대해 학교나 교실에서 어떻게 적용할 것인지 기술하라.

의사소통	
협업	
디지털 리터러시	
비주얼 리터러시	
기술 리터러시	

위에 나온 21세기 스킬 중에서 한두 개를 선정하여 아래의 표에 자세히 설명하라. 이해를 돕기 위해 한 가지 예를 제시한다.

CCSS	21세기 스킬/지식	교수 및 학습 전략	평가
문해력/쓰기: 글의 전개, 구성 및 문체가 과제, 목적 및 독자에 적합한, 분명하고 일관성 있는 글을 완성한다.	의사소통과 기술: 특정한 스타일의 독창적인 시를 쓰고, 수정하고, 삽화를 그려 넣고, 출판한다.	아이패드를 이용하여 글을 쓰고, 스크리블을 이용하여 수정하고, 웹에 게시한다.	CCSS: 쓰기, 구성, 문체 및 독자 21세기 스킬: 학습계약서와 계획, 자기검토 및 또래검토, 기술 적용에 관한 루브릭

ASSESSING
21st
CENTURY
SKILLS

제**7**장

삶의 스킬
평가

A Guide to
Evaluating
Mastery and
Authentic
Learning 1st
Edition

> 21세기의 문맹자는 글을 읽거나 쓸 줄 모르는 사람이 아니라, 배우고(learn), 고쳐 배우며(unlearn), 다시 배우지(relearn) 못하는 사람이다.
>
> – 엘빈 토플러 (Alvin Toffler)

학생들이 세상에서 살아가기 위해 필요한 스킬을 잠시 생각해보자. 오늘날을 살아가기 위한 스킬뿐만 아니라 전혀 상상할 수 없는 미래를 살아갈 스킬까지도 말이다. 홀로 사는 것에 관한 책들이 있기는 하지만, 대부분의 경우 그런 책들은 돈 관리, 직업 탐색, 거주지 찾기, 자동차 정비 등의 일상적인 스킬에 관한 것이다. 이런 것들은 오늘날 독립적인 생활을 위해서 중요한 스킬이기는 하지만, 더 큰 세상에서 살아가는 것보다는 개인적 차원의 생활에 관한 것이다. 미래학자들은 우주 도시와 로봇 가정에서부터 나노 정화제에 이르기까지 많은 가능성을 전망한다. 이런 예언과 제안은 확실히 획기적이지만, 대개 그런 세상에서 성공적으로 살기 위해 필요한 지식 및 스킬에 관한 구체적인 세부사항은 없다. 그러나 글로벌 시민으로서의 스킬, 대학 및 직업 세계 진출을 위한 준비, 개인적 책임은 21세기 교육을 생각하는 사람들에게 있어서 최우선 과제임에 틀림없다.

이 책에서는 국가공통핵심성취기준(Common Core State Standards, CCSS) 및 기타 내용성취기준(content standards)에 관한 언급이 여러 번 있었다. 시민으로서 갖출 스킬이 사회 교육과정에 속한다는 것은 쉽게 알 수 있지만, 그 외에 다른 삶의 스킬들은 오늘날의 학교에서 확실하게 자리를 잡지 못하고 있다. CCSS 입안자들은 "CCSS가 가르칠 수 있거나 가르쳐야 하는 모든 것을 기술하고 있지는 못하다. 많은 부분이 교사나 교육과정 개발자들의 재량에 맡겨져 있다."라고 인정한다(CCSSI, 2011b). 또한 리터러시는 대학 및 직업세계 진출에도 매우 중요하지만, 성취기준의 범위를 넘어서 훨씬 복잡한 것을 수반한다고 설명한다.

시민·시민의식 스킬

오직 지식을 갖추고 권한을 갖고 목소리를 낼 수 있는 시민만이 민주주의에서 잘 해낼 수 있다.

– 데이비드 브린 (David Brin)

전미교육성취도평가(National Assessment of Educational Progress, NAEP)의 시민학(civics, 민주시민의 권리와 의무에 관한 학문-옮긴이) 성적을 보면, 미국 청소년들은 헌법과 정부 형태 및 기능에 관한 지식이 그다지 많지 않다. 이런 주제는 교육과정의 일부이기는 하지만, 시험에서 다루지 않아서 지역의 교육과정 수준을 벗어나면 별로 가치 있게 여겨지지 않는다. 일반적으로 시민학 수업은 실제 적용보다는 내용지식을 강조하는 교육과정을 따른다.

터프츠대학교의 시민의 학습 및 참여에 관한 정보연구센터(The Center for Information and Research on Civic Learning and Engagement)는 관련 데이터를 사용하여 청소년들이 시민의식에 관한 담화와 이슈에 참여하는 경향을 명확하게 보여준다. 연구에 의하면 시민의식에 대한 이해를 고등학교에서 명시적으로 가르치는 게 가능했고, 그 결과 학생들이 시민으로서 갖출 지식과 참여의 수준이 높아졌다고 한다(www.civicyouth.org).

시민의 참여는 투표율을 향상시키고, 타인에 대한 이해·관용·존중을 제고하며, 모두가 사회에 기여할 수 있다는 공감의 분위기를 조성했다는 데 그 가치가 있다. 가정에서의 역할 모델이 확실히 중요하지만, 학교도 교양 있는 시민을 양성할 책임이 있는 것은 분명하다.

시민의식의 정의

시민의식(citizenship)의 일반적인 정의는 관련 학문인 시민학에서 다루는 개념을 통해 알 수 있다. 시민학은 시민의 역할·권리·의무를 연구하는 학문이다. 그것은 시민으로서의 역할을 수행하는 데 필요한 지식과 스킬을 개발하는 것을 목표로 한다. 또한 학생들에게 시민으로서 갖는 문제와 이슈에 대해 알려주며, 시민으로서 참여하는 것을 격려하고 지원한다. 그리고 정부에 관한 이론과 실제에 관한 교육을 포함한다. 일부에서는 민주주의의 이상을 강조하기도 하지만, 대부분은 여러 정부 형태를 깊이 있게 이해하는 데 초점을 둔다.

시민의 책임과 시민의식을 종합적으로 고찰하여 알아낸 결과는 다음과 같다.

- 민주적인 정부 형태의 정치적인 구조와 과정을 이해한다.
- 민주적인 정부 형태와 다른 나라의 정부 형태를 비교한다.
- 민주적인 기관의 구조·기능·과정을 이해한다.
- 민주적인 과정에 기꺼이 능동적으로 참여한다.
- 지역사회·지방·주·국가·국제적인 차원에서 서로 연계한다.
- 정의, 평등, 개인적 책임 등과 같은 시민으로서의 핵심 자질을 개발한다.
- 정의와 개인적 책임에 대한 다양한 관점을 존중한다.
- 모든 개인의 삶의 질을 개선하기 위해 일한다.
- 정책 결정에 있어서 기관의 역할을 인식한다.
- 지역·주·국가·국제적인 수준에서 정책 결정 집단에 어떻게 접근하고 교류할지 안다.
- 지역 차원의 결정이 세계에 미치는 시사점에 대해 안다.
- 시민적인 책임에 대한 이해를 바탕으로 행동한다.
- 타인의 권리를 침해하는 행동에 대해 책임을 진다.
- 다른 사람들의 복지에 기여한다.

실제 수업에의 적용

윌리엄즈 선생님은 학생들에게 시민의식에 대해 정의해보라고 한 다음, 사람들이 정부 및 시민으로서의 책임에 대해 아는 것이 왜 중요한지 브레인스토밍을 하게 한다. 그러고 나서 시민의 핵심적인 권리와 책임에 대한 사전시험을 치른다. 시험 결과를 확인한 후, 학생들은 참고서적을 찾아보고 틀린 문제에 대한 답을 바로 잡는다. 학생들은 소모둠을 이뤄 서로 도와가면서 이런 정보를 알아두는 것이 왜 중요한지 3가지 이유를 적는다.

그런 다음 시민 대사가 되어 모둠별로 시민 정보에 대해 조사하며 시민으로서의 지식과 책임의 중요성에 대해 또래에게 알리는 캠페인을 만든다. 이 캠페인은 기술적인 부분을 포함해야 하는데, 예를 들어 에드모도(Edmodo 페이스북 같은 페이지), 블로그, 온라인 포스터나 소책자, 온라인 회의 같은 것이 될 수 있다. 최종 결과물에 꼭 포함되어야 할 것은 시민으로서 갖출 지식의 중요성, 8가지 핵심 논점, 학생들을 참여시킬 최소 4가지 방법이다.

이와 같은 과정 내내 학습목표 달성을 위한 다중 평가가 이루어질 수 있다. 이 책에서 앞서 다룬 여러 가지 학습계약과 문서화된 계획들을 활용하면 이런 평가가 가능하다. 학생들은 학습하는 동안 학습일지를 계속 쓸 수 있으며, 피드백과 수정할 기회도 대개 포함된다. 최종 결과물이 완성되면 그것을 시민학 수업을 듣는 학생들이 모인 곳에서 발표한다. 학생들은 〈표 7.1〉과 같은 또래평가지를 적어 제출한다.

학생들의 시민의식에 관한 연구 및 조사 결과가 '매우 부족'으로 나오자 한 학교의 사회과목 교사들은 교사학습공동체(professional learning community, PLC)에서 지역사회 및 더 큰 공동체에 학생을 참여시키는 전략을 브레인스토밍했다. 교사들은 역량 개발과 실천을 위한 여러 아이디어를 생각해냈고 그것을 학생들에게 제시했다. 그리고

표 7.1 **시민학 발표 또래평가**

각 모둠의 발표에 대해 1-4점으로 점수를 매기고(4점이 최고 점수) 그 이유를 설명하라.				
각 모둠의 발표 성적은? **자신의 평가에 대해 설명하라.**	**모둠1**	**모둠 2**	**모둠 3**	**모둠 4**
발표를 듣고 시민학에 대해 더 많이 알게 되었다.				
발표된 생각들이 이치에 닿고 이해하기 쉬웠다.				
발표를 듣고 내가 더 알고 싶은 것, 나아가 변화시키고 싶은 것에 대한 아이디어를 얻었다.				
발표를 듣고 참여해야겠다는 생각이 들었다.				
각 모둠의 발표에서 내가 가장 좋아했던 것은? 1. 2. 3. 4.				
다음번에 그들이 발표를 한다면 추천하고 싶은 것은? 1. 2. 3. 4.				
각 모둠에 대해 답하라. 각각의 모둠에서 내가 배웠거나 가장 중요한 사실 두 가지를 **든다면?** 1. 2. 1. 2. 1. 2. 1. 2.				

학생들 스스로도 다음과 같이 아이디어를 추가했다.

- 현재 사회적인 이슈가 되는 일들을 트위터로 알린다.
- 공직 후보자 한 명을 위한 캠페인을 디자인한다.
- 정부 대표자들을 만나서 중요한 이슈에 대해 파악하고 활동계획을 개발한다. 그리고 가능하면 그 계획의 후속조치를 취한다.
- 역사적인 정부 인물들에 관한 촌극을 준비하여 초등학생들에게 보여준다.
- 노인회관 자원봉사, 마을의 유적지인 묘지 청소, 대의명분을 위한 기금모금 등과 같이 교육과정에 있는 봉사활동 기회를 이용한다.
- 주제 탐색의 날을 정해 현재의 시민적 혹은 정치적 주제에 대해 모둠별로 리서치하고 그것을 급우들에게 발표한다. 주제로는 노인들을 위한 봉사, 가난한 어린이들을 위한 의료 혜택, 재판 시스템 등이 가능하다.

이런 활동은 관련 성취기준이나 목표에 따라서 다양한 방법으로 평가할 수 있다. 예컨대, 트위터는 정확성과 간결함에 대해서, 정치적인 캠페인은 지식과 행동뿐만 아니라 기술 응용에 대해서, 촌극은 리서치와 창의성은 물론 리터러시 스킬에 대해서 평가할 수 있다. 시사문제에 관한 활동은 CCSS(국가공통핵심성취기준)의 읽기와 쓰기에 연계할 수 있고, 발표 스킬에 대해서도 평가할 수 있다. 정보를 얻기 위한 읽기, 논거에 대한 평가, 정보 가치가 높고 설득적인 글쓰기 등 이 모든게 평가에서 고려된다. 교사는 CCSS의 어떤 항목이 자신이 맡은 학년

표 7.2 **시민/시민의식 루브릭**

스킬/지식	탁월	숙달	기본	초보	점수/비중
민주주의와 정부에 대해 이해한다.	나는 다양한 정치 형태와 구조를 인식, 평가, 비교할 수 있다.	나는 다양한 정치 형태와 구조가 있음을 이해하며, 어느 정도 설명할 수 있다.	나는 개요나 그래픽이 있으면, 기본적인 비교를 할 수 있다.	나는 정부 형태에 차이가 있다는 것을 알지만, 그것을 설명하려면 도움이 필요하다.	
민주적 절차에 참여하고, 개선에 기여한다.	나는 민주적인 절차를 향상시키는 데 학급과 지역사회에 의미 있는 기여를 한다.	나는 정치적 활동이 제시되고 기회가 주어지면 참여한다.	누가 참여를 독려하면, 나는 민주적 활동에 참여할 것이다.	나는 대개 참여하기 보다는 관찰하기를 좋아하는 편이다.	
시민적 성향과 행동	나는 평등과 개인적 책임에 관한 믿음을 나의 행동을 통해 보여주며, 이런 행동의 파급 효과를 이해한다.	나는 시민의 참여를 믿으며 일반적으로 타인의 권리와 차이점을 존중한다.	대체로 나는 평등을 믿으며 일반적으로 타인을 존중한다.	나는 나 자신과 타인을 존중하고 차이를 받아들이는 데 어려움을 겪는다.	

이나 교과영역에 가장 잘 맞는지 결정한다. 이들 모두는 〈표 7.2〉에 나오는 시민학 루브릭을 사용할 수 있으며 이것이 가장 흔히 사용되는 평가기준표이다.

글로벌 이해

만약 이 세상에서 평화와 이해를 가르치고 싶다면, 어린아이들로부터 시작해야 할 것이다.

– 마하트마 간디 (Mahatma Gandhi)

아주 오래 전부터 여러 집단과 문화권은 서로를 이해하려고 했고, 이런 노력이 실패했을 때는 갈등이 빈번하게 일어나곤 했다. 글로벌 의식이 세계 각국의 언어를 공부하는 것과 동일시되는 것은 당황스럽지만, 대부분의 학교에서는 이 부분이 교육과정에서 가장 강조되고 있다. 그러나 글로벌 이해는 다른 언어를 공부하는 것 이상이며, 이는 문화 감수성을 바탕으로 모든 나라와 문화가 상호 의존하고 있음을 인식하고, 존중하고, 받아들이는 것이다.

글로벌 이해의 정의

페르난도 레이머스(Fernando Reimers)는 글로벌 이해(global understanding)를 "사람들이 자신이 살고 있고, 학문이 영역을 넘어 통합되는 평평한 세상(지구촌)을 이해하는 데 도움이 되는 지식과 스킬을 말하며, 이를 통해 지구촌의 사건·사고를 이해하고 이런 문제들의 해결 가능성을 만들어가는 일"이라고 정의했다(2009, p.184). 뚜렷한 목적의식을 가지고 지구촌 사람들과 평화적이고, 서로 존중하며, 생산적인 방식으로 상호작용을 가능하게 하는 태도와 원칙으로 정의하는 이들도 있다. 글로벌 이해를 갖추면 국경을 넘어서는 다양한 이슈가 있다는 것을 알게 되고, 세계가 경제적·정치적·환경적·기술적으로 또는 그 이상으로 여러 면에서 고도로 상호 연결되어 있음을 알 수 있다. 글로벌 이해는 비록 문화에 따라 삶을 바라보는 관점은 다르지만 모두에게 공통적인 필요와 욕구가 있고, 타인의 눈으로 세상을 보면 그들의 관점을 좀 더 잘 이해할 수 있으며, 타인 역시 우리를 더 잘 이해할 수 있다는 점을 알게 해준다.

존 듀이(John Dewey)는 1920년대에 아시아를 여행한 뒤에 이것을 깨달았다. 그는 학생과 교사가 공통적인 글로벌 관점을 사용함으로써 유사점과 차이점에 대해 더 관용적이 될 수 있으리라고 기대했다. 다원적 사회에 대한 그의 이상은 서로 관점이 다른 사람들과 상호작용하면서 글로벌 이해에 이르렀을 때 유지될 수 있는 것이다.

용 자오(Yong Zhao)는 이를 현대적인 관점에서 해석하여 다음과 같이 말한다(2009).

> 지구촌에서 살아간다는 것에 대한 기본적인 진리는, 인류의 삶은 긴밀하게 서로 연결되고 상호 의존적이라서 어떤 개인, 조직, 국가도 지구촌의 다른 사람들이 비참하게 살 때 혼자서만 번영을 누리면서 살 수는 없다는 것이다. 교육에서의 주된 도전과제는 학생들의 역량을 키워 공통의 기반 마련이라는 정말 힘든 과제에 착수하게 하는 일이다(p.60).

다른 21세기 스킬들과 마찬가지로 글로벌 이해도 CCSS와 연계시킬 수 있다. 읽기와 쓰기의 성취기준을 통해 글로벌 이슈에 대한 지식을 쌓게 할 수 있다. 또한 의사소통과 협업은 글로벌 이해의 초석이 된다. 아래의 성취기준들은 이러한 연계성의 일부를 보여준다.

- 읽기: 개인, 사건, 아이디어가 텍스트의 전체 내용에 걸쳐서 어떻게 또 왜 전개되거나 일어나고, 어떻게 또 왜 상호작용하는지 검토할 수 있다.
- 읽기: 관점이나 목적이 어떻게 텍스트의 내용과 문체를 결정하는지 평가할 수 있다.
- 쓰기: 기술을 사용하여 글을 쓰고 출판하며 다른 사람들과 상호작용하고 협업할 수 있다.

- 말하기 및 듣기: 다양한 파트너와 여러 종류의 대화를 하도록 준비하고 참여할 수 있다.

더 깊이 있는 시각으로 보면 학생의 글로벌 이해에는 다음과 같은 것들도 포함되어야 한다.

- 다양한 문화의 사람들과 함께 개인적·직업적·공동체적 환경에서 함께 배울 수 있다.
- 문화·생활양식·종교적 차이를 존중한다.
- 정치·경제·사회·역사·기술·언어·환경 면에서 세계적으로 연계되어 있음을 알고 있다.
- 상당히 오랫동안 계속되어온 혹은 새로 생겨나는 세계적 경향, 이슈 및 도전을 인식하고 분석하고 평가할 수 있다.
- 글로벌 사회에 참여하고 기여한다.
- 자신의 문화와 타문화의 역사, 기반 및 전통을 이해한다.
- 문화간의 차이점과 유사점을 제대로 인식하고, 각각이 어떻게 발전에 기여하는지 안다.
- 문화적인 신념·행동·가치·감수성이 사람들의 생각과 행동에 어떤 영향을 미치는지 인식하고, 민감하게 감지한다.
- 인권과 평등을 가치있게 여기며 선입견·인종주의·편견·고정관념 등의 이슈에 민감하다.
- 타문화권 사람들의 관점을 취할 수 있다.
- 영어 이외의 언어로도 일상적 소통을 할 수 있다.

실제 수업에의 적용

넓은 시각에서 보면, 지역에 초점을 맞춘 교육과정에서 글로벌한 시각을 지향하는 교육과정으로 전환할 필요가 있다. 학생들이 지구 곳곳의 사람들에 관해 배우고, 그들과 상호작용할 수 있는 기회는 많다. 파트너십을 맺거나 교환 프로그램을 운영하면 서로 다른 문화로부터 배울 수 있다. 〈표 7.3〉은 글로벌 학습의 몇 가지 예를 보여주는데 이 책 전반에 걸쳐 나오는 루브릭과 평가방법을 사용하고 있다.

이런 활동들을 평가할 수 있는 방법으로는 학습 전후에 사전 및 사후 테스트 실시, 일지 작성, 성찰하기, 지역사회 기반의 다문화 활동에 참여한 후 활동일지 작성, 문화학습의 결과물인 포트폴리오 작성 등이 있다.

만델라학교에서는 카를로스 선생님이 글로벌 학습에 관한 단원을 흥미 조사로부터 시작한다. 이에 근거하여 학생들 각자 흥미 있는 주제에 관해 더 많은 정보를 얻기 위해 인터넷을 찾는다. 학생들은 「UN새천년개발목표(United Nations Millennium Development Goals)」(United Nations Development Programme, 2010)에 강한 호기심을 느끼고 이것이 전체 학급에 흥미로운 것이라는 결론을 내린다. 학생들은 소모둠 단위로 아래 8가지 목표 중 하나를 탐색한 다음, 모둠마다 나머지 모둠을 위해 핵심 내용 발표자료를 만들어 발표한다. 8가지 개발 목표는 다음과 같다.

- 모든 어린이를 교육한다.
- 소녀들과 성인 여성에게도 동일한 기회를 부여한다.

표 7.3 **글로벌 학습**

학년별 주제	CCSS	학습전략	평가
초등학교			
타문화권의 어린이들: 글로벌 사회를 소개하는 소책자	읽기, 쓰기 (글 쓴 것을 출간하기 위해 기술을 사용한다.)	타문화권의 어린이들에 관한 글이나 온라인 "소책자"를 만든다.	리서치, 글쓰기 및 기술에 관한 루브릭
국제적으로 의사소통하기: 온라인 펜팔 (e-pals.com)	목적이 있는 글을 쓴다. 프로젝트 (예: 지도 읽기, 스토리텔링, 생물다양성)를 고르고 선정된 성취기준과 연계시킨다.	선택한 주제에 관하여 타인과 의사소통하고 협업한다.	내용 평가 (읽기, 과학 등), 의사소통, 학습일지 작성을 통한 협업, 또래평가
중학교			
공정무역 분석: 누가 얼마를 버는가?	수학(계산, 스프레드시트, 이익 계산)	더 공정한 무역을 위해 실현가능한 권고문을 작성한다. 의회에 편지를 쓴다.	수학 계산, 쓰기에 관한 체크리스트: 입장을 뒷받침하기 위해 사실들을 이용한다.
문화 아이콘: 스페이스 캡슐 (타임캡슐 같은 것)	다양한 출처, 리서치, 글, 사회과목에서 얻은 지식을 통합한다.	어떤 문화에 관한 글과 아이콘으로 스페이스 캡슐을 만든다.	리서치의 종합, 항목의 정확성, 창의성에 대한 자기평가
고등학교			
다국적 회의: 음식과 문화 (globaleducation. ning.com)	정보가 풍부한 텍스트, 과학, 리서치, 비판적 사고를 이용해 쓴다.	식품과학이 어떻게 글로벌 먹이사슬을 지원할 수 있는지 (포스터나 전자 형태로) 시연한다.	기술, 리서치, 글쓰기, 발표에 관한 루브릭
글로벌 정상회담: 관심사 나누기	다양한 파트너와 폭넓은 대화에 참여한다.	정상회담을 준비하고 진행한다. 이를 통해 글로벌 관심사에 관해 학교를 계몽시킨다.	리서치, 협업, 발표에 대한 또래평가 및 내용지식

- 어린이 사망자 수를 줄인다.
- 어머니의 건강과 안전을 보장한다.
- 전염병을 퇴치한다.
- 극심한 빈곤과 기아를 근절한다.
- 환경을 정화한다.
- 세상을 좀 더 살기 좋은 곳으로 만드는 데 공동의 책임을 진다.

카를로스 선생님은 학생들의 이해도를 갤러리 게시물을 통해 확인한다. 학생들은 각 주제에 관해 배운 것 두 가지를 포스트잇에 써서 게시한다. 다음 단계에서는 다른 색의 포스트잇을 사용해 게시물에 대한 피드백을 제공한다. 게시물의 앞면에는 이름이 없고 뒷면에 적혀있다. 선생님은 이 내용을 보며 각자의 이해도를 확인하고 개인별로 피드백을 준다. 그 다음에 학급은 소크라테스식 세미나를 위해 모둠을 새로 짠다. 학생들은 다함께 네 개의 목표를 선택하고, 모둠별로 한 목표씩 맡아서 세미나를 준비한다.

세미나의 기본 규칙은 다음과 같다.

- 주제에 집중하고, 옆길로 빠지는 대화를 피한다.
- 다양한 출처의 텍스트를 읽고 인용할 준비를 해두었다가 자신의 진술이나 논리적 주장을 뒷받침한다.
- 주의 깊게 경청하고 모든 관점을 사려 깊게 검토한다.
- 의견을 말할 때는 차례를 지키고, 상대방을 존중하는 태도로 대답한다.

학급은 두 차례의 세미나를 개최한다. 선정된 네 개의 목표 중 먼저 두개의 목표로 첫 번째 세미나를 여는데, 해당되는 목표를 맡은 모둠이 원형으로 둘러앉는다. 그 바깥쪽에 나머지 두 모둠이 관찰자이자 평가자로서 둘러앉는다. 원 안에서는 각 모둠이 왜 자기들의 목표가 제일 중요한지를 설명하고 그것을 지지하기 위해 취해야 할 조치에 대해 설명한다. 각 모둠은 질문을 받아서 답을 해야 하고 스스로 질문을 추가할 수 있다. 예를 들면, "왜 그 목표가 가장 중요한가? 그것이 어떻게 세상을 변화시킬 수 있는가? 그러기 위해 어떤 조치를 취해야 하는가?" 등의 질문이 있다. 관찰자들은 학생 각자의 기여도를 기록하며 이때 텍스트와 데이터 사용, 경청 스킬, 질문하기, 존중하기에 대해 메모한다. 카를로스 선생님은 〈표 7.4〉(p.264)의 루브릭을 사용하는데, 이것은 말하기, 추론하기, 듣기, 행위와 참여를 평가한다. 선생님은 〈표 7.5〉(p.265)의 루브릭을 일부 수정해서 사용한다. 여기에 더해서 학생들은 이러한 데이터에 근거하여 〈표 7.6〉(p.266)의 자기평가 및 성찰을 위한 체크리스트를 사용할 수 있다.

표 7.4 **소크라테스식 세미나 루브릭**

스킬/지식	탁월	숙달	기본	초보	점수/ 비중
말하기와 추론하기	• 질문에 명확히 답하되, 의견과 조치를 논리적으로 연결시켜주는 다양한 출처의 증거를 사용한다.	• 질문을 이해하고, 합리적인 권고를 하기 위해 적어도 하나의 출처로부터 증거를 든다.	• 질문의 기초적인 요소에 대해서만 답한다. • 데이터를 사용하지만 핵심과 연계성이 약하다.	• 참여에 주저한다. • 대화의 진전에 기여하지 못한다.	
듣기	• 상대방의 의견에 관심을 기울인다. • 상대가 주제에서 벗어나도 무례하지 않게 반응한다.	• 대체로 상대방의 의견에 관심을 갖고 그에 관해 질문한다.	• 의견의 큰 그림은 이해하지 못하고 세부내용만 집어낸다.	• 집중하지 않는 것으로 보인다. • 남들의 의견을 잘못 이해하고 코멘트를 한다.	
행위와 참여	• 세미나 내내 집중하는 태도를 유지한다. • 다른 관점에 대해서도 높은 수준의 존중하는 태도를 보인다. • 토론을 잘 진전시킨다.	• 적극적으로 참여한다. • 일반적으로 평정심을 보이고 타인의 의견을 존중한다. • 대체로 타인의 관점을 배려한다.	• 자신의 의견을 표현하지만, 남들의 의견은 받아들이지 못한다. • 단지 몇몇 사람에게만 말을 건다.	• 학습과정에 별로 가치를 두지 않는다. • 학습할 준비가 안 되어 있다. • 타인에게 부적절한 말을 하는 경우가 있다.	

피드백과 코멘트:

표 7.5 **글로벌 지식 및 스킬 루브릭**

스킬/ 지식	탁월	숙달	기본	초보	점수/ 비중
글로벌 이슈	여러 역사 및 시사 문제와 그것이 세상 사람들에게 미치는 영향을 쉽게 설명할 수 있다.	현재 지구상에서 일어나고 있는 여러 이슈를 잘 알고 있으며, 일부는 자세히 설명할 수 있다.	나와 타인에게 관심이 있는 글로벌 이슈 한두 개를 언급할 수 있다.	세상에서 일어나고 있는 일들에 관심이 없다.	
문화 이해	사람들의 행동방식이나 타인을 대하는 태도에 일반적으로 영향을 주는 여러 문화적 신념·가치·관습에 관해 잘 알고 있다.	타인의 행동이나 태도에 관련이 있고 영향을 주는 일부 문화적 신념·가치·관습에 대해 약간 알고 있다.	문화가 인간 생활의 일부임을 알고 있으나, 일반적으로 나의 이해와 지식은 얕은 수준이다.	타문화나 그에 대한 학습에 흥미가 없고, 자국 문화만을 고수하는 편이다.	
글로벌 사회에 대한 기여	타문화권 사람들과 건설적으로 일하며, 그들의 경험과 관점을 배우고 이해하기 위해 열심히 노력한다. 또한 세상을 좀 더 나은 곳으로 만드는 활동에 참여한다.	타문화권 사람들과 의사소통 할 수 있다. 때로는 자신이 속한 세상을 넘어서 타인에게 관심을 갖고 손을 내민다.	누가 강하게 권하면 타문화권 사람들과 함께 일하겠지만, 이런 협업에 기여하는 데 별로 관심이 없다.	타문화권의 사람들과 같이 일하는 데 어려움을 느끼며, 보다 큰 계획에는 참여하지 않으려 한다.	
관점 취하기	문화적 복잡성을 이해하며, 타문화의 관점을 효과적으로 바라보기에 충분한 지식을 갖고 있다.	역사적 맥락에서, 타문화권은 동일한 사건에 대해 다른 관점을 가질 수 있다는 것을 이해한다.	사물을 보는 관점과 방식이 다를 수 있다는 것을 이해하는 데 도움이 필요하다.	타문화권은 동일한 사건을 다른 관점으로 볼 수 있다는 것을 이해하지 못한다.	

학생의 성찰:

교사의 피드백:

표 7.6 자기평가 및 성찰 체크리스트

학습의 결과: 각각에 대해 1~4의 척도로 자신의 등급을 매겨라.	
읽기: 나는 적어도 3개의 출처를 찾아 읽었고 그것들을 발표에 사용했다. 등급:	어떤 출처를 이용했는가? 그 출처에서 배운 것을 어떻게 적용했는지 기술하라.
소크라테스식 세미나: 나는 준비가 잘 되어 있었고, 지식을 알기 쉽게 발표했고, 타인을 존중하며 참여했다. 등급:	각 요소에 대한 구체적인 근거를 들어 자신의 등급에 대한 이유를 설명하라.
시민 학습: 나는 글로벌 이슈와 타문화를 이해하며, 세상을 더 나은 곳으로 만들기 위해 노력했고, 타인의 관점을 존중했다. 등급:	가장 중요한 글로벌 이슈 두 개를 든다면 무엇이며, 그 이유는 무엇인가? 타문화에 관해 무엇을 배웠는가? 세상을 더 나은 곳으로 만들기 위해 어떤 노력을 계속할 것인가? 자신의 문화가 가진 관점이나 신념을 하나 기술하고, 타문화와 어떻게 다른지 설명하라.

지식과 스킬에 관한 단원의 결론으로 카를로스 선생님 반의 학생들은 연속체 활동에 참여한다. 교실 바닥에 긴 끈을 놓고, 선생님이 어떤 진술문을 읽으면 학생들은 어느 정도 동의하는지를 나타내기 위해 끈의 해당 지점에 선다. 진술문의 예를 들면 다음과 같다.

○ 만약 사람들이 좀 더 공평하게 대우를 받는다면 세상은 문제점이 줄어들 것이다.

○ 나는 내가 타인의 삶에 변화를 줄 수 있다고 믿는다.

○ 나는 내 개인적인 결정이 다른 사람들의 복지에 어떻게 영향을 주는지에 대해 종종 생각한다.

카를로스 선생님은 학생들의 반응을 이 단원의 마무리 활동으로 사용하고, 다음번에는 어떻게 다른 식으로 할 것인지 생각해본다.

생 각 해 보 기

시민교육의 성취목표 중에서 여러분의 학교나 학급에 포함하고 싶은 것을 하나 골라라.

• 어떤 시민교육 주제나 글로벌한 주제가 여러분의 학급, 교과영역 혹은 학교와 관련이 있는가?

• 위에 말한 것에 대해 어떻게 더 배울 수 있는가?

• 여러분이 배운 것을 다른 사람들과 어떻게 공유하고, 그것의 중요성에 대해 어떻게 설득할 수 있는가?

• 학생들의 글로벌 이해를 향상시키기 위해 어떤 조치를 취하겠는가?

리더십과 책임감

리더십은 말보다는 태도와 행동으로 나타난다.

– 해럴드 S. 지닌 (Harold S. Geneen)

원래 이 섹션은 그냥 '리더십'으로만 제목을 달았었다. 그런데 학생 모두에게 최고 수준의 리더십을 기대하지는 못한다 해도 각자 개인적인 책임감을 보여주기를 기대하는 것이 합당해 보였다. 가끔 어떤 학생의 침묵이 리더십의 결핍으로 오해받기도 하지만, 나는 교실에서 떠들썩하게 참여하기보다는 조용히 관찰하는 학생들을 많이 봐왔다. 이들은 대개 학습에 성실히 임하는 훌륭한 학생들로 여러 형태의 평가에서 좋은 성적을 내며, 탁월하고 실제적인 결과물을 만들어낸다. 이런 학생들은 모둠활동을 할 때 영향력을 발휘하며 또래들의 존경을 받는다. 책임감, 인내심, 성실함을 통해 이들은 계속 성취하며, 다른 학생들의 역할 모델이 되고 리더가 된다.

리더십과 책임감의 정의

리더십의 고전적 정의에는 '통찰력 있는, 관계 구축의, (특정 영역에) 해박한, 협력적인, 전략적인'이라는 말이 포함된다. 이러한 특성은 리더가 일을 조직하고, 위임하고, 자신의 집단을 지원하여 집단의 목표를 추진할 수 있게 해준다. 교실에서는 리더의 이런 특성들이 다른 모습으로 나타날 수도 있다. 모둠 내에서 구성원들이 초점을 벗어나 과제에서 멀어지면 다시 과제에 집중할 수 있도록 하는 것이 바로 그런 학생들이다. 진정한 리더는 다른 학생들의 성취를 축하하거나, 그들이 어려운 자료에 숙달하도록 기꺼이 도와주는 그런 학생일 수 있다. 그들은 열심히 공부하고, 또래에 관심을 갖고 돌보며, 다른 학생들의 성공을 돕는 훌륭한 역할 모델이다.

리더십과 책임감은 의사소통, 협업, 문제해결과 같은 21세기 역량과 상관관계가 있다. 여기에 추가하여 리더는 다음과 같은 자질을 갖춰야 한다.

- 집단이 추구하는 더 큰 목적에 기여하는 개인의 역할을 인정하고 감사한다.
- 우선순위와 목표를 정하고 조치를 취해 목표를 적극적으로 달성한다.
- 대인관계 스킬을 발휘해서 다른 사람들과 협업하고, 그들을 안내하고 도와서 공동의 목표를 달성한다.
- 진정성과 윤리로 다른 사람들에게 영향을 미친다.
- 집단을 위한 최종 성과에 기여하는 의사결정을 한다.
- 성공과 실패에 대해 개인적으로 책임을 진다.
- 전략적이고 과단성 있게 계획을 짠다.
- 시간, 자원, 개인적 스킬을 관리함으로써 생산성을 극대화한다.
- 협상을 통해 만족할 만한 결과를 이루어낸다.

실제 수업에의 적용

학생들이 리더십을 발휘할 기회는 교실에서도 얼마든지 있다. 어린 학생들이라면 일정표를 작성하거나 학습도구를 관리하는 일에서 일상적으로 책임을 질 수 있다. 프로젝트 기반 학습을 할 때는 학생들이 프로젝트의 설계, 개발, 발표와 같은 구체적인 부분에 대해 책임을 질 수 있다. 리더십은 지역사회 봉사 프로젝트를 통해서도 발휘될 수 있는데 학생 각자가 자료 조사 및 취합, 출판, 홍보, 행사 기획과 같은 일을 맡는 것이 좋은 예다. 학생들은 나무를 심고, 지역사회의 타임캡슐을 만들고, 노인들을 위해 요리를 하고, 재활용 프로그램을 개발할 수 있다. 또는 여성 쉼터 이용자나 군인, 엄마가 수감생활을 하는 아이들을 위해 물품을 수집할 수 있다. 이런 활동들을 진짜로 학생들이 기획하고 실행한다면 리더십 기회는 자연스럽게 생겨난다.

학생들에게 리더십을 명시적으로 가르치는 것도 가능하다. 숀 코비(Sean Covey, 『성공하는 10대들의 7가지 습관(The 7 Habits of Highly Effective Teens)』(1998)으로 유명한 컨설턴트-옮긴이)의 책을 읽고 윈-윈 전략이라는 개념을 이해하면 리더십의 탄탄한 토대를 구축할 수 있다. 인간 매듭(human knot, 원으로 빙 둘러서서 바로 옆 사람 이외의 두 사람과 손을 잡은 후 서로 몸을 움직여 얽힌 몸을 푸는 게임-옮긴이)을 풀거나, 밀짚 구조물을 만드는 것과 같은 팀워크 활동은 학생들이 협업할 수 있는 기회를 제공한다. 나중에 학생들은 각자의 리더십이 집단 목표를 달성하는 데 어떤 도움을 주었는지 확인할 수 있다. 성공한 리더에 대해 공부하고 그들의 신념과 행동을 분석하는 것도 또 다른 학습전략이다.

링컨중학교의 교사들은 문학을 통해서 리더십을 가르치기로 했다. 교사들은 다함께 학생들이 읽을 책 목록을 만들었다. 어떤 교사들은 학급 학생들 모두가 같은 책을 읽게 하기로 정한 반면, 다른 교사들은 여러 책 중에서 고르게 하거나 학생들 스스로 읽을 책을 고르게 했다. 목록에 포함된 책 제목은 다음과 같다.

- 『Bless Me, Ultima(얼티마여 나를 축복하라)』(1994): 늙은 여자 약사의 영향을 받아 자신에 대해 배우며 세상을 이해해가는 토니라는 인물에 관한 이야기
- 『초콜릿 전쟁(The Chocolate War)』(2004): 집단을 따를 것이냐 자신의 고결함과 리더십을 따를 것이냐 하는 선택에 관한 이야기
- 『Stealing Freedom(자유 훔치기)』(2002): 지하 철도에서 탈출하면서 리더가 되기도 하고 다른 사람을 따르기도 하는 한 노예 소녀에 관한 이야기
- 『Inkheart(잉크하트)』(2003): 허구의 인물을 실제 인물로 변화시킬 수 있는 능력을 가진 아버지를 둔 소녀가 바로 그런 허구에서 실제로 변한 인물들에 의해 납치되어 탈출하는 이야기
- 『Nory Ryan's Song(노리 라이언의 노래)』(2001): 아일랜드의 감자 기근 시절에 가족과 지역사회의 생존을 도운 한 소녀에 대한 이야기
- 『Gifted Hands: The Story of Ben Carson(재능 있는 손: 벤 카슨의 이야기)』(1996): 자신의 인생 목표를 달성하기 위해 많은 장애를 극복한 신경외과 전문의 벤 카슨의 감동적인 이야기

그 외에 논픽션으로는 벤저민 프랭클린(Benjamin Franklin), 아멜리

아 에어하트(Amelia Earhart), 넬슨 만델라(Nelson Mandela), 에드먼드 힐러리 경(Sir Edmund Hillary), 윈스턴 처칠(Winston Churchill), 엘리너 루스벨트(Eleanor Roosevelt) 등의 전기가 있다.

책을 읽는 동안 학생들은 일지를 쓰는데 자신의 생각 및 관련성과 함께 리더십의 예를 기록한다. 그들은 읽은 내용과 자신의 신념 사이에 혹시 있을 불일치나 오해를 조사한다. 또한 리더십에 관해 자주 사용되거나 새로운 어휘에 대한 표를 만든다. 이 프로젝트의 리터러시 관련 부분 말미에서 학생들은 리더십이 자신에게 어떤 의미가 있는지를 각자 선택한 기술을 사용하여 시각적으로 표현한다. 프로젝트의 이 부분에 대한 평가는 CCSS(국가공통핵심성취기준)의 문해력 성취기준을 이용해 다음과 같은 능력을 측정한다.

- 텍스트 해석, 중심 주제 파악, 문학적 인물 분석에 관한 역량
- 단어의 의미, 텍스트의 구조, 작가의 목적에 대한 이해
- 아이디어를 글로 전달하고, 기술을 출판도구로 사용하는 능력
- 정보의 정확성을 분석하고, 믿을 만한 출처를 이용하여 그 분석을 뒷받침하는 능력

CCSS의 마지막 부분은 기술 사용과 관련이 있으며 지식을 보여주는 방법에 대해 안내한다. 이 부분을 위해서 학생들은 자신이 배운 것을 선정하여 응용할 수 있는데 그 예로는 다음과 같다.

○ 읽은 자료를 바탕으로 다른 학생들을 위한 리더십 가이드 만들기

- 핵심 지식 및 스킬, 예를 포함하여 리더십에 관한 슬라이드쇼 개발하기
- 리더십에 관한 블로그, 위키, 웹페이지를 만들고 공개하기

프로젝트를 진행하는 내내 학생들은 〈표 7.7〉과 같은 리더십 일지를 작성한다. 단원이 끝날 때는 학생과 교사가 〈표 7.8〉(p.274)의 루브릭을 사용하여 총괄평가를 완성하고 이후의 학습을 위해 조언한다.

표 7.7 리더십 및 책임감 일지

내가 보여준 리더십 스킬	예
나는 목표를 정했다.	
나는 실행 가능한 시간계획표를 만들고 따랐다.	
나는 담당 업무에 대해 개인적인 책임을 졌다.	
나는 자원, 스킬 및 지식을 성공적으로 사용했다.	
나는 협업하여 결정했고, 공동의 목표를 위해 노력했으며, 긍정적인 기여를 했고, 남들에게 귀 기울였다.	
내가 리더십에 관해 배운 가장 중요한 3가지: 1. 2. 3.	

표 7.8 **리더십 및 책임감 루브릭**

스킬/ 지식	탁월	숙달	기본	초보	점수/ 비중
대인 관계 스킬	일관되게 타인의 의견을 경청하고 존중하며 타인이 더 높이 성취하도록 격려한다.	대체로 타인의 의견을 존중하며 경청하고, 다양한 사람들과 협업한다.	가끔은 다른 사람들의 의견을 경청하지만, 그들의 생각과 행동에 동의하지 않는 경우도 간혹 있다.	다른 사람들의 의견과 행동을 거의 존중하지 않고 종종 무시한다.	
목표 설정 및 성취에 대한 공유	우선순위 설정과 목표 달성을 위한 개인적 책임감과 협업을 일상적으로 보여준다.	공유된 목표를 이루는 데 대체로 긍정적인 기여를 한다.	목표를 세우고 달성하기 위해 다른 사람들과 협업하는 것이 가끔 힘들 때가 있다.	목표를 정하고 달성하기 위해 다른 사람들과 협업하는 데 도움이 필요하다.	
책임감	자신의 행동과 그것이 다른 사람들에게 미치는 영향에 대한 개인적인 책임감을 높은 수준으로 보인다. 행동이 매우 윤리적이다.	행동에 대한 자신의 책임을 인식하며, 자신 및 다른 사람에게 윤리적으로 행동하려고 애쓴다.	개인적인 책임의 의미를 알고 있고, 이를 환기시켜주면 받아들일 수 있으며, 자신의 선택이 다른 사람에게 미치는 영향을 인식한다.	개인적인 책임이라는 개념을 받아들이는 데 애를 먹으며, 행동을 모니터링 하는 데 어려움이 있다.	
관리	집단의 생산성을 높이기 위해 시간과 자원을 건설적으로 관리한다.	시간과 자원을 효과적으로 사용한다.	지시를 받아야만 시간을 성공적으로 사용하고 엄선된 자료를 이용할 수 있다.	시간을 관리하고 자원을 효과적으로 이용하는 방법을 잘 모른다.	
칭찬 두 가지:					
추천 한 가지:					

리더십이라는 것은 오랜 기간에 걸쳐 조금씩 형성된다. 학습과 성찰, 스킬 개발을 통해 모든 학생은 학급·학교·지역사회의 리더가 되고 세상에 대해 책임 있는 기여를 할 수 있다.

생 각 해 보 기

- 21세기 스킬인 창의성, 기술, 협업 등과 관련하여 리더십과 책임감의 순위를 어떻게 매길 것인가? 중요도 순으로 서열을 매겨보라. 여러분이 속한 교사학습공동체와 함께 유사점과 차이점을 논하라.

- 오늘날 학생 세대에게 가장 중요한 리더십과 책임감의 특성 및 스킬은 무엇이며, 그 이유는 무엇인가?

- 여러분의 학교와 학급에 리더십과 책임감을 어떻게 포함할 것인가? 이러한 방향에서 여러분이 취할 3가지 구체적인 조치를 기술해보라.

대학 및 직업세계/직장에서의 스킬

> 학습은 21세기를 살아가기 위해 모든 성인이 할 일이다.
>
> – S. J. 페럴만 (S. J. Perelman)

대학 및 직업세계 진출 준비는 국가적 담론이 되었다. 정책입안자, 학교 리더, 성취기준 개발자, 시험 출제자 모두가 학생들에게 대학 및 직업세계 진출을 위한 자격을 갖출 것을 요구한다. 이는 확실히 핵심 교과영역에서 기초를 탄탄히 다지는 것으로부터 시작해야 하지만, 학문적인 지식만으로는 부족하다. 취업이든 대학 진학이든 지식을 응용할 수 있는 능력을 갖추는 것이 필수다.

대학 및 직업세계 진출 준비는 이 책의 5장에서 다룬 사고 역량을 갖추는 것부터 시작해야 한다. 필수 인지역량을 갖춘 학생이란 바로 블룸(Bloom)의 교육목표분류(Taxonomy)에서 높은 수준에 이르고, 문제를 해결하며, 창의성을 활용하고, 생각하고 배우는 원리를 꿰뚫고 있을 만큼 잘 알고 있는 학생이다. 6장에 나오는 활동들, 즉 의사소통, 협업, 기술적 전문성은 직장에서 고용주가 중요하게 생각하는 역량이다. 7장에서는 세상을 살아가는 데 필요한 역량을 파악하는데, 이는 오늘날 세계 경제에서 더욱 더 중요해지고 있는 시민적·국제적·개인적 책임과 리더십 능력이다.

그런데 왜 모두가 대학에 가지는 않는가? 대학 중퇴율이 높은 이유를 경제적으로 어려운 시기 탓으로 돌리는 사람도 있지만, 대부분의 관련 문건은 준비성 결핍, 그리고 고등학교에서 배운 역량과 대학에서 요구하는 역량 사이의 연계성 부족을 지적한다. 표준화시험의 요구 수준이 높을수록 대학 수업을 받는 데 필요한 역량의 준비는 부족하게 된다.

「Minnesota Roadmap to College and Career Readiness(대학 및 직업세계 준비 미네소타 로드맵)」은 시험 성적을 대학에 대한 준비도의 지표로 인식한다(Postsecondary and Workforce Readiness Working Group, 2009). 하버드대학교의 연구보고서 「Pathways to Prosperity(번영으로 가는 길)」에 의하면 우리는 대학 진학을 위한 모든

노력을 2년제 내지 4년제 대학을 성공적으로 이수할 수 있는 40%의 학생들에게 쏟아붓고, 다른 직업세계의 경력을 추구하는 학생들은 내팽개친다고 한다.(Symonds, Schwartz & Ferguson, 2011). 또한 성공으로 가는 경로는 다양해야 한다고 믿기 때문에 젊은이들에게 직업 관련 자격증과 스킬을 개발할 수 있는 여러 방법을 제공할 것을 권고한다. 여기서 핵심은 대학과 직업세계 둘 다 중요하다는 것이다.

대학 및 직업세계 스킬의 정의
- **대학 진학의 자격을 갖춤**: 학문적 역량·능력·자질을 갖춰 중고등과정 이후의 고등교육을 받을 준비가 되어 있는 상태
- **직업세계 진출의 자격을 갖춤**: 직업세계에서 성공할 수 있는 지식, 스킬, 특성을 갖춘 상태

읽기, 쓰기, 말하기, 듣기에 대한 CCSS(국가공통핵심성취기준)는 모든 학생이 갖춰야 할 기초스킬을 제시하고 있다. CCSS 입안자들이 설명하듯이 "성취기준은 언어 및 수학에서… 대학 및 직업세계의 기대와 긴밀히 연계되어 있다"(CCSSI, 2011a).

대학 및 직업세계를 위한 준비에는 다음과 같은 것들이 추가될 필요가 있다.

- 개인적 및 직업적 성장 계획을 세운다.
- 삶과 경력관리 계획에 있어서 단기 및 장기 모델을 구상한다.
- 스킬, 지식, 성향, 역량을 개인적 및 직업적 역할에 적용한다.

- 성공은 성실과 인내의 결과라는 것을 인식한다.
- 목표 달성은 개인의 책임이라는 것을 안다.
- 프로젝트를 단기 및 장기로 나누어 관리한다.
- 일상생활, 학교, 직장의 변화된 지형에 적응한다.
- 헌신성을 발휘해 최고 단계까지 역량을 개발하고 지속적으로 학습한다.
- 타인의 일에 기여하고 타인을 도와 의미 있는 생산이 이루어질 수 있도록 한다.
- 노력을 통해 장애물을 극복하고 전문성을 기른다.
- 헌신성을 발휘해 지속적인 변화와 성장을 이룬다.

21세기에 직장에서 요구되는 스킬은 계속 변하고 있지만, 성공적인 삶에 필요한 마음가짐과 감수성은 여전히 그대로이다. 사람들은 과거에도 그랬듯이 앞으로도 계속해서 남들과 함께 일하고, 성공적으로 의사소통하고, 맡은 임무를 수행할 것이다. 확실히 세계화와 기술 발전은 직장에서 요구되는 스킬에 심대한 영향을 미치고 있다. 새로 생겨나는 직종, 특히 정보 기반의 업무는 공장 일과 같은 전통적인 직업과는 다른 스킬을 요구하며, 이런 변화의 속도는 점점 더 빨라지고 있다. 고용주들은 갈수록 21세기 스킬에 숙달한 직원을 찾고 있는데, 이들의 특징은 목적에 맞게 기술을 사용하고 문제를 해결하며 혁신하고 비판적 사고를 하며 성취동기가 높다. 의사소통과 협업은 필수적이다. 책임감, 시간 관리, 목표 지향적 태도로 직장에 기여할 수 있는 사람이 가장 성공할 것이다.

실제 수업에의 적용

도전적 과제는 학생들에게 이와 같은 스킬을 어떻게 키워주며, 그들이 이것을 얼마나 잘 습득했는지 평가하는 일이다. 직장에서 요구되는 스킬인 생산성, 계획하기, 자기조절은 모든 단계의 학교교육에서 수업활동의 대상이 될 수 있다. 일상적으로 반드시 해야 하는 수업루틴을 저학년 때부터 확립해두면 학생들의 독립심이 향상된다. 학생들은 프로젝트를 통해 계획하기를 배우며, 모둠활동을 통해 다른 사람들과 사이좋게 지내는 법을 배운다. 이런 스킬은 루브릭(rubrics), 피드백(feedback), 일지(journals), 이야기 형식의 관찰기록(anecdotal records), 학생계약서(student contracts) 등으로 평가할 수 있다. 〈표 7.9〉(p.281)는 4학년의 학생계약서 기반 평가를 나타낸다. 이와 같은 평가 틀을 활용해 학생과 교사는 둘 다 21세기 스킬 향상에 얼마나 진전이 있는지 검토한다.

학생성공계획(student success plan, 모든 학생이 학교와 연결되어 대학 및 직업세계의 목표를 달성할 수 있도록 학생 개개인의 필요와 관심사를 충족시키기 위해 개발되는 학생 주도의 맞춤형 성장 계획-옮긴이)이 점차 인기를 얻고 있다. 일부 모델은 그저 시험점수와 성적의 강조를 답습하는 것이지만, 학생성공계획은 개인별 맞춤화된 접근이 가능하고 성적 이상의 것을 추구할 수 있다. 보스턴의 원저스쿨은 이를 6학년부터 도입하기로 결정했고, 이어서 중학교와 고등학교 과정에도 도입하기로 했다. 학생성공계획은 매주 상담 프로그램에 포함되어 개인별 목표 달성, 진로 탐색 및 개인적 성장을 지원하는 것을 목표로 한다.

학생성공계획에는 다음과 같은 것이 포함된다.

- 성적 기록
- 가장 성공적인 학업 사례
- 자신의 장점 및 개선이 필요한 영역에 대한 학생의 성찰
- 목표, 스킬, 관심사와 연계된 코스 선택
- 관심사 목록과 자기평가
- 목표 설정
- 성공적인 학업을 위한 행동 계획
- 진로 탐구
- 대학 진학 계획
- 인턴십과 멘토링

학생성공계획의 평가는 주로 형성평가이며 이를 통해 학생과 멘토교사가 진전도를 평가하고 다음 단계를 계획할 수 있다(〈표 7.10〉(p.282) 참조). 학습일지, 일지 및 성찰의 기록 또한 학생 각자가 쓴다. 학생성공계획은 종이문서로 보관할 수도 있고 전자문서로 관리할 수도 있다.

표 7.9 학생 생산성 평가 틀

개인 생산성

개인 생산성

이번 주 나의 목표는:

_____

이번 주 나의 생산성을 1(가장 낮음)에서 4(가장 높음)까지의 수치로 나타내면: _____

그 이유는: _____

내가 잘한 것은: _____

내가 좌절을 느낀 것은: _____

내가 개선할 수 있는 것은: _____

모둠 생산성

이번 주에 우리 모둠의 생산성(의사소통, 협업, 기여 포함)을 1(가장 낮음)에서 4(가장 높음)
까지의 수치로 나타내면: _____

그 이유는: _____

내가 겪은 좋은 경험은: _____

내가 겪은 좌절 경험은: _____

내가 개선하고 싶은 것은: _____

학생 및 교사 체크리스트

1에서 4까지의 척도(4가 가장 높음)로 각각에 대해 평가하라.

점수		근거 및 학생 코멘트	근거 및 교사 코멘트
	계획대로 행했다		
	시간을 생산적으로 사용했다		
	문제를 해결했다		
	다른 사람들을 존중했다		
	생산성을 높이기 위해 다른 사람들과 협업했다		

표 7.10 학생성공계획 체크리스트

나의 성적	이번 학기에 나는 얼마나 잘했는가? 내가 자랑스러워하는 것은 무엇인가? 다음 학기에는 어떤 것을 바꾸고자 하는가?
작업 샘플	샘플마다 작업 묘사, 과제 요약, 최종 결과물 조명, 성공 공유, 개선을 위한 권고 등에 대한 성찰을 덧붙인다.
코스 선택 작업 페이지	코스의 최종 선택은 학생의 목표를 토대로 교사, 학부모, 멘토, 상담전문가의 의견을 포함해서 결정한다.
관심 목록	개인적 관심 목록과 직업적 관심 목록을 검토하고 분석한다. 학생들은 자신의 계획이 자신의 관심사 및 스킬과 어떤 관련이 있는지 제시한다.
목표	목표 계획에 대해 개요를 작성한다. 성취 및 목표를 향한 성장에 대해 꾸준히 기록한다.
다음 단계	나의 다음 단계는 무엇인가? 목표를 달성하기 위해서 나는 다음에 무엇을 할 것인가?

샤오 선생님의 학급에서는 학생들이 수학 성취기준과 관련이 있는 모금 프로젝트를 하기로 결정하면서 준비 역량에 대해 공부하며 그것을 보여주고 있다. 한 모둠은 아이디어를 연구하고 그것들을 평가기준에 맞춰 평가하고 종합해서 학급에서 발표한다. 또 한 모둠은 대외 홍보 프로그램을 개발하여 지역사회에 홍보하고 사람들이 프로그램에 동참하도록 한다. 또 다른 모둠은 재정의 흐름을 추적할 스프레드시트를 준비하고, 프로젝트의 장기계획을 개발하고 있다. 기금모금을 위한 이 행사는 학교 안에서 할 수도 있고, 지역사회 수준에서 할 수도 있으며, 다른 나라 학생들과 상호교류를 통해 글로벌 수준에서 할 수도 있다. 선생님은 수학, 읽기, 쓰기, 리서치 역량의 평가뿐만 아니라 학업성실성을 평가하는 루브릭을 사용한다(〈표 7.11〉 참조). 이와 같은 범

표 7.11 **학업성실성 루브릭**

스킬/ 지식	탁월	숙달	기본	초보	점수/ 비중
책무성	• 시간을 지키고, 준비성 있고 체계적임 • 근면 성실하며 독립적인 학습자로서 요구되는 것 이상을 수행함	• 대체로 시간을 지키고, 학습할 자세가 되어 있음 • 감독 없이도 목표를 달성하기 위해 꾸준히 노력함	• 최소한의 개인적 책임만 지려고 함 • 과제를 완수하려면 감독이 필요함	• 지각을 하고, 학업 준비가 안 되어 있음 • 다른 사람들과 협업하고 과제를 완수하는 데 어려움이 있음	
태도	• 열정적이고 협조적임 • 피드백을 수용하고, 그에 맞게 행동함	• 사람, 과정, 결과에 대해 긍정적인 태도를 보임 • 피드백을 수용함	• 참여는 하지만 몰두하지는 못함 • 피드백을 수용함	• 학업과 타인에 대한 부정적 태도를 보임 • 피드백을 무시함	
학습 결과물	• 학업을 완수하고 수준을 끌어올리기 위해 시간, 노력, 자원을 효과적으로 조정함 • 최종 결과물이 요구수준보다 우수함	• 자원을 성공적으로 이용함 • 최종 결과물이 요구조건에 부응함	• 최종 결과물이 불완전함	• 최종 결과물에 대한 이해나 관심이 부족함	
장점 및 칭찬할 만한 점:					총점:
개선 및 권고가 필요한 영역:					

교과적 스킬을 갖추면 학생들은 학업에서 의미를 발견하고, 더욱 적극적으로 참여하며, 학업이 실제적이고 자신과 관련이 있다고 느끼며, 능동적으로 협업하게 된다.

세상이 급격하게 변하고 인터넷과 스마트폰이 일상을 장악하면서 그 영향력은 장기적으로 더욱 커질 것이다. 교육, 직장, 일상생활에서의 변화는 앞으로도 계속될 것이고, 그 결과가 오늘날의 어린이들에게 미치는 영향은 실로 엄청날 것이다. 이에 맞추어서 우리의 교육제도 또한 바뀌어야 한다. 새로운 환경에서 성공하려면 학생들은 교과 내용의 숙지는 물론이고 기획, 생산성, 관리까지 역량의 범위를 확대해가야 할 것이다.

생 각 해 보 기

- 대학 및 직업세계 진출 준비는 여러분에게 어떤 의미가 있는가?

- 여러분은 대학 및 직업세계에서 초창기에 어떤 스킬과 지식이 필요했는가?

- 위에 언급한 스킬과 지식은 어떻게 바뀌었는가?

- 장차 직업인이 될 학생들의 대학 및 직업세계 진출 준비를 도와주기 위해 여러분이 오늘 할 수 있는 일은 무엇인가?

마지막 고려사항

비록 이 장이 책의 후반부에 위치하지만, 어떤 이들은 이 장이 가장 중요하다고 주장할 수 있을 것이다. 그 이유는 이 장에서 다루는 특성과 능력이 오늘날의 학생들이 세상을 생산적이고 의미 있는 방향으로 진일보시키는 데 필요한 것이기 때문이다. 메트라이프 설문조사 (Metropolitan Life Insurance Company, 2011)에 의하면, 절대 다수의 교사와 학부모가 대학 및 직업세계 준비가 교육에서 우선순위에 있어야 한다는 점에서 의견이 일치했다. 물론 문해력과 수리력이 이러한 준비의 핵심이지만, 비판적 사고 스킬 또한 높은 평가를 받았다. 감성지능 및 내적 동기와 같은 소프트 스킬(soft skills)을 언급한 이는 거의 없었지만, 이런 스킬이야말로 성공적인 인생을 위해 반드시 갖춰야 할 역량으로 밝혀졌다. 교육을 견인하는 방향은 여러 가지가 있지만, 세상을 성공적으로 살아가는 데 필요한 스킬이야말로 교육이 한층 더 힘을 쏟아야 할 방향이다.

생 각 해 보 기

각각의 스킬에 대해 여러분의 학교나 교실에 어떻게 적용할 것인지 기술해보라.

- 시민학 및 시민의식

- 글로벌 이해

- 리더십과 책임감

- 대학 및 직업세계 스킬

제8장

다목적 평가

의미 있고 가치 있는 학습의 실제적 결과물은 교실에서는 흔히 대안적 평가전략으로 측정된다. 이러한 결과물들이 명시적인 기준에 의해 객관적으로 평가되는 경우는 드물다. 이 장에 나오는 지침들은 프로젝트와 포트폴리오의 주요 요소들을 소개하고, 예를 보여주고, 21세기에 걸맞는 평가를 하는 데 필요한 상세한 전략을 설명한다.

프로젝트 수업

프로젝트는 21세기 학습을 위한 도구이자 방법이다. 그것은 학습에 다가가는 활기차고 책임 있는 접근법으로서 교수·학습·평가의 기반을 제공한다. 프로젝트를 통해 학생들은 실생활을 탐색하고, 실제 도전과제의 해결을 위해 지식을 적용한다. 프로젝트는 학생들을 적극적으로 참여시켜 그들이 내용지식과 21세기 스킬을 연계하도록 만들고, 교사가 아니라 학생이 학습의 의사결정 책임을 맡도록 전환시킨다.

프로젝트의 정의

프로젝트는 학생의 다양한 노력이 수반되는 복합적 작업과제로 대개 소요시간이 다른 학습보다 길다. 이것은 어떤 학년, 어떤 학급, 어떤 과목에서든지 수행할 수 있다. 프로젝트 수업은 도전적이지만, 아래의 간단한 지침을 따른다면 어렵지 않게 수행할 수 있다.

- 프로젝트는 명확한 목적을 가지고 시작한다. 이 프로젝트를 완수하기 위해서 학생들은 무엇을 알아야 하는가? 학생들은 프로젝트를 통해 무엇을 배우며, 프로젝트가 끝나면 이전에 몰랐던 무엇을 알고, 또 무엇을 할 수 있게 되는가?
- 학생들은 교사와 함께 프로젝트를 위한 학습계약서를 작성하고, 기간을 설정하고, 수행 계획을 세운다.
- 프로젝트는 단계별로 수행하되 각 단계는 이해하기 쉬워야 한다. 시작 단계에서 학생들은 자신이 알고 있는 것을 서술하고, 그런 다음 프로젝트를 이끄는 질문을 개발한다. 그러고 나서 초기 자료들을 확인하여 그들이 알고 싶은 것과 알 필요가 있는 것에 대한 가이드를 얻는다.
- 전 과정을 통해 모니터링 및 가이드를 주며 가급적 자기주도적으로 수행할 수 있도록 한다.
- 평가는 형성평가, 체크인, 일지, 성찰을 통해 프로젝트 전 과정에 통합하여 실시한다.

학습의 결과는 목적, 목표, 성취기준과 관련지어 평가되어야 한다. 평가를 위한 기준과 방법은 처음부터 명확해야 하며, 관련된 사람 모두가 학습의 결과가 어떻게 측정될 것인지 사전에 알아야 한다. 그에 따라 다양한 방법이 동원될 수 있다. 21세기 학습에 적합한 프로젝트는 전통적 프로젝트보다 다양한 사고, 지식, 방법, 상호작용 등이 수반되어야 한다. 〈표 8.1〉에는 실제 프로젝트의 주된 특징들이 나와 있다.

표 8.1 **21세기 프로젝트**

프로젝트의 요소	실제 프로젝트에의 적용
학습과정의 확장	몇 주에 걸쳐 웹진을 완성한다.
성취기준과 연계	기하학 원리를 주택 건설에 적용하는 프로젝트를 할 수 있다.
주제의 맞춤식 선정	음악, 문학, 시 장르 중에서 선택한다.
학생이 주도하고 학생 개개인에 맞춘 과정 및 결과물	유명한 발명가에 대해 비디오 및 인터넷 팟캐스트, 글로그스터 혹은 프레지 발표를 준비할 수 있다.
교과내용의 내재화	설득을 위한 글이나 독자투고는 증거가 충분한 사실에 근거하고 글쓰기 관례를 지켜야 한다.
복합적 문제와 도전들	왜 지구 온난화에 대한 다양한 견해가 있는지 설명하고, 데이터의 다양성을 인식한다.
엄격하고 정밀함	계획된 전략과 시간표를 따르면서도 융통성 있는 적용이 용인된다.
탐구 기반	깊고 중대한 질문으로부터 시작하고 프로젝트의 전체 과정을 통해 계속 질문을 제기한다.
21세기 스킬(사고 스킬, 행동 스킬, 삶의 스킬)의 반영	가상현실 여행은 창의성, 협업, 응용기술을 보여준다.
모니터링 및 관리	빈번한 체크인, 협의회, 형성평가를 실시한다.
결과물, 수행, 멀티미디어 등의 가시적인 결과물	마무리 단계에서 학년별 또는 학교 전체적으로 전시회를 연다.
증거의 사용이 정확하고 학습의 깊이를 반영함	최종 프로젝트는 다중 측정을 사용하여 관련 맥락에서 내용을 숙지했음을 보여준다.
다중 평가전략을 사용한 평가	일련의 공통 기대치를 반영하고 이에 연계된 루브릭, 저널, 또래평가를 사용한다.
개선을 위한 조언을 포함하는 평가	자신의 학습을 최종 개선하기 위해 어떤 것을 달리 할 것인지에 대해 깊이 생각해본다.
교수 변화에 대한 지침	교사는 평가에 기초하여, 다음에는 질문 관련 스킬을 가르치기로 결정한다.

프로젝트 수업의 과정

프로젝트 수업의 진행에는 실제적이고 학생 중심적인 단계들이 수반되고, 이는 학급, 학년 및 과목에 맞게 조정 가능하다. 이 단계들은 프로젝트 주제나 최종 결과물의 성격보다는, 실질적이고 기능적인 학습 과정을 만드는 것과 관계가 더 깊다.

프로젝트에 착수하고 이러한 단계에 접근하는 방식은 다양한데, 이는 학생들이 이전에 어떤 프로젝트를 수행해봤는지 그 경험에 따라 다르다. 예를 들어, 프로젝트가 일반적인 주제에 관한 것이라면 학급 전체 브레인스토밍으로 시작하든지 KWL(알고 있는 것/알고 싶은 것/새로 알게 된 것) 도표를 반 전체가 함께 만드는 것부터 시작하는 것이 좋다. 여러 견해가 있는 주제라면 학생들은 그중 적정한 견해를 선택할 수 있다. 디지털 기술과 같이 좀 더 내용 기반의 주제라면 학생들은 각기 다른 기술들에 대해 현재의 지식 수준을 포스트잇을 활용해 전시 형식으로 발표할 수 있다. 바로 이때가 프로젝트의 계획·목적·과정·최종 결과를 재검토하고, 모둠의 기준을 확립하고, 본보기가 되는 전형적인 예를 보여주는 시간이 된다.

여기에서 설명하는 보편적 과정에서는 학생들에게 먼저 프로젝트의 개요를 설명한다. 그런 다음에 학생들은 주제를 선정하고 다음과 같은 제안서나 계약서에 각자의 생각을 기록하며 프로젝트를 수행하기 시작한다.

- 주제에 대해 무엇을 알고 있는가?
- 주제에 대해 배우고 싶은 것은 무엇인가? 그래픽 오거나이저를

사용하여 아이디어를 제시한다.

- 왜 이 주제가 자신에게 좋은 선택인가?
- 이 주제를 실행 가능한 단원목표와 과제목표로 전환한다. 목표는 각자에 맞게 설정한다.
- 진행 절차, 단계, 시간 계획을 서술한 학습계약서를 작성한다.
- 최종 결과물이 어떤 모습일 것이라고 기대하는가?
- 어떤 스킬과 지식을 얻을 것이며, 그것을 어떻게 보여줄 것인가?

지식 쌓기: 리서치 스킬 적용

- 어떤 자료가 적합할 것이라 생각하는가?
- 찾아낸 관련 자료와 출처를 e-포트폴리오로 만든다.
- 주요 참고문헌 목록이나 웹사이트를 언급한다.
- 배운 스킬을 적용하여 주제에 관해 조사한다. 필요에 따라 리서치 스킬 체크리스트를 이용한다.
- 리서치 진행과정에 대해 곰곰이 성찰한다.

과정: 비판적 사고, 문제해결 스킬, 메타인지 발휘

- 자신의 학습과정을 추적한다.
  - 전 과정을 통해 자신이 취한 단계를 기록한다.
  - 프로젝트 일정 및 학습의 속도와 깊이의 진전에 대한 일지를 쓴다.
- 성공적으로 진행되고 있음을 어떻게 보여줄 것인가?
- 언제 숙달하게 될 것인가?

- 어떻게 문제를 확인하고 해결할 것인가?
- 전체 과정을 통해 어떻게 진행 절차와 결과물을 모니터링할 것인가?
- 피드백과 시너지 효과를 어떻게 통합하고 쌓을 것인가?

결과물: 창의성, 디지털 리터러시, 기술 리터러시 적용

- 최종 결과물은 어떤 모습일 것인가?
- 주제에 숙달했음을 그 결과물을 통해 어떻게 보여줄 것인가?
- 작품을 발표하는 여러 방법을 고려해본다.
- 주제에도 맞고 자신에게도 가장 잘 맞는 방법을 선택한다.
- 학습한 것을 보여주는 가능한 방법: 문자 텍스트, 포스터, 발표, 게임, 모의실험, 공개적 지지, 멀티미디어

발표: 의사소통 스킬의 시연

- 사전에 계획해서 훌륭한 발표 스킬의 핵심 요소를 포함시킨다.
- 발표 연습을 하고 자료를 준비한다.
- 자신의 최상의 모습과 최고의 작업물을 보여줌으로써 청중을 사로잡고 의식을 일깨우며 이해를 높인다.

평가

- 실제로 배움이 일어나고 있다는 것을 여러분 자신도 알고 다른 사람들도 알 수 있도록 하려면 작업 과정에서 어떤 방법을 사용할 것인가?

- 학습계약서와 학습일지가 학습을 어떻게 반영할 것인가?
- 숙지한 내용지식과 자신의 학습과정을 어떻게 보여줄 것인가?
- 막바지 단계에서 프로젝트 수행을 평가할 수 있는 적절한 방법은 무엇인가? 예를 들어, 루브릭을 사용할 것인가 아니면 에세이 형식으로 작성할 것인가? 프로젝트가 종결되었을 때 다른 사람들은 여러분이 배웠다는 것을 어떻게 알 수 있는가?
- 어떤 유형의 성찰과 메타인지 활동을 통해 여러분 자신의 사고과정을 드러낼 수 있는가?
- 앞으로 더 잘하려면 자신의 경험을 어떻게 사용할 것인가?
- 프로젝트는 학생과 교사가 다음과 같이 CCSS(국가공통핵심성취기준)를 평가할 수 있는 기회도 제공한다.
  - 관점이나 목적이 어떻게 텍스트의 내용과 문체를 결정하는지 설명한다.
  - 다양한 형식과 미디어를 통해 발표되는 내용을 통합하고 평가한다.
  - 정보가 담긴 텍스트를 읽고 이해한다.
  - 연구 프로젝트 수행을 통해 조사하고 있는 주제에 대한 이해를 보여준다.
  - 청중이 추론의 흐름을 잘 따라갈 수 있도록 정보, 발견사항, 뒷받침하는 증거를 제시한다.

〈표 8.2〉는 교과영역에서 프로젝트를 활용하는 몇몇 사례를 더 보여준다.

표 8.2 **교과영역에서의 프로젝트**

교과영역	프로젝트	평가
역사: 역사적 건축물	워싱턴 D.C.의 (가상현실) 관광 안내를 하는데, 역사적 사건과 관련 있는 건축물과 그 중요성 설명하기	• 계획: 완결성과 실행 가능성 • 연구의 포트폴리오 • 루브릭: 연구, 발표, 기술
미술: 인상주의	미술관 견학을 하고, 예술작품에 관한 안내를 준비하기	• 견학에서 분석 및 비교 노트필기 • 비판적 사고와 창의성을 위한 루브릭
수학: 실생활 응용	일 년 내내 수학이 실생활에 사용되는 예를 모아 포트폴리오 만들기	• 학생계약서와 성찰 • 각 사례의 세부내용과 명확성에 대한 피드백 • 포트폴리오의 정확성, 깊이, 완결성에 대한 평가
시민학: 유토피아 사회 만들기	가상사회를 만들고 그 사회의 지리, 역사, 정치, 시민성, 경제를 협업을 통해 기술하기	• 진전도 일지, 피드백, 성찰 • 협업, 문제해결, 디지털 리터러시 평가를 위한 루브릭
원인과 결과	모둠을 이루어, 수학과 물리 개념을 적용하는 특이한 기계장치를 고안하고 만들기	• 밑그림과 수정에 관한 체크리스트 • 협업, 비판적 사고, 창의성 평가를 위한 루브릭 • 발표 루브릭이 딸린 최종 결과물의 기능성 평가

실제 수업에의 적용

미국의 한 중등학교(Tomorrow's Destiny Secondary School)에서는 프로젝트가 정규교과인데, 일부 교사는 그것이 좀 더 조직적이고 구조화된다면 최종 결과가 더 좋을 것이라고 생각한다. 7학년(중학교 1학년) 교사들은 특히 정보의 검색 및 종합, 학습의 결과물 생성에 적용되는 디지털 검색 스킬을 강화한다는 공통된 목표를 공유한다. 프로젝트 중에는 개별적으로 수행하는 것도 있고, 파트너와 함께 하거나 모둠으로 진행하는 것도 있는데, 이는 과제의 목적과 목표, 그리고 의도하는 학습결과에 따라 다르다. 교사들은 프로젝트 관리의 여러 측면에 숙달했지만, 평가 부분은 여전히 주의가 요구된다는 것을 인정한다.

올해, 교사들은 모든 7학년 학생에게 "위대한 사상가" 프로젝트를 완수하게 하기로 결정했다. 이것은 이 학년의 학습목표를 지원해주며 읽기, 쓰기, 수학의 CCSS와도 연결이 된다. 교사와 학생들로 이루어진 팀인 각 키바(kiva, 아메리카 원주민 언어에서 나온 용어)가 이 과제를 어떻게 수행할지를 결정할 수 있다. 공통되는 요소가 있기는 하지만, 계획에는 어느 정도의 융통성이 허락된다. 예를 들어, 어느 키바에서는 교사와 학생들이 함께 프로젝트의 범위를 정해 모든 분야의 위대한 사상가를 포함하기로 결정한다. 또 다른 키바에서는 교사들이 결정권을 갖고서 수학과 과학 분야의 위대한 사상가를 연구하는 것이 학생들의 학습필요(needs)와 올해 프로젝트의 강조점과 더 잘 어울리겠다고 판단한다.

프로젝트의 시작 단계부터 학생들은 진행과정과 기대하는 최종 결과, 평가기준을 알고 있다. 전체적으로 멀티미디어 발표를 얼마나 잘 준비했는지로 평가받는데, 이 발표는 역사적으로 위대한 사상가들이 현대인의 삶에 어떤 영향을 미쳤는지 청중에게 알리는 것이다. 그 진행과정에서의 단계와 각 단계가 어떻게 평가되는지의 예가 학생들에게 제시된다.

목적: 과제의 목표, 프로젝트의 목표, 성취기준 및 최종 결과

학생들을 위해 교사가 설정한 목표는 다음과 같다.

- 효과적인 리서치 스킬 및 디지털 리터러시 스킬을 활용하여 원자료(source material)를 선정하고 평가한다.
- 정보를 종합하여 위대한 사상가와 그가 세계에 기여한 바를 잘 나타내는 창의적 결과물을 만든다.
- 협업하여 프로젝트를 계획하고 실행하고 종합한다.
- 계획, 학습일지, 성찰을 포함하는 학습기록 및 평가기록을 작성한다.

학생들은 다음과 같이 자신들의 목표를 추가했다.

- 문제해결 스킬을 최대한 활용하며 필요하면 도움을 청한다.
- 서로 존중하며 협업한다.
- 기술에 관한 지식을 활용하여 우리의 작품을 최선의 방법으로 발표한다.
- 이용 가능한 자료들을 가능한 한 창의적으로 활용한다.
- 우리가 어떻게 하고 있는지, 그리고 프로젝트가 끝났을 때는 어떻게 했는지 깊이 성찰한다.

전체 모둠의 착수

단원을 시작할 때 학생들은 먼저 브레인스토밍을 한 후, 세상을 더 나은 곳으로 만들기 위한 아이디어를 실천에 옮긴 사람들의 목록을 만든다. 그런 다음 모둠별로 모여서 그들이 성취한 일이나 세상에 공헌한 바를 기술하고, 잘 모르는 것은 찾아본다. 학생들은 모둠 형태의 협업을 통해 위 목록의 인물들 각자가 성공을 위해 필요로 했던 지식, 스킬, 마음습관을 파악한다.

프로젝트 계획 세우기

교사는 과제물을 검토하고, 성공적인 프로젝트의 예와 이것이 평가기준을 어떻게 충족하는지 보여준다. 일부 교사들은 세상을 바꾼 지역 인사를 연사로 초청해서 그들의 경험을 들려준다. 올해 교사들은 학생들의 자기평가를 포함시키기로 결정하고, 이에 따라 학생들은 〈표 P.2〉와 같은 프로젝트 스킬 및 지식 척도에 스스로 등급을 매긴다.

지식 쌓기와 학습과정

프로젝트는 그 진행과정 및 내용에 대한 검토로부터 시작된다. 교사는 다음과 같은 리스트를 제공해 학생들이 연구할 사람을 선정할 수 있도록 하고, 이와 함께 학습과 발표를 위한 전략도 제공한다.

- 선정한 인물의 일생에 관한 정보를 제공한다.
- 그 인물의 열정과 관심사가 어떻게 발전했는지 설명한다.
- 그 인물이 사용한 사고과정과 마음습관에 대해 기술한다.
- 그 인물의 중요한 업적과 공헌을 예시한다.
- 그 업적과 공헌이 현재 어떻게 사용되고 응용되는지 설명한다.
- 그 인물의 이야기를 널리 알릴 방법(예: 뉴스레터, 웹사이트, 비디오, 블로그, 위키, 인터넷 팟캐스트 등)을 생각해본다.

표 P.2 **프로젝트 스킬 및 지식 척도**

1. 아이디어 구상

쉽다   어렵다

◄--►

2. 리서치

쉽다   어렵다

◄--►

3. 협업

쉽다   어렵다

◄--►

4. 문제해결

쉽다   어렵다

◄--►

5. 창의적인 결과물 산출

쉽다   어렵다

◄--►

6. 멀티미디어 자원 활용

쉽다   어렵다

◄--►

7. 자기평가

쉽다   어렵다

◄--►

8. 발표

쉽다   어렵다

◄--►

그런 다음 학생들은 〈표 8.3〉과 같은 학습계약서를 준비하고, 프로젝트를 수행함에 따라 진전도를 기록하며 성찰한다. 이어서 〈표 8.4〉(p.302)에 있는 것처럼 다음 단계를 계속 개발한다. 막바지 단계에서는 다면적인 루브릭(〈표 8.5〉(p.303) 참조)을 사용하여 프로젝트를 평가한다. 학생들은 이 루브릭을 써서 자기평가를 하고, 교사 또한 같은 기준을 사용하여 학생들의 활동을 평가한다. 원하면 또래평가도 이 과정에 포함시킬 수 있다.

프로젝트 수업은 다양한 사고, 지식, 방법, 상호작용 등이 수반되는 학습기회이다. 프로젝트 기반 학습은 사려 깊게 계획하고, 실행을 주의 깊게 모니터링해야 한다. 또한 전체 프로젝트 기간 동안 성취기준과 학습의 최종 결과를 명심하고 있어야 한다.

표 8.3 프로젝트 계약서

'위대한 사상가' 프로젝트	학습계약 당사자:	날짜:
학생의 책임:		
교사의 책임:		

나는 다음의 학습 진전도 및 평가 기록을 포트폴리오에 보관하며, 마칠 때마다 하나씩 체크할 것이다.

- ◙ 프로젝트 스킬에 대한 사전평가
- ◙ 학습 계획
- ◙ 프로젝트를 이끌어줄 3개의 질문
- ◙ 프로젝트 단계들을 추적하고, 진전도를 노트하며, 발견사항을 기록하고, 계획을 작성하는 일지 및 진전도 보고서
- ◙ 내가 배우고 사용한 리서치 전략들의 체크리스트
- ◙ 리서치 과정에 대한 메타인지적 성찰
- ◙ 또래들과 피드백을 주고받는 소모둠 상담
- ◙ 교사와의 면담 기록
- ◙ 발표 초안 및 예행연습과 그에 대한 학급의 피드백(루브릭 사용)
- ◙ 자기평가를 반영한 수정사항
- ◙ 최종 결과물 준비와 발표
- ◙ 최종적인 성찰과 루브릭

일정표

해야 할 일	완료 일자
·	
·	
·	
학생 서명:	교사 서명:
학부모 서명:	

표 8.4 **프로젝트 진전도 보고서**

날짜	지난번 보고서 이후의 진전도 구체적인 성취와 최종 결과를 기술하고 증거를 제시한다.	계획 단기/장기목표: 다음 날/다음 주/다음 달에 해야 할 것은 무엇인가?	다음 시기 구체적인 전략과 단계를 기술한다.
행동 어떤 행동을 취했는가? 어떤 조치가 성공적이었는가?			
협업 누구와 함께 작업을 했는가? 무엇을 성취했는가?			
습관 어떤 마음습관을 어떻게 사용했는가?			
계획 계획 중 어느 부분이 달성되었는가? 무엇이 어디서 어떻게 달성되었는지 설명한다.			

표 8.5 프로젝트 루브릭

스킬/지식	탁월	숙달	기본	초보	점수/비중
문제/주제의 식별	• 적절한 인물을 선정하고, 연구를 이끌어줄 중요한 질문 3개를 선정함	• 관심 있는 인물을 선정하고, 탐색해야 할 3개의 질문을 씀	• 도움을 받아 인물을 선정하고, 단지 2개의 질문만 생각할 수 있음	• 인물을 선정하고 무엇을 배울 것인지 정하는 데 상당한 도움이 필요함	
계획	• 스킬을 사용하고 우선순위를 적용해 사려 깊고 정확하게 실제적이고 유연한 계획을 세움	• 실현 가능하고 현실적인 계획을 세움	• 계획 중 일부 단계는 불분명하거나 실행 가능성이 없음	• 계획에 실행 단계가 빠져 있고, 그 과정도 계획을 따르지 않음	
리서치 스킬 및 전략	• 실현 가능한 전략을 개발하고, 가장 관련이 있는 자료를 선정함	• 수업에서 배운 리서치 스킬을 일부 사용하여 복수의 이용 자원을 선택함	• 자료를 찾고 그중에서 관계 있는 것을 선정하는 데 어려움이 있음	• 검색에서 처음 나오는 웹사이트를 이용하고, 그 외 다른 출처를 찾거나 고려하지 않음	
분석과 종합	• 복수의 출처를 사려 깊게 분석하고 종합함	• 학습한 전략을 일부 사용하여 정보를 검토하고 조직함	• 대부분의 자료를 이해하고, 각 자료의 부분을 통합함	• 이해 가능한 자료를 몇 개 부에 찾지 못하고, 일부를 그대로 가져다 붙임	
조직, 책무성, 구준한 기록	• 준비성 있고, 체계적이며, 근면 성실한 학생이어서 요구하는 것 이상을 혼자서도 해냄	• 대체로 꾸준히 기록하며, 지도 감독 없이도 일관성 있게 행함	• 개인적으로 의사결정을 하는 경우가 매우 드물며, 과제를 완수하려면 도움이 필요함	• 체계가 없고 준비성이 부족하여 부과된 과제를 완수하려면 도움이 필요함	
문제해결	• 정확한 순서에 따라 문제해결 스킬을 다양한 방식으로 적용함	• 대체로 사려 깊은 방법으로 문제를 해결함	• 문제의 일부를 찾아낼 수도 있으나, 해결에는 도움이 필요함	• 문제해결 단계를 따르고 해결책을 제시하는 것을 힘들어함	

표 8.5 계속

스킬/ 지식	탁월	숙달	기본	초보	점수/ 비중
창의성	• 일관되게 융통성과 독창성을 보이며, 새로운 아이디어와 일처리 방법을 만들어냄	• 일하는 과정에서 대체로 창의성 요소를 보이고 적용할 수 있음	• 창의적으로 사고하려고 노력하지만 새로운 아이디어를 고안하는 데 가끔 도움이 필요함	• 지원을 받으면 약간의 창의적인 아이디어를 낼 수 있음	
메타 인지	• 학습과 생산성을 개선하기 위해 메타인지 능력을 사용하며, 일상에서 메타인지 능력을 정례적으로 적용함	• 학습 중에 메타인지 능력을 대체로 적용하며, 메타인지를 활용해서 더 나은 수행을 해냄	• 때로는 메타인지 능력을 발휘하나, 정례적으로 그것들을 적용하지는 않음	• 메타인지를 이해하려 노력하지만, 이 개념을 적용하기에는 어려움이 있음	
멀티 미디어	• 해박한 지식으로 멀티미디어를 능숙히 사용함으로써 힘겹한 것을 효과적으로 보여줌	• 발표를 할 때 적절한 미디어의 선정과 사용 능력이 우수함	• 소수의 몇몇 미디어를 선정하고 사용해 발표를 지원할 수 있음	• 도움을 받아야 미디어를 선정하고 발표에 적절히 활용할 수 있음	
협업	• 협업을 잘함; 시간을 효율적으로 사용하고, 공평하게 참여함	• 대체로 과제에서 벗어나지 않고 참여함; 시간 사용을 잘함	• 협업을 위해 노력하지만, 일관성 있게 자신의 몫을 하지는 않음	• 다른 사람들을 존중하며 협업하는 데 어려움이 있음	
발표	• 침착하고 전문적인 스타일로 청중을 몰입시키며 메시지를 전달함	• 훌륭한 무대 매너; 청중이 경청하며, 정보를 이해하는 것처럼 보임	• 약간 불안해하고 안절부절못함; 준비한 노트를 보고 발표함	• 자료를 발표하려면 아주 자세한 노트, 지원, 격려가 필요함	

성찰하기

학생이 무엇을 배웠는가 (개인적인 것 3가지, 사실적인 것 3가지)?

어떤 것이 효과가 있었는가?

어떤 것을 달리 했더라면 좋았겠는가?

평가는 복잡할 수도 있지만 교실에서 프로젝트를 사용하는 대부분의 교사들은 학습의 최종 결과를 생각하면 그만큼 시간을 들일 가치가 있다고 말할 것이다.

생 각 해 보 기

학급에서의 프로젝트에 대한 여러분의 태도는 1에서 10까지의 척도에서 어디에 속하는가?

시간낭비   최고의 학습전략

| 1 | 2 | 3 | 4 | 5 | 6 | 7 | 8 | 9 | 10 |

프로젝트 기반 학습에서 여러분이 경험했거나 예상되는 어려움 몇 가지를 든다면 무엇인가?

프로젝트 기반 학습에서 가장 큰 딜레마 중 하나는 성취기준이 프로젝트에 반드시 반영되도록 하면서 이를 가시적인 결과물을 통해 평가해야 한다는 점이다. 여러분은 이것을 어떻게 달성할 것인가?

프로젝트 수업에 포함시키고 싶은 CCSS 성취기준 3가지와 21세기 스킬 3가지는 무엇인가?

포트폴리오

포트폴리오는 여러 직업에서 일상적으로 사용하고 있다. 간호직에서는 숙련도를 기르고 보여주기 위해 사용하고 있고, 미국 해군에서는 잠수함 조종사 선발을 위해 사용하고 있다. 교육 분야는 포트폴리오

의 사용이 좀 늦은 편이었다. 1980년대와 1990년대 들어서 대안평가와 포트폴리오에 대한 관심이 생겨났는데 이는 대규모 선다형 시험을 점점 더 강조하는 데 대한 대응이었다.

포트폴리오는 교수 및 학습에 긍정적인 결과를 가져오는 것으로 밝혀졌다(CRESST, 1990). 포트폴리오를 이용하여 교사는 학생들의 학습 기대치를 높이고 고차원적 사고와 문제해결에 더 많은 시간을 할애할 수 있게 되었다. 또한 포트폴리오 평가는 설계를 잘하기만 하면 학생들의 스킬, 성취도, 학습 동기를 향상시킨다. 명확한 평가기준과 세심한 계획은 물론이고 교사들 사이에 일관성 있는 평가가 학생 포트폴리오 사용의 이점으로 확인되었다.

조앤 허먼(Joan Herman)과 린 윈터스(Lynn Winters)는 e-포트폴리오에 관해서 다음과 같이 언급했다(1994).

전문 학술지들은 교수·학습·평가에서 e-포트폴리오의 잠재적 이점을 높이 평가하고 있는데, 특히 전통적인 선다형 시험과 비교할 때 그렇다. 초창기 연구에서부터 포트폴리오 평가를 지지하는 결과가 나오기는 했지만, 대규모 평가용으로는 기술의 수준, 공정성 및 실현 가능성을 확보하는 데 아직 많은 어려움이 있다(p.55).

엘리자베스 하트넬-영(Elizabeth Hartnell-Young)은 교사/학생 합동으로 접근하기와 선택된 목적에 필요한 자료를 항상 주의 깊게 사용하기를 권고한다(2008). 또한 일을 시작하기 전에 저장, 계획, 의사소통 도구들을 고려하라고 교사들에게 조언한다. 그녀는 다양한 학생들의 능력과 요구를 지원할 수 있는 것을 포트폴리오의 장점으로 꼽고 있는데, 이는 학생이 독립적으로 수행할 수 있을 만큼 자신감을 가질 때까지 교사가 학습을 뒷받침해줄 수 있기 때문이다.

포트폴리오의 정의

포트폴리오는 학생들의 지식, 스킬 및 학습의 최종 결과를 보여주는 작업 모음이다. 포트폴리오의 목적은 성장과 성취의 증거를 제공하는 것이다. 정기적인 업데이트를 통해 계속해서 작업 모음을 축적해감으로써 역동적인 포트폴리오를 구성할 수 있다. 포트폴리오는 그 성격상 형성평가에 가까워서 학습한 것, 진행 중인 학습, 성장의 순서를 보여준다. 또는 최종 결과물과 성취기준 달성을 총괄적으로 보여줄 수도 있다. 교사는 학급, 학년, 교과영역 혹은 전체 학교 수준에서 학생이 학습한 것의 예를 수집하기 위해 포트폴리오를 이용할 수 있는데, 그렇게 함으로써 장기간에 걸친 학생의 학습활동 상황을 파악할 수 있다. 학생은 자기가 학습한 것을 개인적으로 모으고 관리할 수도 있고, 교사와 함께 할 수도 있다.

　포트폴리오를 설계할 때 고려할 점은 목적의 명확성, 기술의 이용 가능성, 훈련 및 지원, 장기간에 걸쳐 발전해가는 구성 등이다. 평가는 목표에 부합해야 하고, 뚜렷한 목적을 가지고 작품을 선택해야 하며, 학생 간에 그리고 교사 간에 점수의 점수의 일관성이 있어야 한다.

　학생들의 다양한 작품이 포트폴리오에 포함될 수 있는데, 학생이 쓴 글, 문제해결 사례, 진행 중이거나 완성된 프로젝트, 모둠작업, 정보 분석, 관찰, 독서일지, 요약 등이 이에 속한다. 이 모든 것이 핵심 지식, 고차원적 사고, 문제해결, 창의성 및 성찰활동의 증거가 될 수 있다.

포트폴리오를 평가할 때 고려할 점은 두 가지가 있다. 첫째, 포트폴리오의 목적, 과정 및 용도가 학생과 교사에게 명확해야 한다. 둘째, 평가전략이 포트폴리오의 내용 및 목적과 일치해야 한다. 루브릭, 체크리스트 및 자기성찰과 같은 대안평가가 포트폴리오와 잘 어울린다. 개별 작품들도 전체 포트폴리오와 함께 평가될 수 있다.

첫 번째 고려사항과 관련해서는 다음과 같은 점을 염두에 두어야 한다.

- 포트폴리오의 설계와 사용에는 학습목표와 성취기준(국가, 주, 지역, 교과영역)의 연계가 고려되어야 한다.
- 목적의 명확성: 포트폴리오를 만드는 이유가 무엇인가? 형성평가가 목적인가 아니면 총괄평가가 목적인가? 모든 작품을 보여줄 것인가 아니면 일부의 예만 보여줄 것인가?
- 목적에 맞는 자료의 선정: 학생의 모든 작품이 포트폴리오에 포함되는 경우는 거의 없다. 과정의 모든 단계를 대표하는 자료는 최종 성취를 대표하는 자료와는 다르게 선정될 것이다. 누가 자료를 선정하며 어떤 기준을 사용할지를 결정한다.

평가전략과 관련해 염두에 두어야 할 점은 다음과 같다.

- 성찰 및 평가를 위한 과정과 요구조건을 확인한다.

- 평가기준: 성취기준과 평가기준을 사전에 확립할 필요가 있다. 이렇게 함으로써 학생들은 좋은 작품이 어떤 것이며, 자신의 노력이 학습에 어떤 차이를 가져오는지 이해할 수 있다.
- 평가 절차: 성취기준, 목적, 포트폴리오의 자료에 가장 잘 어울리는 전략을 선정한다.
- 평가가 앞으로의 지도 및 포트폴리오 설계에 어떤 정보를 제공할지를 검토한다.

실제 수업에의 적용

아미드 선생님과 루즈 선생님은 수학수업과 미술수업을 통합해 인테리어 디자인에서 수학적인 응용을 하도록 하는 범교과적 과제를 내줬다. 과제를 시작하면서 학생들은 단원 목표 및 과제, 순서와 목적, 최종 포트폴리오의 요구사항 및 채점기준에 대한 설명을 들었다. 기하학과 디자인의 성취기준도 검토했다. 짝을 이루어 작업하면서 학생들은 먼저 어떤 집의 방을 두 개 내지 네 개 선정하고, 디자인 프로그램을 이용해 그 집의 도면을 그리고 가구를 추가한다. 그리고 간략한 스케치로 작업을 시작한다. 그들은 진행 중인 작업의 포트폴리오를 만들어간다. 프로젝트를 하는 동안 학생들은 작업한 것을 온라인 게시판에 올려서 학급과 공유하며 또래 및 교사의 피드백을 받는다(〈표 8.6〉(p.310) 참조). 수학적인 응용은 더 전통적인 방식으로 점수를 매기는데, 각 차원이 정확하게 그려졌는지, 비율은 맞는지, 방에 있는 것들은 스케일에 맞는지 등의 항목을 평가한다. 디자인의 좀 더 창의적인 면, 즉 공간, 색상, 선, 비율 등의 사용은 그 성격상 보다 주관적이고,

루브릭이나 성찰에 더 적합하다. 교사들의 결론은, 비록 형성평가가 점수의 일부를 차지하기는 하지만, 각 학생의 최종 작품을 보여주는 포트폴리오를 통한 총괄평가가 이 과제의 목표와 목적에 더 적합하다는 것이었다.

표 8.6 **포트폴리오 체크리스트**

질적 지표	학생의 노트	교사의 노트
목적의 명확성		
정확성: 방의 각 면과 전체 넓이		
솜씨: 깔끔하고 이해 가능함		
기술 사용의 숙련도		
수학적 정확성		
협업의 증거		
시간 관리		
개선을 위한 조언		

표 8.7 **수학 및 디자인 포트폴리오**

성취기준	탁월	숙달	기본	초보	점수/ 비중
수학적 정확성	올바른 공식을 적용했고, 모든 계산이 정확함	공식 적용이나 계산에 몇 가지 사소한 실수가 있었음	수학적 계산에 몇 가지 실수가 있었고 이것이 최종 계산에 영향을 미쳤음	수학의 적용에 어려움이 있어서 디자인이 생각 만큼 좋지 않음	
디자인 요소: 선, 공간, 색상, 비율 등	작품이 가능한 한 최선의 것이 되도록 디자인의 여러 요소를 사용함	작품에서 볼 수 있는 몇 가지 디자인 요소를 사용함	디자인 요소를 한두 개 포함 시킴	작품에 디자인적 요소가 있다고 생각했지만 청중에게는 설명이 필요했음	
협업	모두가 기여를 했고 최선을 다했으며 서로 존중하며 협업함	대부분의 경우 시간과 자원을 잘 이용하였으며 협업도 잘함	일부가 자신의 몫을 다하지 못했고 다른 사람에게 일방적으로 지시함	협업을 잘 하지 못했고, 의견일치가 되지 않아서 각자가 자기 일만 했음	
기능적 디자인: 배치 이유, 선택에 대한 설명, 동선	최종 작품은 매우 실질적 이었고 쉽게 실제의 집으로 전환할 수 있었음	최종 작품은 적절했으며 실제의 집이 될 수 있을 것으로 생각됨	디자인은 흥미로웠지만, 실제 집이 되려면 좀 더 작업이 필요함	디자인한 집에서 살 수는 없지만, 이를 개선할 아이디어는 일부 가지고 있음	
발표	발표는 체계적 이고 이해하기 쉬우며 분명하게 제시되어 청중이 쉽게 디자인을 떠올릴 수 있었음	분명한 순서에 따라 정보를 정확하게 전달하는 좋은 발표를 함	디자인에 관한 일부 정보를 공유했으나, 절차와 정보 사용과 관련해 의문이 있는 것 같음	발표 준비를 하기 전에 발표의 명확성과 구조에 대해 확인했더라면 계획하는 데 좀 더 도움이 됐을 것임	

e-포트폴리오

교실에서 기술 사용이 늘어나면서 1990년대 말과 2000년대 초에 e-포트폴리오가 등장했다. e-포트폴리오는 초기 포트폴리오처럼 작업물을 보관할 수 있는데 디지털 형태라는 점이 다르다. 또한 온라인에서의 결과물과 작업 증거를 포함할 수 있다. 파워포인트 발표, 사진, 비디오, 음성녹음, 웹페이지, 블로그, 상호작용, 협업, 실험, 모의실험, 수행, 전시 등이 모두 e-포트폴리오의 일부가 될 수 있다. e-포트폴리오는 학습자와 더불어 지속적으로 또 요소들 간 매끄러운 연속성을 가지고 변할 수 있어서 역동적이다. 작업한 샘플과 선택된 성취 기준 간의 연결은 하이퍼링크로 보여줄 수 있다. 학생은 자신이 쓴 글, 멀티미디어, 오디오 및 프로젝트를 게시할 수 있고, 이것들은 다른 프로젝트와 상호 참조를 할 수 있다. 이러한 e-포트폴리오는 내용지식뿐만 아니라 비판적 사고, 문제해결, 창의성과 같은 21세기 스킬을 얼마나 잘 갖추었는지 보여줄 수 있다.

헬렌 버렛(Helen Barrett)에 따르면 학생과 교사에게 주는 e-포트폴리오의 이점은 다음과 같다(2009).

- 최소의 저장 공간 필요
- 백업파일 생성의 용이성
- 휴대/(다른 컴퓨터에) 이식 가능성
- 장기간의 저장 수명
- 학습자 중심
- 기술적인 스킬 증진의 기회

- 하이퍼텍스트 링크를 통해 성취기준을 예시하고 연계시킬 수 있는 능력의 향상
- 복수의 미디어를 통한 다른 청중들의 접근 가능성

그 밖에도 e-포트폴리오를 사용하면 다음과 같은 이점이 있다.

- 학생에게 단기 및 장기간의 성장을 보여준다.
- 학생이 학습과정에 몰입하는 동안 내용지식을 쌓을 수 있다.
- 자기평가 스킬의 향상을 지원한다.
- 성취도와 장단점을 보여준다.
- 학생에게 학습의 통제권을 준다.
- 참여와 통제를 통해 내적 동기를 갖도록 지원한다.
- 학습과 평가 간의 연계를 보여준다.
- 계획, 성찰, 평가에 대한 스킬을 개발한다.
- 내용지식에서 창의성, 의사소통에 이르기까지 다양한 학습목표의 성취를 지원한다.
- 다양한 학습자, 능력, 학습필요(needs)를 지원한다.

21세기 평가가 효과적인 평가전략을 요구하는 것처럼 21세기 포트폴리오에는 양질의 포트폴리오 개발전략이 적용되어야 한다. 학생들은 숙련된 사고 스킬, 행동 스킬, 삶의 스킬을 다양한 포트폴리오 요소를 통해 보여줄 수 있다.

다음에 소개하는 사례는 포트폴리오 프로그램의 범위와 다양성을

보여주는데, 이것은 초등학교 전 학년에 걸친 e-포트폴리오 프로그램이다. 이 학교에서 교사들은 금요일을 글쓰기 워크숍 날로 잡았다. 2주일에 한 번씩 학생들은 자신의 글 중에서 수준 높은 글을 하나 골라서 웹진에 싣는다. 한 해 동안 서로 다른 유형, 장르, 주제의 글을 쓰게 되며, 글 쓰는 과정에서 주제가 소개되고, 초고를 쓰고, 또래와 교사의 피드백으로 수정을 하고, 최종 작품이 만들어진다. 일 년 동안 학생들은 자신의 작품을 읽는 것을 오디오와 비디오 형태로 녹음한다. 또한 자신이 좋아하는 저자와 장르에 관한 사진과 아이콘들을 모은다. 교사의 피드백과 모든 작품에 대한 성찰이 포함되고, 저널에 수록되는 작품은 분석되어 학습의 성장을 판단하는 자료가 된다.

학년 말에 학생들은 저자 축하모임을 열고, 각자 좋아하는 저자의 역할로 참여하며 자신의 작품을 학부모와 학교의 구성원들에게 발표한다. 단원 전체를 통해 글쓰기는 성취기준 기반의 척도로 평가한다. 포트폴리오는 〈표 8.8〉에 나와 있는 루브릭으로 총체적으로 평가된다.

표 8.8 **포트폴리오 루브릭**

성취 기준	전문가 수준	유능함	발전 중	초보	점수/ 비중
필수 항목	모든 항목이 포함되었고, 포트폴리오의 목적과 관련성이 높음	대부분의 항목이 포트폴리오에 분명히 들어 있고 목적과 관련성이 있음	일부 항목은 들어 있지만, 여러 가지가 빠져서 목적이 불분명해짐	요구되는 항목의 대부분이 포함되어 있지 않고, 목적이 분명하지 않음	
작품의 질	포트폴리오에 최고 수준의 작품이 포함되어 있음	작품 대부분은 질적으로 우수함	작품은 품질 면에서 우수한 것과 그렇지 않은 것이 혼재되어 있음	좀 더 나은 포트폴리오 구성을 위해서는 타인의 도움이 필요함	
목적의 명확성	선정한 항목들은 포트폴리오의 목적과 명확히 일치함	포트폴리오에 포함시킨 대부분의 작품은 목적과 관련이 있음	요구되는 항목도 일부 포함되어 있지만, 자의적 판단에 의해 포함시킨 것도 있음	포트폴리오의 목적과 항상 관련 있는 작품의 집합체는 아님	
찾아 보기 쉬움	포트폴리오는 검토 및 추적이 쉬움. 섹션마다 라벨이 붙어 있고 요구되는 순서로 되어 있음	검토자는 주요 목차를 따라서 포트폴리오의 경로를 추적할 수 있음	일부는 항목별로 묶여 라벨이 붙어 있으나, 다른 것들은 아무렇게나 조직됨	모든 자료가 두서없이 그냥 포트폴리오에 들어가 있음	
성찰	포트폴리오를 정확하게 평가 하고, 사려 깊게 작품을 되돌아보며, 개선할 부분을 파악할 수 있었음	포트폴리오 평가기준에 상당히 근접했다고 생각하며, 더 개선시킬 수 있는 아이디어도 몇 개 있었음	포트폴리오를 살펴봤으나 작품이 얼마나 정교한지 잘 모르겠고, 개선 아이디어도 그리 많지 않았음	포트폴리오에 대해 몇 가지 코멘트를 했으나, 이에 대해 도움이 필요함	

일반 포트폴리오

e-포트폴리오와 달리 일반 포트폴리오는 종이 폴더로 보관하기 때문에 학생과 교사에게 특별한 훈련을 요구하지도 않고, 추가로 장비가 필요하지도 않아서 비교적 사용하기 쉽다. 반면에 물리적인 저장 공간이 필요하고, 포함할 수 있는 내용의 형식과 양에 제한이 있다.

초우 선생님은 7학년 사회과목을 가르치는데 정부에 대한 단원에서 포트폴리오를 사용하고 있다. 교내에 컴퓨터 실습실이 하나뿐이고 접근성에 제약이 있어서 학생들은 학급에서 종이 폴더로 보관한다. 학생은 학습진전동향추적표(learning tracker, 학습의 진전 상황을 시각적으로 쉽게 파악하기 위해 작성하는 도표-옮긴이)와 단원의 개요를 받는데, 이 개요에는 목적에 대한 설명, 안내해주는 질문, 학습활동, 어휘학습지, 평가 미리보기가 포함된다.

이 단원의 학습목표는 다음과 같다.

○ 미국 헌법의 역사와 개정을 기술할 수 있다.
○ 미국 헌법의 개략적(loose) 해석과 엄격한(strict) 해석(헌법의 적용을 유연하게 혹은 엄격하게 해석하고 적용하는 문제-옮긴이)을 비교하고 평가한다.
○ 헌법적 결정과 관련하여 정부 세 부처의 역할을 분석한다.
○ 미국 헌법 해석에 대한 어느 한 입장을 옹호한다.

초우 선생님은 사전평가로 시작하는데 이를 이용해 수업의 계획을 설명하고 교수(instruction)에 대해 알리며 학생들을 모둠으로 나눈다.

학생들은 포트폴리오 안에 자신이 쓴 첫 번째 글과 작품, 그리고 최종 혹은 최고의 작품을 보관해야 한다.

이 단원에 포함된 활동은 다음과 같이 21세기 스킬을 지원한다.

○ 수정헌법 내용을 우선순위에 따라 배열하고 이 배열 목록을 다른 사람들에게 제시하고 당위성을 밝힌다(비판적 사고, 메타인지능력).

○ 헌법과 관련하여 정부 세 부처 및 각 부처의 역할을 시각적으로 표현해본다(ICT).

○ 총기규제의 양쪽 입장을 옹호하는 캠페인에서 사용할 연설문을 써본다(의사결정, 의사소통).

○ 아래의 두 인용문을 비교한다(분석).

– 토머스 제퍼슨(Thomas Jefferson): "세상사의 자연스러운 진보는 자유가 살아나고 정부가 더 강력해지는 것이다."

– 헨리 데이비드 소로(Henry David Thoreau): "가장 좋은 정부는 가장 적게 지배하는 정부이다."

단원 전체에 걸쳐 다양한 평가가 사용된다. 형성평가와 글쓰기 초안은 최종 작품보다 평가에서의 반영 비중이 적다. 쓰기 및 교과내용 성취기준은 전통적인 방식으로 채점이 이루어진다. 이는 내용을 얼마나 정확히 알고 있는지, 쓰기기준을 엄격히 지키고 있는지를 측정하기 위해서다. 학생들은 〈표 8.8〉(p.315)의 루브릭을 사용하고, 아울러 〈표 8.9〉(p.318)의 포트폴리오 성찰활동을 완성한다.

표 8.9 **포트폴리오 성찰**

- 여러분의 포트폴리오는 전 과정에 걸쳐 성장을 어떻게 보여주는가?

- 여러분이 배운 3가지 가장 중요한 것은 무엇인가?

- 포트폴리오에서 다른 사람이 주목해주기를 바라는 한 가지는 무엇인가?

- 여러분의 포트폴리오에서 가장 마음에 드는 것은 무엇인가?

- 이 프로젝트를 다시 할 기회가 있다면 바꾸고 싶은 것은 무엇인가?

포트폴리오는 시간이 지남에 따라 성장하는 모습을 보여주고, 학생들이 일상생활에 중요한 조직화 및 정리 스킬을 배우는 데 도움이 된다. 포트폴리오를 융통성 있게 운영하면 내용지식부터 메타인지까지의 일련의 스킬과 지식을 강조할 수 있는 여지가 생긴다. 포트폴리오는 학습 및 학습의 과정을 살펴보기 위한 건설적이고 활동적인 도구이다. 이것은 다양한 21세기 스킬을 한데 모아 놓은 집합체라고 할 수 있다.

포트폴리오 아이디어 몇 가지가 소개되어 있다. 여러분 자신의 아이디어를 빈칸에 채워보라.

과목/학년/성취기준	가능한 포트폴리오
읽기: 등장인물 파일 구축	올해 내가 만난 인물: 올해 읽은 책이나 이야기에 기반한 인물 연구의 모음집을 만든다.
과학: 계절	계절 추적하기: 계절별로 그 계절과 관련된 과학적 관찰과 실험이 있다. 학생들은 각각에 대해 가장 좋은 예를 선정하고, 마지막에 그들의 요약을 블로그에 기록한다.
초등학교: 교과 통합	내가 사는 지역 기록하기: 여러 번의 답사여행을 통해 새로운 어휘, 문화적 상징, 수학적인 각도, 기타 학년 수준의 성취기준을 찾아보고, 이것들을 모아서 정리한다.

제9장

21세기형
평가로의
전환

평가를 위한 노력은 측정 가능한 것의 가치에 관심을 갖기보다는 가
치 있는 것의 측정에 관심을 가져야 한다.

– (Banta, Lund, Black & Oblander, 1996, p.5)

평가에 있어서의 변화는 사려 깊게, 치밀한 선택을 통해, 혁신적인 방
법으로 이루어질 때 오늘날의 학생들에게 가장 도움이 될 것이다. 다
양한 분야의 변화를 수반하는 이런 새로운 평가는 오랫동안 지속될
수 있는 핵심 신념과 행동을 바탕으로 이루어져야 한다. 바로 이런 평
가만이 모든 학생들의 교수·학습의 개선에 기여하게 된다. 앞서 3장
에서 다룬 평가의 가장 기본적인 요소들은 이러한 핵심 신념에 의해
영향을 받고, 역으로 그런 핵심 신념에 영향을 미친다. 이런 신념은 이
어서 실행, 리더십 및 정책에까지 영향을 미친다.

실행

오늘날의 교실에 있는 학생들은 과거와는 다른 종류의 역량이 필요하
다. 공장에서 물건을 찍어내듯 획일적 인간을 길러내던 선형적(linear)

교육방식은 지식을 비선형적으로 구축하는 모형으로 대체되고 있다. 따라서 오늘날 교실에서의 평가는 다중 모형, 다중 방법을 동원하고 아동의 전인적 관점을 포괄하며 적용에 초점을 두는 것이어야 한다. 오늘날의 아동·청소년들이 어떤 형태로든 기술을 사용하지 않는 경우는 매우 드물다. 그들은 항상 다양한 출처의 정보와 연결되어 있다. 이 말은 모든 교수·학습이 오로지 기술에만 기반을 두고 있다는 의미가 아니다. 그보다는 교수·학습을 기술 활용 및 이들의 특징적인 학습 스타일과 연계시킬 필요가 있음을 강조하는 것이다.

학생들과 그들을 둘러싼 세상의 다양한 요소가 바뀌었음에도 불구하고, 전통적인 교육은 모든 학년의 모든 학생이 동시에 동일한 시험을 치르는 표준화된 평가방식으로 옮겨왔다. 이런 표준화시험이 교수행위를 결정해왔지만, 학생들이 21세기를 살아갈 준비가 되었는지를 알기 위해서는 우리가 가치 있다고 여기는 지식과 스킬을 평가할 필요가 있다. 용 자오(Yong Zhao)는 현재의 정책들은 "미국의 어린이들을 시험 치는 로봇으로 만들고, 교육의 폭을 좁히고 획일화하며, 교수·학습보다 시험을 더 가치 있는 것으로 여길 위험이 있다."라고 지적한 바 있다(2011, p.1).

21세기 학습은 교실 수준에서 목표가 분명하고 체계적인 교수와 철저하고 강도 높은 학습으로 시작한다. 교실에서의 교수와 평가는 합의된 일련의 공통 신념으로부터 시작하며, 이런 신념은 협업을 통해 체계적이고 계획적으로 탐색되고 개발된다. 한편 핵심적인 기본지식과 21세기 스킬의 습득이 균형을 이루게 함으로써 교사는 교실 수업이 실제적인 학습과 평가의 장이 되도록 만들 수 있다. 그리고 이와 같은 참학습과 참평가 속에서 핵심 성취기준은 바깥세상과 관련성을 갖게 된다. 성취기준에는 학생들이 경사면과 각도를 이해해야 한다고 명시되어 있지만, 학생들이 자신이 원하는 방의 계단을 직접 설계해 볼 때 비로소 그 성취기준을 실제 삶에 적용하는 것이 된다는 사실을 교사는 알고 있을 것이다.

획일적인 수업지도 모델은 모둠의 크기를 달리하고 학습 및 평가 스타일을 차별화함으로써 개별화 수업(differentiated instruction) 모델로 진화될 필요가 있다. 평가는 융통성이 있고 개인의 수준에 맞출 수 있으며 다중적으로 측정할 수 있어야 한다. 국가 수준의 성취기준은 전반적 프레임 제공의 의미만 가질 뿐이며 이것이 실행과정에서 변경 불가능한 제약이 되어서는 안 된다.

리더십

학교 리더는 비전이 있어야 한다. 단지 학교를 개선하는 차원이 아니라 근본적으로 변화시킨다는 비전이어야 한다. 21세기 스킬과 지식이 필요한 것은 학생만이 아니다. 교육 리더도 협업할 줄 알고, 기술을 활용하며, 문제를 효과적으로 해결하고, 리더십과 역할을 분산하고, 글로벌한 시각을 유지해야 한다. 교육과정을 개발할 때 교과내용도 풍부하면서 21세기 스킬에도 초점을 맞추는 일은 매우 도전적인 과제가 될 것이다. 지식 습득과 응용학습에 충분한 시간을 제공하는 교수일정을 짜려면 유연성과 창의성이 요구된다. 문제해결 및 프로젝트 기반의 수업이 진행되는 교실은 조용하지 않고, 학습도 산만할 수 있다.

학구 리더들은 크고 작은 조치를 통해 21세기형 학교로 바꿀 수 있는데, 이는 모든 교육과정에 21세기 스킬을 반영하는 것으로부터 시작할 수 있다. 새로운 평가는 우리가 바라는 교육목표와 연계되어야 하고 이를 잘 반영하는 것이어야 한다. 성취기준을 더 잘 이해하기 위해서는 이를 오랜 기간 활용할 수 있는 핵심 원리와 핵심 질문에 비추어 분석할 필요가 있다. 먼저 성취기준을 21세기 기준과 통합시키는 것부터 시작할 수 있는데, 이는 학생들을 모든 교과영역 및 학년에서 엄선된 21세기 스킬에 노출시킴으로써 가능하다. 이것은 180도 방향 전환이 아니라 배가 새로운 물결을 뚫고 나아가도록 하는 것이다.

정책

미션

정책, 리더십 및 실행은 서로 밀접하게 관련되어 있고 상호관계 속에서 구축된다. 예컨대, 학급 내 다양성이 증가하자 세계어(예를 들면, 영어-옮긴이) 지도와 타문화에 대한 민감성을 높이는 정책이 도입되었고, 컬럼바인 사건(미국 콜로라도 주 컬럼바인 고등학교에서 일어난 총기 난사로 15명이 죽은 사건-옮긴이) 이후 학교 안전과 괴롭힘 방지 정책 및 프로그램이 개발되었다. 또한 2002년에 초중등교육법이 수정 통과되고 머지않아 교육과정과 교수법은 이에 맞추어 새로운 방향 설정을 하게 되었다. 글로벌 시장에서의 경쟁이 심화되자 세계 주요국 교육의 성공 사례를 도입하여 자국의 요구에 맞게 조정하였다. 이와 같은 조치는 교육을 공장 모형에서 더 미래지향적인 사고 모형으로 전환하는 데 필수적이다.

가장 최근에 읽은 학구 미션을 기억하는가? 대부분의 교육자들은 그것을 제대로 기억하지 못한다. 미션에 관한 아래의 진술 중 어느 것이 더 의미가 있고 고무적인가? 비교와 대조에 관한 21세기 스킬을 사용하여 미션 1과 미션 2가 어떻게 비슷하고 다르며, 어떤 방식으로 21세기의 가치와 신념을 반영하는지 생각해보기 바란다.

미션 1: 학생들이 공동체에 기여하는 시민이 되고, 책임감 있고 독립적이며 비판적인 사고를 하도록 영감을 주고, 참여시키고, 교육시킨다. 이는 다음과 같은 세계 최고의 교육을 통해 성취된다.

- 학생들이 수준 높고 벅찰 정도의 교육과정을 통해 높은 기대를 충족시키도록 요구하고 이를 통해 이들을 평생학습자로 준비시킨다.
- 학생들이 복잡한 사회에서 비판적으로 사고하고 협업하며 효과적으로 의사소통하고 온전한 인격체로 행동하도록 한다.
- 학생들이 빠르게 변하는 세상의 요구에 대응할 수 있도록 지식, 스킬, 재능을 개발하고 활용하도록 준비시킨다.
- 다음 세대의 문제를 해결할 수 있는 상호 의존적 역량을 갖춘 미래 리더이자 독립적인 사고를 하는 사람을 기른다.

- 학생 각자가 지역, 국가, 세계의 활동적인 시민이 되도록 장려하고 돕는다.

미션 2: 학생들에게 안전한 환경에서 최고급 교육을 제공한다. 지역의 다양성을 인식하면서 학생 자신의 잠재력을 최대한 개발하고, 평생학습자이자 비판적 사고를 하는 사람이 될 기회를 제공한다. 학생 각자 자기수양을 하고 사회에서 자아실현을 하며 책임감 있는 일원이 된다. 이것은 다음과 같은 교육을 통해 성취된다.

- 진척 상황을 보여주는 지표를 통해 학생의 성취와 결과를 모니터한다.
- 성취수준을 높이기 위해 필요한 자원(시간, 인원, 자료)을 제공한다.
- 지역사회와 잘 어울리는 학교 리더를 영입한다.
- 건강하고 안전한 학습환경을 제공한다.
- 교육적 필요와 성취에 대해 대중과 의사소통한다.
- 교육의 경향과 혁신에 대해 학구 리더들을 교육한다.

자세히 보았다면 여러분은 위의 첫 번째 미션(미션 1)이 이 책 전반에 걸쳐 강조한 21세기 스킬 대부분을 기술하고 있음을 알아챘을 것이다. 즉, 미래 지향적이고 학생에 초점을 맞추었으며 스킬에 기초한 미션이다. 두 번째 미션(미션 2)은 현재에 초점을 맞추었고, 리더가 학생들을 위해 무엇을 할 것인지에 주로 역점을 두고 있다. 우리가 첫 번째 모형으로 나아가고자 한다면 교수·학습·평가를 위한 미션은 바뀔 필요가 있다.

표준화시험

브루킹스연구소(Brookings Institute)의 톰 러브리스(Tom Loveless)는 표준화시험은 제각기 달라서 학생들을 그 모두에 대비시키기는 어렵다고 지적하였다(2011). 그의 보고에 따르면 "전미교육성취도평가(NAEP)에서 공식적으로 공개하는 8학년(중학교 2학년) 문항의 수준은 국가공통핵심성취기준(CCSS)에서 권장하는 8학년 수학 성취기준보다 평균적으로 2-3년 낮다"(p.5). 국제학업성취도평가(PISA)는 비판적 사고를 강조하면서도 각각 다른 지식과 스킬을 측정한다. 여러 시험을 대비해 교과내용을 가르치는 것은 더 어려움이 크므로 사고력을 가르치는 것이 더 의미가 있지 않을까? 사고력은 모든 학생에게 도움이 될 것이기 때문이다. 엘레나 실바(Elena Silva)에 따르면 우리가 사고력을 측정할 능력을 개발하고 있고, 이러한 시험의 신뢰도가 향상되고 있으므로 이것은 더 중요한 책무성 측정이 될 것이라고 한다(2008). 과거에는 주로 표준화시험에 대비시키는 것을 강조했으나 앞으로는 실제 삶의 준비를 강조하는 시험 개발에 노력을 기울여야 한다.

채점과 보고

현재의 채점 관행과 성적표는 학생들이 알고, 이해하고, 할 수 있는 것을 항상 정확하게 반영하지는 못한다. 미래에는 평가가 기본 성취기준에 비추어 채점하는 것이기보다는 학생이 습득한 스킬을 보고하는 것이 될 것이다. 응용 사고력, 대인 의사소통, 글로벌 시민정신은 한장의 스냅사진처럼 일회성 시험이 아니라 사진 앨범처럼 지속적인 기록을 통해 더 잘 알 수 있다. 학습의 최종 결과를 향상시키는 데는 정기적인 확인과 피드백이 최종 점수보다 더 중요하다. 학생 학습의 성장 모형이 정적인 측정보다 학습에 대해 더 많은 것을 알려준다. 학습을 다면적 목적 및 목표와 연결하고 모든 교사, 학생, 구성원에게 명쾌함과 공정함을 제공하는 보고시스템이 평가의 성취기준으로 자리잡을 것이다.

교사의 역량개발

교사의 역량개발은 교육개혁에서 발전이 가장 더딘 부분으로 파악되었다. 역량개발을 위해서는 충분한 시간과 자원을 들여야 한다. 우수한 사전연수와 지속적인 직무연수 및 멘토링이 최상의 교수 실천에 필수적이다. 지속적인 역량개발을 통해 교사는 최신 연구 및 이론에 기반한 교수법을 계속 업데이트해야 한다. 마크 터커(Marc Tucker)가 지적하기를, 교육이 국제적 경쟁력을 가지려면 교사는 최상위 대학생들에서 선발해야 하고, 내용지식을 완전히 숙달하고 탄탄한 교수 역량을 가져야 하며, 비슷한 학위의 직업과 동등한 수준의 보상을 받아야 한다(2011).

신임교사만이 멘토링의 혜택을 볼 수 있는 것은 아니다. 경험이 많은 교사라도 특정한 교수전략에 익숙하지 않으면 다른 사람들을 관찰하고 배움으로써 역량을 개발할 수 있다. 다른 직업군에서는 의무적인 훈련, 멘토링, 자격갱신을 한다. 교직도 그런 엄격한 방법을 채택할 필요가 있다.

교원평가

21세기의 교원평가는 전통적인 시험 기반의 평가와는 다를 것이다. 학교 리더는 교사들이 기존의 틀을 깨고 대안적 평가유형과 성적보고 전략을 시도하도록 격려해야 한다. 교원평가 및 급여는 주로 표준화 시험 성적과 결부되어 있으며, 이는 21세기 스킬을 수용하려는 교사의 능력을 저해하는 요인이다. 새로운 평가기준에는 21세기 스킬, 학생 학습에 대한 대안적 평가, 학습 이해도에 대한 수시 확인, 학생의 학습 주도권이 포함되어야 한다.

초점 바꾸기

국가공통핵심성취기준(CCSS)이 교육의 새로운 기반일지는 모르지만 21세기 스킬의 중요성을 무시할 수는 없다. 21세기 스킬이 모든 목표, 단원, 수업, 과제에 통합되면 그때 21세기형 평가도 뒤따라야 한다. 그리고 교사, 학교, 학구는 용기와 끈기를 가지고 이제 더 이상 국가시험의 축소판 평가만을 제공하지는 않겠다고 말해야 한다.

많은 사람들이 더 공정하고 균형 있는 평가제도를 요구하고 있다. 간략하게 말하면 다음과 같다.

아동의 학습원리에 대한 연구, 평가에서 진전, 책무성 시스템의 혁신 등을 포함한 수많은 새로운 발전이 이루어지면, 우리는 평가제도를 개편하여 새로운 평가 패러다임을 만들 기회를 갖게 된다. 이는 학생들이 학교를 졸업한 후 성공하기 위해 갖춰야 할 스킬과 지식을 측정하고, 동시에 교수법을 개선하여 학생들이 21세기에 필요한 지식과 스킬을 실질적으로 습득하도록 하기 위함이다. 바로 이것이 우리의 주장이다(National Association of State Boards of Education [NASBE], 2009, p.4).

평가는 학습의 과정 및 결과물과 명확히 연계될 때 가장 효과적이며, 이는 국내 및 국제 수준에서 학생, 교사, 학급, 학교, 학구, 주에 걸쳐 이루어진다. 수평적 연계는 특정 학년의 학생과 교사 시각에서 해당 학년의 성취기준이 전체 교과영역에 걸쳐 유기적으로 연결되어 있을 때 가능하다. 반면에 수직적 연계는 성취기준이 학년과 학년 사이에 연결되어 있을 때 가능하다.

가장 이상적인 것은, 탄탄한 21세기 스킬이 핵심 스킬의 강력한 바탕 위에 세워지고, 기술(technology)이 교수와 학습 전체에 스며들며, 평가는 광범위한 지원체제를 통해 학생 성공에 대한 책임을 공유하는 성장 모형을 토대로 하는 것이다. 다음은 이를 달성하기 위한 몇 가지 제언이다.

- 더 배우고, 정보에 밝고, 21세기의 책무를 이해하라.
- 다른 사람들과 논의하고 성찰해보라. 무엇이 중요한가? 변화가 왜 필요한가?

- 실행 가능한 목표를 하나 정하라. 신념으로 단결하고, 앞으로 나아가기 위한 우선순위를 정하라.
- 여러분의 목표가 성취기준 기반의 개혁에 어떻게 부합되는지 고려하라.
- 합의를 이루어 추진력을 얻으라. 교사, 학교 및 지역사회 리더들과 협업하라.
- 새로운 교육 실천을 지역사회, 문화 및 교육철학에 맞출 방법을 생각하라.
- 시작점에 전념하라. 무엇을 먼저 하며, 어디에서 시작할 것인가? 구체적인 단계들을 확립하라.
- 필요한 자원을 확인하라.
- 처음에는 작은 규모의 변화를 이끌어내도록 시험용으로 파일럿(pilot) 프로그램을 시도해보라.
- 변화를 이끌어내는 교사와 리더들의 노고에 감사하고 존중하라.
- 교사의 전문성 개발이 지속적으로 이루어지도록 프로그램을 디자인하고 제공하라. 그리고 지역사회에 이를 알려라.
- 교사학습공동체(professional learning community, PLC)를 이용하여 교육과정, 교수, 평가를 연계하라.

생 각 해 보 기

- 21세기 교육에서 여러분의 우선순위는 무엇인가?

- 학교나 학급에서 여러분은 CCSS와 21세기 스킬을 어떻게 엮을 수 있는가?

- 동료들과 함께 21세기 스킬 중 한두 개를 골라서 교수와 학습에 포함시켜보라. 여러분은 어떻게 할 것인가?

- 어떤 종류의 교원연수 프로그램이 위와 같은 변화를 지원해줄 것인가?

- 여러분은 어떤 정책 변화를 권고하는가?

낡은 것을 버리고 새로 시작하기

미래에 대한 비전에는 깊은 통찰력과 상당한 양의 지식, 직관력이 종합적으로 요구된다. 역사상 가장 뛰어난 리더 다수가 직감과 본능과 통찰력에서 영감을 받았고, 또 다른 리더들은 땀과 노력을 통해 위대한 업적을 이뤘다. 잘 알려진 발명가 중 적어도 두 사람은 이 두 가지 유형 모두에 해당한다. 토머스 에디슨은 "천재는 10%의 영감과 90%의 땀이다."라고 하였고, 빌 게이츠는 "가끔은 직관에 의존해야 한다."라고 하였다. 미래에 대한 비전은 지식의 토대 위에 직관을 결합하고, 원하는 결과를 이루기 위해 이를 이용할 때 실현된다.

과거에 많은 교육개혁이 완전한 결실을 맺지 못하거나(학년 구별을 두지 않고 학생의 능력과 흥미에 맞춘 무학년제), 참담한 실패로 끝났다(열린 교실). 과거의 교훈을 이용하는 것이 21세기 교육개혁을 위한 필수적인 첫 단계이다. 개혁은 균형을 이룰 때 성공할 가능성이 크다. 예를 들면, 최고의 교수 및 학습 전략을 통합하고, 오늘날 학생들의 학문적·발달적·심리적 요구에 균형 있게 부응하는 학교가 그렇다.

> 20세기 교육적 논란에 쏟아져내린 흥건한 잉크에서 배운 것이 있다면, 그것은 교육에서 "운동"이라고 이름 붙여진 것은 어느 것이든 역병처럼 피해야 한다는 것이다(Ravitch, 2000, p.453).

운동이란 바로 그런 것이다. 다시 말해서, 위치나 입장에서의 단기적 변화일 뿐이다. 반면에 개혁은 패턴과 모형에서의 탈바꿈이다. 즉,

새로운 청사진은 설계, 구조, 결과 면에서 완전히 다르다.

한때 낡은 것이 다시 새것이 된다는 격언이 있다. 모든 세대는 지난 세대 보석의 먼지를 털어내고 닦는다. 빈티지가 세련된 것이 된다. 그러나 우리가 정말로 필요로 하는 것은 낡은 것을 멋지게 포장한 것이 아니라 아이디어와 행동을 근본적으로 바꾸는 진짜 개혁이다. 2천 년 전에 현자들은 아동이 어떻게 배우는지 그 원리를 이해했다. 소크라테스는 질문을 퍼붓는 방식을 통해 제자들의 이해도를 판단하고 참여시키며 학습에 박차를 가했다. 일찍이 내적 동기를 지지했던 플라톤은 학생이 배우고 싶어하지 않으면 결코 배우지 못한다고 하였다. 존 듀이(John Dewey) 역시 실생활에 적용할 수 없고 소용도 없는 죽은 지식을 냉혹하게 비판하며, 유용하게 실제 세상에 응용할 수 있는 지식을 배우는 것을 찬양했다.

이상하게도, 더 나은 연구가 나오고 변화의 속도가 빨라질수록 일부 최근의 개혁은 유행에 휩쓸리고 파벌적이며 스쳐지나가는 것처럼 보인다. 1960년대 이후로 이런 운동의 속도와 범위는 상상을 초월했고, 저마다 삶을 변화시킬 것이라고 주장했다. 21세기 스킬과 평가에 대해 우리가 과학적으로 최첨단 수준에 있다고 생각하는 함정에 빠지지 않도록 조심해야 한다. 새로운 기술이 나오면 그만큼 신뢰성이 높아질 수는 있지만, 이는 하루도 안 되어 바뀔 수도 있기 때문이다.

알갱이와 쭉정이를 구별하여 교육에서 핵심이 되는 것과 부수적인 것을 구별해야 한다. 공통된 목소리와 교육에서 진짜 효과가 있는 것에 지속적으로 초점을 맞추는 것이 절실히 요구된다. 좋은 출발점은 먼저 분명하고 일관성 있는 목표와 목적을 설정하는 것이다. 그러고 나서 스킬을 상세하게 기술하고 데이터를 이용하여 성찰적이고 정보에 근거한 디자인을 설계한다. 이로써 교과내용과 전반적인 교육환경이 통합된 균형 잡힌 모형이 만들어지게 된다. 나는 여러분이 21세기 스킬과 지식에 관한 최신 연구에 뒤처지지 않고 계속해서 따라갈 것을 당부한다. 우리가 원하는 변화가 아니라 우리에게 필요한 변화를 제안하고 주장할 것을, 이 길에서 계속 앞으로 나아가는 데 헌신할 것을, 항상 모니터링하고 평가하며 성공을 축하할 것을 당부한다. 목표에서 벗어나지 않고, 작은 것부터 시작하며, 기존의 실천전략을 확장해가고, 차근차근 밑에서부터의 변화를 이루어가기 바란다.

남아 있는 질문들

평가는 학습에서 앞으로도 계속 핵심적인 역할을 할 것이다. 우리의 과제는 평가의 역할이 미래에도 가능한 한 건설적이고 의미 있도록 하는 것이다. 새로운 질문들이 생겨나겠지만, 몇 가지 근본적인 질문은 계속 제기될 것이다. 현재 시점에서 생각해볼 질문들은 다음과 같다.

- 21세기에 테스트하고 측정하고 평가할 것으로 진짜 중요한 것은 무엇인가?
- 학생들이 계속해서 학습해가도록 의욕을 북돋워줄 평가를 어떻게 개발할 것인가?
- 깊이 있는 사고를 하도록 지원하기 위해 대규모 평가를 어떻게 활용할 것인가?

- 배움에 대해 배우는 것을 학생들에게 어떻게 가르칠 것인가? 그들이 그런 스킬을 숙달했다는 것을 어떻게 알 수 있는가?
- 내용지식을 향상시키면서 이 모든 것을 어떻게 할 수 있는가?
- 계속되는 변화에 대응하는 평가를 어떻게 만들 것인가?
- 생각은 폭넓게 하면서도 행동은 구체적으로 하려면 어떻게 해야 하는가?

지금, 여러분 자신에게 남아 있는 질문은 무엇인가?

> 작은 변화가 큰 결과를 가져올 수 있다. 근원적인 문제를 해결하기가 너무 어려우면, 사람들은 그 증상만 손쉽게 고치고 근본적인 문제는 악화되도록 내버려둠으로써 결국 문제의 해결을 더 어렵게 만들고 만다.
>
> – 피터 센게 (Peter Senge, 1994, p.63)

부록

부록 A

21세기 루브릭

루브릭은 1980년대에서 1990년대에 참평가(authentic assessment) 의 성장과 더불어 인기를 얻었다. 초기의 루브릭은 주로 체크리스트 를 확대한 것이었는데, 각 등급과 그에 대한 설명이 더해지면서 개 선되고 정교해졌다. 오늘날의 정의에 따르면, 루브릭은 특정한 과제 나 목표를 위한 등급 기준을 짜고 명시하는, 채점을 위한 안내를 의 미한다. 그것은 탁월/우수에서부터 기준이하/열등까지 일련의 질적 인 지표들을 기술한다. 4등급 척도가 평가자 간 신뢰도(reliability, 하나 의 분류 체계를 적용하여 평가했을 때 동일한 결과가 도출되는 정도—옮긴이) 에서 가장 높은 점수를 보였으며, 지표가 명확하게 기술될수록 루브 릭의 타당도가 높아진다.

루브릭은 기대되는 학습결과를 분명하게 해줄 때는 교육용 도구로 사용된다. 또한 정의된 성취기준을 위해 학생들이 노력한다는 점에서 루브릭은 학습지원 도구로도 볼 수 있다. 루브릭의 장점 중 하나는 교 수·학습·평가 간의 경계를 없애준다는 것이다. 즉, 루브릭은 목적과 목표를 나타내는 데 형성적으로 사용할 수 있으며, 과제 수행 중에 중 간평가로 사용할 수 있고, 마지막에는 종합평가로 사용할 수 있다.

바버라 모스칼(Barbara Moskal)과 존 레이든스(Jon Leydens)는 평

가의 타당도는 학생의 학습을 파악하기 위해 사용하는 근거가 적절하고 정확한지와 관련이 있다고 하였다(2000). 이런 면에서 선택된 내용을 반영하고, 교수와 학습에 대해 알려주는 데 루브릭 사용의 타당성이 있다. 신뢰도는 교사 간에, 다양한 평가집단 간에, 그리고 서로 다른 측정방법 간에 평가점수가 일관성이 있는가와 관련이 있는데, 이는 전통적인 시험보다는 루브릭에서 더 낮다. 교사 간에 점수가 일관성이 있고, 루브릭에 의한 채점 결과가 다른 측정치와 일관성이 있도록 하는 것은 어려운 일인데, 이는 21세기 스킬을 측정하기 위한 지표들이 이제 막 개발되고 있기 때문이다. 루브릭의 신뢰도를 높일 수 있는 최선의 방법은 교사들이 협업해서 루브릭을 개발하고 각 등급과 지표를 효과적으로 사용하여 어떤 지식과 스킬을 평가하는지를 명확히 하는 것이다.

맥 선생님은 학생들이 장기 과제를 계획하는 과정을 돕기 위해 루브릭을 사용한다. 학생들은 프로젝트 제안서 초안을 쓴 후에, 선생님으로부터 그들의 초안이 채점 루브릭과 얼마나 잘 연계되고 있는지에 대해 피드백을 받는다. 제안서 수정은 수업마다 이루어진다. 수정이 끝나면 수정본을 다시 한번 같은 루브릭으로 검토하는데, 이번에는 또래검토 과정을 거친다. 학생들은 제안서를 최종적으로 수정한 후, 같은 루브릭을 사용하여 자기평가 및 성찰을 한 뒤 선생님에게 제출한다. 이 시점에서 맥 선생님은 루브릭에 맞춰 제안서에 색깔을 입혀보라고 학생들에게 지시한다. 예를 들어 다른 사람들의 아이디어를 종합하는 성취기준을 반영하는 부분은 파란색으로, 프로젝트의 계획단계를 보여주는 부분은 노란색으로 칠한다. 선생님은 이 전체 과정을 통해 학생들의 점수가 나아지는지 추적하고, 그 데이터를 사용하여 학생들의 작업에 대해 계속 피드백을 준다. 최종 계획서가 완성되면 최종 점수를 주며 이것은 그 이전의 형성평가에서 받은 점수를 거의 대체할 정도로 비중이 크다. 프로세스 준수 여부, 시간 운영 및 꾸준한 노력 등에 대한 점수도 최종 점수에 작게나마 더해진다.

가장 효과적인 루브릭은 모든 사용자가 이해할 수 있는 지표를 갖고 있고, 학습목표에 초점을 맞추어 이를 반영하며, 선다형 시험으로는 측정하기 어려운 중요한 지식과 스킬을 측정할 수 있는 루브릭이다. 전통적인 교사 중심의 연구 루브릭에는 아마도 "학생들이 관련 자료들을 선택하고 종합한다."라고 나와 있을 것이다. 학생 중심의 루브릭에는 다음과 같이 바꿔쓸 수 있다. "나는 3가지 자료를 찾았으며 각각이 내가 선택한 주제와 어떤 관련이 있는지 설명하였다." 루브릭은 과제에 따라 융통성 있게 적용될 수 있으며 "과제의 요구사항을 충족하였음"이라는 기준까지도 포함할 수 있다.

〈표 A.1〉은 1레벨부터 4레벨까지 네 단계의 수준에 대해 보편적인 용어를 사용하여 광범위하게 기술하고 있다. 교사가 혹은 학구에서는 하나의 지표 체제를 일관성 있게 사용할 수도 있고, 아니면 구체적인 과제에 따라서 이 지표들을 융통성 있게 응용할 수도 있다. 일례로 각 레벨을 조금씩 조정하여 A, B, C의 세 등급으로 루브릭을 구성할 수도 있다.

표 A.1 **루브릭 용어**

4 레벨	3 레벨	2 레벨	1 레벨
상위 수준 (3.6~4.0)	숙련 수준 (3.2~3.5)	가능성 수준 (2.8~3.1)	초보 수준 (2.0~2.7)
• 모범 • 상급 • 탁월 • 요구조건 초과 • 완벽하게 수행	• 성취 • 능숙 • 양호 • 요구조건 충족 • 대부분 수행	• 발전 • 기본 • 보통 • 약간의 오류가 있음 • 부분적 수행	• 초기 • 초보 • 부족 • 심각한 오류가 있음 • 불완전한 수행

20세기 루브릭은 읽기, 쓰기, 수리력, 리서치 같은 전통적인 스킬 및 지식을 측정한다. 교사는 이들을 21세기 루브릭과 통합하는 노력을 계속할 것이다. 부록 A에서는 21세기 스킬 및 지식, 즉 사고 스킬, 행동 스킬, 삶의 스킬을 평가하는 데 사용되는 루브릭을 소개한다. 이 루브릭은 미래의 교수와 학습이 어떤 모습일지에 대한 새로운 이해를 반영한다. 〈표 A.2〉(p.344)는 보편적으로 통용되는 루브릭으로 21세기 학습의 주요 원칙을 담고 있다. 어떤 항목은 학생 중심으로 기술돼 있고, 어떤 항목은 교사 중심으로 기술돼 있는데, 이는 단순히 표현만 바꿔도 루브릭의 형태가 바뀔 수 있음을 보여준다.

〈표 A.3〉(p.346)은 이 정보를 생활기록부 형태에 통합하도록 교실에서 사용할 수 있는 도구이다. 3학년에서 6학년까지 있는 지역사회 기반 학교인 W. M. 스미스 학교는 학생들의 21세기 스킬에서의 진전도를 보고하기 위해 기존의 성적표와 함께 이것을 사용한다. 점수 척도가 1부터 4까지 있는 일반적인 루브릭으로서 단기 프로젝트나 장기 프로젝트 어느 것에나 사용할 수 있다.

표 A.2 보편적인 21세기 루브릭

스킬/지식	터월	숙달	기본	초보	점수/비중
사고 스킬 비판적 사고 (교사 중심)	평가·분석·종합에서 다양한 스킬을 일관성 있게 보여준다.	비판적 사고의 두 가지 요소를 일상적으로 적용한다.	다양한 유형의 비판적 사고 스킬을 익히는 중이다.	정보를 평가하고 분석하는 데 어려움을 겪는다.	
사고 스킬 문제해결 (교사 중심)	다양한 상황에서 문제해결 스킬을 정확한 순서에 맞게 적용한다.	일반적으로 문제를 비교적 올바른 순서로 해결할 수 있다.	문제의 일부를 알아낼 수 있으나, 해결하는 데는 도움이 필요하다.	문제해결의 단계를 따라가고 해결책을 생각해내는 것이 어렵다.	
사고 스킬 창의성 (학생 중심)	나는 항상 프로젝트에서 융통성과 독창성을 보여주며, 일을 처리하는 여러 아이디어와 방법들을 생각해낸다.	나는 선생님이 약간의 제안과 아이디어를 주면 새로운 것을 만들어낼 수 있다.	나는 독창적인 생각을 하기를 좋아하나, 가끔 새로운 아이디어를 많이 생각해내지 못할 때가 있다.	나는 혼자 힘으로 어떤 새롭고 독창적인 것을 생각해내기가 매우 힘들다.	
행동 스킬 의사소통 및 협업 (학생 중심)	나는 다른 사람들과 아이디어를 나누고 함께 배우기 위해 협업할 때 훌륭되고 더 몰두한다.	나는 훌륭한 팀원으로, 다른 사람들의 아이디어에 귀 기울이고 내 아이디어를 분명하게 설명한다.	나는 팀의 일원이 되기를 좋아하지만, 아이디어가 너무 많거나 사람들의 의견이 일치하지 않으면 당황한다.	가끔 다른 사람들과 협업하고 그룹의 아이디어를 받아들이기가 어렵다. 나는 그저 내 방식대로 하는 것이 좋다.	

행동 스킬 ICT(정보통신기술) 정보 접근 스킬과 응용 스킬 (교사 중심)	멀티미디어에 대한 강력한 정보 접근 스킬과 기술 응용 스킬	양질의 결과물을 만들기 위해 정보 및 미디어를 이해하고 사용한다.	정보에 접근하고 기술을 사용하는 스킬을 익히는 중이다.	정보를 선택하고 그 정보를 운용하기 위해 기술을 사용하는 데 어려움이 있다.	
삶의 스킬 시민의식/ 책임감 (교사 중심)	훌륭한 시민의 책임을 열정적으로 완수한다. 목표를 정하고 그것을 위해 지속적으로 행동한다.	자발적으로 민주적 절차에 참여한다. 책임을 완수하기 위해 지속적으로 노력한다.	요청을 받으면 시민의식을 발휘한다. 우선순위를 정하고 이를 달성하는 데 기금 도움이 필요하다.	교실과 지역사회의 민주적 절차에 최소한으로 기여한다. 목표를 어떻게 정할지 확신이 없다.	
삶의 스킬 글로벌 이해 (교사 중심)	글로벌한 맥락에서 문화적 다양성을 알고, 민감하게 반응하며 존중한다.	문화적 다양성의 여러 측면에 익숙하며, 다양한 글로벌 관점을 인정한다.	세상 사람들은 저마다 경험과 신념이 다르다는 것을 이해한다.	문화적 차이를 존중하지 않는다.	
삶의 스킬 대학 및 직업세계 진출 준비 (교사 중심)	인생을 설계하고 운영하기 위해 다양한 21세기 스킬을 사용한다.	인생의 방향이 있으며, 그것에 도달하기 위해 몇 가지 스킬을 사용한다.	인생을 설계하고 운영하는 데 필요한 스킬을 익히는 중이다.	목표 및 생산성과 관련하여 최소한의 집중과 행동을 한다.	
코멘트:					총점:

표 A.3 **학생 추적기록**

기간 혹은 단원:				학급:			
				교사:			
학생 이름	사고 스킬 (비판적 사고)	사고 스킬 (창의성)	행동 스킬 (협업)	행동 스킬 (기술)	삶의 스킬 (시민의식)	삶의 스킬 (리더십)	요약
윌러비	4	2	3	4			
힝클리	3	3	3	4			
데이지	2.5	4	4	3			
샤티라	3	3	4	3.5			
스톡턴	3.5	2	3	4			

21세기 루브릭

다음에 소개하는 루브릭은 학생이나 교사가 또는 학교에서 응용하면 좋을 루브릭의 예시이다. 그렇다고 이것이 완벽하다는 뜻은 결코 아니다. 여러 개별적인 루브릭에서 항목을 선택하고 결합함으로써 특정 과제에 맞게 특화된 루브릭을 만들 수 있다. 예를 들어, 하빈저 선생님의 3학년 학생들은 이민자 경험에 대한 프로젝트를 하면서 연구하고 협업하고 종합하고 ICT를 사용하여 그들이 배운 것을 발표한다. 선생님은 그 프로젝트에 맞게 자신만의 루브릭을 만든다. 부록 B(p.365)에서 이런 형태의 프로젝트 루브릭에 대한 예를 소개한다.

사고 스킬

비판적사고(교사 중심)

스킬/지식	탁월	숙달	기본	초보	점수/비중
응용하기	실생활과 관련된 여러 출처와 이전 경험으로부터 정보를 검색하고 목적에 맞게 검색하고 사용한다.	현재를 이해하고 계획을 짜기 위해 몇몇 선택된 사실·출처·증거를 찾아서 이용한다.	현재의 학습과 관련하여 제공되는 선택된 데이터와 정보를 이용한다.	사실·데이터·원리를 제대로 이해하지 못하고, 그것들을 의미 있게 이용하려면 도움이 필요하다.	
평가하기	증거를 능숙하게 판단한다. 다수의 지표 및 관점을 비교·대조하고 그것들을 현재의 대상·상황·목적과 주의 깊게 연결한다.	평가 지표를 분명히 이해하기도 하지만, 종종히 이용하거나 설명하지 못한다. 학습과 일부 연계할 수 있다.	평가 지표를 이해하고 정확하게 사용하는 데 어려움이 있다.	대상·상황·수행에 대한 평가가 주어진 지표나 평가 기준과 명확한 관련성이 없다.	
비판적인 통찰력을 얻기 위해 데이터 사용하기	사실과 연계되는 결론을 얻기 위해 선택된 데이터를 정확히 사용한다.	결론을 내리고 통찰력을 얻기 위해 데이터를 사용한다.	노력은 하지만 결론을 얻기 위해 데이터를 선택하고 사용하는 데 어려움이 있다.	독자적으로 의미 있게 데이터를 사용하거나 적용하지 못한다.	
분석하기	주된 이슈를 파악하고, 세부사항의 우선순위를 정하며, 함축된 의미를 파악한다. 복잡한 아이디어와 복수의 관점을 이해한다.	주된 이슈를 파악하고 이해하지만, 조리 있고 정연한 판단력은 갖추지 못했다.	주된 이슈를 부정확하게 기술한다. 주의 깊게 개괄적으로 조사하지 못한다.	도움을 받으면, 복잡하지 않은 이슈를 파악하는 것은 가능하고, 단순한 결론도 내릴 수 있다.	
종합하기	논쟁의 요소들을 파악하고 비교하여 응집력 있는 요약을 만들어낸다. 부분을 전체로 조합하는 데 능숙하다.	별개의 두 아이디어를 종합할 수 있고, 복잡하지 않은 패턴을 알아내며, 그것들을 요약을 요약할 수 있다.	하나의 관점과 관련된 아이디어들을 파악할 수 있으며, 그것들을 이용하여 요약할 수 있다.	아이디어 간의 관계 파악이 초보적인 수준이다.	

문제해결 (학생 중심)

스킬/지식	탁월	숙달	기본	초보	점수/비중
문제 파악하기	나는 상황과 관련하여 세부사항으로 근거를 대며 문제를 분명하게 기술했다.	나는 일부 뒷받침하는 정보를 가지고 기본적인 문제점을 기술했다.	나는 문제의 전체가 아닌 일부만 설명했다.	나는 문제를 파악하는 데 어려움이 있었다.	
문제해결 단계 적용하기	나는 문제를 해결하기 위해 내가 배운 모든 단계와 전략을 사용했다.	나는 대부분의 문제해결 단계와 전략을 사용할 수 있었다.	나는 내가 배운 문제해결 단계들을 일부 사용했다.	나는 문제해결의 일부 단계를 빠뜨린 것 같다.	
해결책 파악하기	나는 실현 가능하고 분명하게 기술된 해결책을 적어도 4개 생각해냈다.	나는 합리적인 해결책을 2~3개 제안했다.	나는 가능한 해결책을 1~2개 기술했다.	나는 어떤 해결책도 제시하지 못했다.	
해결책 평가하기	나는 모든 가능한 선택지를 신중하게 평가하고 분석하여 가장 합리적인 해결책을 선정할 수 있었다.	나는 선택지에 대해 이성적으로 판단하고 합리적인 해결책을 선택할 수 있었다.	나는 선택지를 비교한 다음 우선 그중 하나를 선택할 수 있었다.	나는 해결책 하나를 골랐으나, 좋은 선택을 했는지는 확신이 없다.	
해결책 지지하기	나는 모든 해결책을 분석했고, 내가 문제를 해결하기 위해 확실하게 이해했음을 보여주는 해결책을 하나 선택했다.	나는 해결책들을 평가하고, 내가 선택한 해결책이 실현 가능한 이유를 설명했다.	나는 한 가지 해결책에 대해서만 단순한 이유를 제시했다.	나는 내가 선택한 해결책을 설명하지 못했다. 그저 그것이 좋은 해결책이라고 생각할 뿐이다.	
실생활에 적용하기	나는 학교 과제가 아닌 경우에도 문제해결 스킬을 성공적으로 사용할 수 있다.	나는 교실 밖에서도 문제해결 스킬을 사용하려고 노력하며 대개 성공적이다.	나는 가끔 학교 밖에서 문제해결 방식에 대해 생각할 때가 있다.	나는 학교에서 제시적인 포맷이 주어지고 누군가의 도움이 있을 때 문제해결을 가장 잘한다.	

귀납적 추론하기	나는 논리적인 결론을 내리도록 도와주는 정보 및 관련 사실을 정확하게 파악하고 해석할 수 있다.	나는 합리적인 결론으로 이끄는 관련 정보를 선택할 수 있다.	나는 일부 결론을 내리기 위해 선택된 정보와 사실을 사용할 수 있다.	나는 결론을 내리기 위해 어떤 정보를, 어떻게 사용해야 하는지 잘 모른다.
연역적 추론하기	나는 주제에 대한 기본 원리를 가지고 추론할 수 있으며, 관련성 있는 일반화를 이용하여 논리적인 결론을 내릴 수 있다.	나는 기본 원리와 일반화를 사용하여 결론을 내리고 결과를 예측할 수 있다.	나는 논리적인 결론을 내릴 수 있다고 생각하지만, 핵심 원리를 이해하는지는 잘 모른다.	내가 내리는 결론은 내가 선택하여 사용하는 일반화나 원리와 직접적인 관련이 없다.

창의성(학생 중심)

스킬/지식	탁월	숙달	기본	초보	점수/비중
호기심	나는 새로운 요소와 아이디어에 강한 흥미를 느끼며, 그런 것들을 적극적으로 찾아 나선다.	나는 일부 새로운 요소에 호기심을 느끼며, 대개 새로운 아이디어를 기꺼이 탐색하고자 한다.	약간의 도움을 받으면, 나는 새로운 사고 및 행동방식을 탐색하려고 한다.	나는 아이디어나 사물에 대한 호기심이 거의 없다.	
융통성	나는 사물을 여러 방면에서 바라볼 수 있으며, 그것들의 다양한 용도를 기술할 수 있다.	나는 대개 사물을 바라보는 몇 가지 대안적인 방법을 생각해낼 수 있다.	다른 사람과 작업을 할 때, 나는 사물을 바라보는 다른 방식을 찾아낼 수 있다.	대개 나는 나 자신의 관점으로만 사물을 바라본다.	
독창성	나는 대부분의 주제에 대해 많은 새로운 아이디어와 결과를 생각할 수 있으며, 새로운 결과를 이끌어낼 수 있다.	나는 새로운 아이디어를 몇 가지 낼 수 있으며, 간단한 아이디어는 활용하기 위해 노력한다.	가이드라인이 있으면, 나는 대개 새로운 아이디어를 생각해낼 수 있다.	나는 새로운 것을 생각하는 데 도움이 필요하다.	
정교함	어떤 것을 개선하기 위해 세부사항을 추가하는 것은 쉽고 재미있다.	나는 대개 어떤 것을 개선하기 위해 세부사항을 추가하는 방법을 생각해낼 수 있다.	내가 정말 열심히 생각한다면 아이디어를 아마도 몇 가지 아이디어를 떠올릴 수 있을 것이다.	가끔 어떤 것을 개선할 수 있는 방법이 도저히 생각나지 않을 때가 있다.	
유연성	나는 새로운 상황에 잘 적응하고, 일상의 학습과 생활에서 많은 가능성을 찾을 수 있다.	나는 새로운 상황에도 효과적으로 일할 수 있으며, 배우면서 어떤 것의 기능성을 깨달을 수 있다.	나는 가끔 변화에 적응하기가 어렵다. 그러나 누군가 달리 생각해보라고 일깨워주면, 그렇게 할 수도 있다.	나는 상황이 바뀌면 생산적이지 못한다. 고정관념에서 벗어나는 것이 어렵고, 모든 것이 그대로 있는 게 좋다.	

확장성	나는 결과를 개선하기 위해 아이디어들을 조정하고 수정하며 재정비하는 것을 쉽게 한다.	나는 결과나 과정을 바꾸기 위해 조합, 수정, 조정, 재정비 중에서 2~3가지를 할 수 있다.	나는 조합, 수정, 조정. 재정비 중에서 1~2가지를 할 수 있으나, 아이디어가 비교적 단순하다.	나는 어떻게 개선할 수 있는지보다 있는 그대로만 보는 경향이 있어서 조합, 수정, 조정, 재정비하는 것이 어렵다.
실수/ 모험심	나는 창의성을 발휘하다 보면 일을 망칠 수도 있음을 알지만, 그래도 새로운 것을 시도하려 애쓴다. 실수를 통해 배우므로 실수에 대해 별로 걱정하지 않는다.	나는 프로젝트를 기꺼이 하려고 하며, 실수하는 것에 대해 별로 걱정하지 않는다.	가끔 나는 실수할까 봐, 그리고 일이 제대로 되지 않을까 봐 주저한다.	나는 불안해하고 창의성을 발휘함으로써 생길 수 있는 실수를 피하려고 한다.
다른 사람들과 함께함	나는 다른 사람들과의 공동 작업에서 오는 시너지를 사용할 때 가장 창의적이다.	어떤 것을 개선하려고 다른 사람들과 함께 작업할 때 나는 아이디어가 더 좋아진다.	나는 창의적인 아이디어를 공유하기 전에 대개 지켜보고 경청하며, 그 다음에 몇 가지 아이디어를 보탠다.	내 아이디어의 어떤 것이 다른 사람들과 공유할 가치가 있는지 판단하기 어려워서 대개 공동 작업에 참여하지 않는다.

메타인지 (학생 중심)

스킬/지식	탁월	숙달	기본	초보	점수/비중
성찰하기	나는 정밀하고 통찰력 있게 나의 학습을 점검할 수 있다. 이것은 내가 학습하고 스킬과 지식을 개선하는 데 도움을 준다.	나는 앞으로 더 잘하는 데 도움이 되는 방식으로 나의 행동에 대해 숙고할 수 있다.	내가 성찰할 수 있도록 안내해주는 것이 있으면, 생각시켜주는 나의 학습을 개선할 수 있다.	나의 학습에 대해 생각하도록 도와주는 시각적 또는 언어적 체계가 필요하다. 도움이 있으면 그에 기반하여 나아갈 수 있다.	
사고를 인식하기	나는 나의 사고에 대해서 잘 알고 있고, 그것을 이용하여 스킬과 지식을 개선할 수 있으며, 그것이 나의 학습에 어떤 영향을 주는지 설명할 수 있다.	나는 나의 신념과 아이디어에 대해 생각하고, 그것을 표현할 수 있으며, 학습하는 데 도움이 되도록 사용할 수 있다.	나는 가끔 생각이 뒤죽박죽이 되며, 이를 정리하는 데 시간이 걸린다.	나는 몇몇 나의 생각을 설명할 수 있고, 도움을 받으면 이런 생각을 학습에 연결시킬 수 있다.	
강점과 유형	나는 나의 학습의 강점과 유형들을 아는 것이 중요함을 인식하고, 그것을 모니터링하며, 일상적으로 활용한다.	나는 내가 사고하고 배우는 방법에 대해 매우 잘 알고 있으며, 이것을 학습에 통합해야 한다는 것을 알고 있다.	나는 학습을 개선하기 위해 나의 강점과 학습 스타일을 어떻게 이용해야 할지에 대해 늘 잘 알고 있지는 않다.	내가 일부라도 학습을 하기가 한다면, 내가 어떻게 생각하고 배우느지는 그다지 중요하지는 않다.	
메타인지 사용하기	나는 학습과 생산성을 개선하기 위해 메타인지 능력을 사용한다. 나는 매일 하는 일들에서 그것을 일상적으로 적용한다.	나는 배우거나 일할 때 나의 사고에 대해 생각하는 능력을 일상적으로 작용하는데, 일반적으로 그렇게 하는 것이 일을 더 잘 수행하는 데 도움이 된다.	가끔 나는 일을 멈추고 나의 사고과정에 대해 생각하지만, 그것이 일상에 그다지 도움이 되지는 않는 것 같다.	나는 메타인지를 사용하는 것이 매우 어렵다. 나의 사고방식을 이해하려고 노력하지만, 그것을 생활에 적용하는 데는 어려움이 있다.	

행동 스킬

의사소통 (교사 중심)

스킬/지식	탁월	숙달	기본	초보	점수/비중
구두 의사소통	명확성, 속도, 음량 및 발화가 모두 효과적이고 의사소통의 효과를 높인다.	명확성, 속도, 음량 및 발화가 의사소통이라는 목적에서 받아들일 만하다.	구두 의사소통이 중요한 한 부분이 미흡하다.	의사소통을 하는 데 어려움이 있다.	
수용적 의사소통: 듣기, 읽기, 보기	의견과 사실을 구별하고, 메시지의 의도를 인식하며, 요점을 요약하고, 견해를 뒷받침하는 것을 파악한다.	사실을 알아내고, 설득하는 것을 인식한다. 요점을 파악하고 요약한다.	메시지 안에 담긴 사실을 식별할 수 있다. 메시지를 이해하는 스킬을 개발 중이다.	사실을 그대로 도움 이해해서 말한다. 메시지의 목적을 부분적으로 이해한다.	
의도를 알아차리기	메시지의 암시적인 의미나 뉘앙스를 파악하고 이해한다. 논리적인 결론을 내린다.	대부분의 메시지를 이해하지만, 뉘앙스보다는 명시적인 의미를 더 잘 이해한다.	메시지의 요점을 이해할 수도 있지만, 뉘앙스를 이해하는 데는 도움이 필요하다.	대부분의 사실들은 이해하지만, 뉘앙스를 이해하지는 못한다.	
의사소통 전략 사용하기	분명하고 정확하고 설득하는 의사소통을 한다.	대개 의사소통을 이해할 수 있지만, 몇 가지 사소한 실수가 있다.	기본적인 의사소통을 할 수 있다.		
목적을 위해 명확하게 의사 소통하기	목적을 인식하고, 그에 맞게 정보를 조직하고 발표한다.	목적을 잘 알고 있고, 정보와 발표가 의도한 목적을 달성한다.	목적을 분명히 알지 못하여 정보와 발표의 수준이 떨어진다.	목적을 제대로 알지 못하여 내용과 과정에 집중하는 데 어려움이 있다.	
발표 스킬	침착하고 정확하며, 청중의 반응에 따라 목소리, 내용의 깊이, 속도를 조정한다.	침착함을 보이며, 대개 청중에 대해 잘 알고 있고, 그들의 반응에 대응하려고 노력한다.	노력은 하지만, 침착함과 전문성을 갖추거나 청중에 반응하는 데 어려움이 있다.	발표에 전문성이 부족하고, 청중의 반응을 알지 못한다.	

토론(교사 중심)

성취기준	기대 이상 (4점)	기대 충족 (3점)	노력 중 (2점)	성취기준 미달 (1점)	점수
내용: 서두 발언, 반박	분명한 관점을 가진 강력한 주장으로, 논리적이며 구체적이며 목표가 정확하다.	관점이 분명하고, 주장은 대체로 확신을 주며 초점이 맞다.	관점이 약간 모호하고, 발언 내용이 불분명하여 세부사항이 다소 막연하다.	초점이 분명하지 않고, 발언에 확신이 없다.	
뒷받침	뒷받침하는 내용이 사실에 근거하고 상세하며 설득력 있다.	뒷받침하는 내용에 사실과 데이터가 포함되어 있고 목적에 맞다.	뒷받침하는 내용이 사실, 목적, 초점에서 불분건하다.	뒷받침하는 내용이 분명하지 않다.	
체계	과정이 유창하고 분명하며 논리적이다. 시간을 효과적으로 사용한다.	주제를 순서대로 진행하여 시간을 적절히 안배한다.	순서를 따라가기 어렵다. 시간 요건을 충족하지 못하기도 한다.	순서와 체계가 미흡하여 시간 요건을 충족하지 못한다.	
리서치	관련 데이터가 주제를 강력하게 뒷받침한다.	리서치의 분석 및 종합이 포함되어 있다.	자료가 부족함하거나, 분석 및 적용이 부적함하다.	자료가 미흡하여 결과가 기준에 미치지 못한다.	
발표	침착함과 전문성을 갖춰 청중의 주의집중을 끌어올린다.	효과적인 방식으로 청중을 참여시킨다.	발표 스킬과 청중을 끌어들이는 면에서 훈련이 더 필요하다.	발표 및 청중에 집중하지 못한다.	
팀 및 토론 과정에 기여	역할에 대한 준비가 되어 있다. 열정적이고, 다른 사람들을 존중하며 격려한다.	팀워크에 기여하려 지원에 따른다. 다른 사람들을 존중한다.	준비도, 다른 사람에 대한 존중, 팀워크를 일관되게 보여주지 못한다.	다른 사람에 대한 존중과 책임감 부족이 학습환경에 영향을 미친다.	

협업 (학생 중심)

스킬/ 지식	탁월	숙달	기본	초보	점수/비중
생산적으로 작업하기	우리는 과제에 집중하고 요구되는 일을 해내기 위해 모든 시간을 효율적으로 사용했다. 각자 맡은 업무를 완수했고 가끔 그 이상을 했다.	우리는 협업을 잘 했으며, 대부분은 일이 끝날 때까지 과제에 집중했다. 각자 자신이 맡은 업무를 거의 수행했다.	우리는 가끔 협업을 했지만, 모두가 기여하고 자신이 많은 일을 한 것은 아니기 때문에 일을 끝내기가 힘들었다.	우리는 그다지 협업을 잘 하지 못했다. 과제에 집중하기 보다는 각자 하고 싶은 대로 하면서 다른 사람들에게 명령하려고 했다.	
존중하기	공유하는 아이디어에 대해 모두 존중하고 경청하며 토의했다.	대부분의 경우 팀원들은 존중하며 경청하고 상호 교류를 했다.	일부 팀원들은 다른 팀원들의 아이디어를 존중하는 데 어려움이 있었다.	팀원들은 다른 팀원의 말을 경청할 마음이 없었고, 팀원들끼리 언쟁을 하곤 했다.	
양보와 타협하기	공동 목표를 달성하기 위해 모두 융통성 있게 협업했다.	우리는 일을 진척시키기 위해 대개 양보와 타협을 할 수 있었다.	더 많은 사람들이 양보와 타협을 했더라면, 일을 더 빨리 진척시킬 수 있었을 것이다.	의견 불일치가 많았고, 일부 팀원들은 자기 방식대로만 하고 싶어했다.	
함께 책임을 지고 모두가 기여하기	각자 최선을 다했고, 과제를 완수했다.	대부분의 사람들이 자신의 역할을 완수했다.	각자 자신의 역할을 하기가 어려웠다.	우리는 각자 자신의 역할을 하리라고 믿고 의지할 수 없었다.	

디지털 리터러시 (교사 중심)

스킬/지식	탁월	숙달	기본	초보	점수/비중
찾아내기	여러 선택 사항 중에서 고를 수 있고, 문제와 관련 있는 정보를 독자적으로 찾을 수 있다.	필요한 정보 대부분을 적합하게 찾을 수 있고, 관련된 선택을 할 수 있다.	일부 정보에는 접근할 수 있으나, 핵심 이슈는 놓친다.	검색 대상과 검색 방법에 대한 실질적인 지식이 매우 부족하다.	
복수의 자료 이용하기	거의 모든 형태의 텍스트, 비디오, 음악, 모의실험 등을 능숙하게 다룬다.	최소 3가지의 각기 다른 형태 및 출처의 정보를 능숙하게 다룬다.	최소 하나의 자료를 능숙하게 사용할 수 있으며, 다른 것들에 대해서도 가장 기본적 능력이 있다.	자료 대부분이 낯설고 학습을 필요로 하는 것들이다.	
선택하기	자료의 편파성을 이해하고, 다양한 범위의 선택지로부터 신중하게 합당한 선택을 하는 능력이 탁월하다.	신뢰할 수 있고 목적에 맞는 자료를 선택하는 데 있어서 자료의 편향성을 충분히 이해한다.	몇 가지 자료를 선정할 수 있으나, 목적에 맞는 것을 선택하는 전략이 효율적이지 못하다.	독자적으로 자료를 선정하고 관련성을 이해하는 데 어려움이 있다.	
평가하기	저자와 출처를 확인하고, 정보의 편향성을 인식하는 능력이 뛰어나다.	저자의 신뢰도를 확인하고, 정보의 일관성을 확인하는 스킬이 뛰어나다.	웹사이트들을 열면 그대로 받아들이지만, 체크리스트가 있으면 정보에 붙일지가 있음을 식별할 수 있다.	웹사이트에서 사실과 허구를 구별하는 데 도움이 필요하다.	
자료에 대해 고려하기, 메시지 효과	디지털 정보가 갖는 설득력에 대해 인정하며, 각 자료의 사용 방법에 대해 설명할 수 있다.	자료에는 개인적 결정에 영향을 주는 편향성이 있을 수 있음을 인식한다.	일반적으로 디지털 정보를 받아들이지만, 신뢰도가 현저히 떨어지는 정보는 식별한다.	웹사이트가 가장 유익한 정보를 제공한다고 믿는다.	
독창적인 작업을 위해 사용하기	디지털 정보를 사용하여 독창적 결과물을 만들기 위해 뛰어난 분석 스킬을 사용한다.	디지털 정보를 종합하여 새로운 결과물을 만드는 스킬이 뛰어나다.	스킬을 개발하고 연습을 통해 디지털 정보를 응용하여 독창적 결과물을 만들어낸다.	학습 목적으로 디지털 정보를 사용하지만, 아직 독창적 작품을 만들 준비가 안 되어 있다.	

기술 리터러시(학생 중심)

스킬/지식	탁월	숙달	기본	초보	점수/비중
컴퓨터 기반의 기술 알기	나는 아주 다양한 컴퓨터 기반 제품과 기술 기반의 생산도구에 관해 탁월한 실력을 보여주며, 일상적으로 작업에 그것들을 통합하여 사용한다.	나는 생산성을 높이기 위해 다양한 컴퓨터 및 기술 관련 제품과 도구를 사용하는 데 능숙하다.	나는 다양한 기술적 도구들을 사용할 수 있으며, 생산성을 높이기 위해 기본적인 과제를 수행할 수 있다.	나는 컴퓨터 관련 능력을 개발하는 학습과정에 있다.	
디지털 및 멀티미디어 제품	나는 그래픽 이미지, 비디오, 오디오 및 기타 멀티미디어 제품을 자신 있게 사용하며 나의 학습을 강화하고 보여줄 수 있다.	나는 그래픽, 비디오, 오디오 같은 디지털 및 멀티미디어 제품을 작업에 포함하여 주된 아이디어를 뒷받침할 수 있다.	나는 작업할 때 이미지나 다른 요소들을 추가할 수 있지만, 그것이 목적과 항상 연계되지는 않는다.	나는 단지 한두 가지 멀티미디어 요소를 배우고 있고, 그것이 작업에 좀 더 잘 반영되기를 원한다.	
기술적 세부사항	나는 작업할 때 기술을 실수 없이 적용하여 사용할 수 있다.	나는 대체로 기술을 응용하여 사용하는 데 뛰어나며, 사소한 기술적 문제만 있다.	나는 작업에 기술을 사용하는 데 있어서 종종 문제가 발생한다.	학습에서 기술을 사용하는 데 많은 어려움이 있다.	
디자인	내 디자인은 1차원에 그치지 않고 진정으로 멀티미디어를 기반으로 하며, 디자인이 정보 사물 및 요소를 다수 포함한다.	내 디자인은 목적 달성을 뒷받침하기에 적절한 사물과 요소를 포함한다.	내 디자인은 여러 요소에서 제한이 있어서 수준과 관련성 면에서 미흡하다.	나는 작업에 디자인적인 요소를 더하기 위한 사물과 요소 선택을 거의 하지 못한다.	
선택 및 활용	나는 기술을 깊이 이해하고 능숙하게 사용하여 효율적으로 작업한다. 나는 복잡한 실생활 문제들에 대해 가장 적절한 기술을 선택할 수 있다.	나는 기술을 이해하고 발표로 통합하며 일상적으로 기술을 사용한다. 나는 대체로 관련 있는 기술을 선택한다.	나는 학습을 돕고 발표를 개선하기 위해 더 자주 기술을 사용해왔다. 나는 가끔 남들이 좋다고 추천하는 기술에 의존한다.	나는 한 번에 한 가지 기술만 사용해도 기술가 향상되리라 생각하지만, 어떤 것을 사용해야 할지 잘 모를 때가 있다.	
법적·윤리적 문제	나는 저작권과 같은 법적·윤리적 문제에 깊은 지식이 있다.	나는 출처를 인용하는 것과 같은 법적·윤리적 문제를 잘 알고 있다.	나는 기술 사용과 관련된 법적·윤리적 문제에 대해 기본적인 이해를 하고 있다.	나는 기술 사용과 관련된 법적·윤리적 문제에 관하여 들은 바가 별로 없다.	

삶의 스킬

시민학과 시민의식 (학생 중심)

스킬/지식	탁월	숙달	기본	초보	점수/비중
민주주의 및 정부 형태에 대해 이해하기	나는 다양한 정치 형태와 구조를 인식하고 평가하고 비교할 수 있다.	나는 여러 정치 형태 및 체계가 있음을 이해하며, 일부를 설명할 수 있다.	나는 정치 형태에 대한 개요나 그래픽 형식이 있으면 기본적인 비교를 할 수 있다.	나는 정치 형태에 차이가 있다는 것은 알지만, 그것을 설명하는 데는 도움이 필요하다.	
민주적 절차에 참여하여 개선에 기여하기	나는 민주적 절차를 향상시키는 일에 있어 혁급과 지역사회에 의미 있는 기여를 한다.	나는 제안을 받거나 기회가 있으면 활동에 참여한다.	동기 부여가 되면, 나는 민주적 행동의 일부인 활동에 참여할 의향이 있다.	나는 대체로 참여하기보다는 관찰하는 것을 더 좋아한다.	
시민으로서의 의식과 행동	행동을 통해서 나는 평등 및 개인적 책임에 대한 신념을 보여주고, 이런 행동이 영향력을 이해하고 있음을 보여준다.	나는 시민의 참여를 믿으며, 대체로 타인의 권리와 차이를 존중한다.	대부분의 경우 나는 평등을 믿으며, 대체로 타인을 존중한다.	나는 나와 다른 사람들을 존중하고 그 차이점을 받아들이는 데 어려움이 있다.	

글로벌 이해 (교사 중심)

스킬/ 지식	탁월	숙달	기본	초보	점수/비중
글로벌 이슈	다양한 역사 및 시사 문제를 설명할 수 있고, 그것이 세상 사람들에게 미치는 영향을 설명할 수 있다.	글로벌 이슈에 대해 대략적으로 알고 있으며, 일부는 자세하게 설명할 수 있다.	글로벌 이슈 한두 가지를 파악하며, 사람들과 한두 가지 관련성을 지을 수 있다.	글로벌 이슈에 대해 알지 못하거나 관심을 갖지 않는다.	
문화 이해	사람들의 행동방식이나 다른 사람을 대하는 방식에 일상적으로 영향을 미치는 여러 문화적 신념, 가치, 관습에 대해 매우 잘 알고 있다.	자신의 행동과 관련 있고 그에 영향을 미치는 문화적 신념, 가치, 관습에 대해 어느 정도 알고 있다.	문화가 생활의 일부라는 것은 알고 있으나, 일반적으로 지식, 이해, 인식이 피상적인 수준이다.	타문화에 대해 배우고 인식하는 것에 무지하고 관심이 없다.	
대내외적으로 글로벌 사회에 공헌하기	타문화권 사람들과 건설적으로 일하며, 그들의 경험과 관점을 배우고 이해하려고 한다. 세상을 개선하려는 계획에 참여한다.	타문화권 사람들과 의사소통하고 직업한다. 때로는 자신이 속한 세상을 벗어나 관심을 갖고 손을 내밀며 기여한다.	요구가 있으면 타문화권 사람들과 함께 일하겠지만, 함영에 기여하는 데는 최소한의 관심만 있을 뿐이다.	타문화권 사람들과 일하는 데 어려움을 느끼며, 더 원대한 계획에 참여하지 않으려 한다.	
관점 취하기	문화적 복잡성을 이해하며, 타문화권 사람들의 관점을 효과적으로 바라볼 수 있는 적절한 지식을 갖추고 있다.	역사적 맥락에서 타문화권은 동일한 시간에 대한 관점을 가질 수도 있음을 이해한다.	사람을 보는 관점 및 방식이 다를 수 있다는 것을 이해하는 데 도움이 필요하다.	타문화권은 동일한 시간에 대해 견해가 다를 수 있음을 이해하지 못한다.	
공정과 평등	학급의 구성원 모두가 공정하고 평등하게 대우받는 것을 지지하고 촉진한다.	모든 사람을 평등하게 대한다. 누군가 공정한 대접을 받지 못할 경우 이를 인식한다.	평등에 대해 이해하지만, 가끔 올바른 행동을 잊어버릴 때가 있다.	타인의 기본적인 권리를 인식하고 받아들이는 데 어려움이 있다.	

리더십과 책임감 (교사 중심)

스킬/지식	탁월	숙달	기본	초보	점수/비중
대인관계 스킬	일관성 있게 타인의 관점을 경청하고 존중하며, 다른 사람들이 더 높은 성취를 하도록 격려한다.	대체로 타인의 의견을 존중하고 경청하며, 다양한 사람들과 협업한다.	다른 사람들의 관점을 경청할 때도 있지만, 타인의 생각과 행동을 받아들이지 못하는 모습을 종종 보인다.	다른 사람들의 의견과 행동을 거의 존중하지 않고, 종종 업신여기는 태도를 보인다.	
목표설정 및 성취에 대한 공유	목표를 설정하고 달성함에 있어 일상적으로 개인적 책임을 보인다.	공유된 목표를 달성하는 데 대체로 긍정적인 기여를 한다.	목표를 정하고 달성하기 위해 남들과 협업하는 것을 가끔 힘겨워할 때가 있다.	목표를 정하고 달성함에 있어서 독자적으로 다른 사람들과 협업하지 못한다.	
책임감	자신의 행동과 그것이 다른 사람들에게 미치는 영향력에 대한 개인적 책임을 잘 이해하고 있음을 보인다. 매우 윤리적으로 행동한다.	자신의 행동에 대한 책임을 인식하고, 자신 및 다른 사람들에게 윤리적으로 행동하고자 한다.	개인적 책임의 의미를 알고 있고, 이를 환기시키면 그것을 받아들이며, 자신의 선택이 다른 사람들에게 미치는 영향력을 인식한다.	개인적 책임이라는 개념에 부담을 느끼고 혼란스러워 하며, 행동을 모니터링하는 데 어려움이 있다.	

학업성실성(교사 중심)

스킬/지식	탁월	숙달	기본	초보	점수/비중
책무성	시간을 엄수하고, 준비성이 있으며, 체계적이고 양심적이고 독립적인 학습자로서 요구조건 이상을 해낸다.	대개 시간을 엄수하고 배울 준비가 되어 있다. 지시가 없어도 목표 달성을 위해 일관되게 노력한다.	최소한의 개인적 책임만 진다. 과제를 완성하려면 감독이 필요하다.	시간에 늦고 준비가 안 되어 있다. 다른 사람들과 협업하지 못하고 과제를 완수하지 못한다.	
참여	활발하게 참여하고, 매우 생산적이다.	대체로 주의를 집중하며 참여적이고 생산적이다.	참여는 하지만, 최소한의 관심과 생산성만 보인다.	참여하지 않으며, 과제에서 벗어나 지장을 준다.	
태도	열정적이고 협조적이다. 피드백을 받아들이고, 행동에 이를 반영한다.	사람, 과정, 결과를 대하는 태도가 긍정적이고, 피드백을 수용한다.	어느 정도 참여하지만, 적극적이지 않다. 피드백에는 귀를 기울인다.	과제와 다른 사람들을 대하는 태도가 부정적이고, 피드백을 무시한다.	
의사소통	직접적으로 분명하게 의사소통한다. 다른 사람들의 의견을 주의 깊게 듣는다.	발언이 명확하고, 눈맞춤을 한다. 다른 사람들의 의견을 존중하며 듣는다.	발언은 하지만, 항상 경청하지는 않는다. 이건 표현이 불분명할 때가 있다.	다른 사람들의 말을 경청하라고 주의를 줄 필요가 있다. 발언을 이해하지 못한다.	
팀워크	개인적인 기여를 가치 있게 여기고 종합하며, 그것들을 목표 달성을 위해 이용한다.	집단 토의 및 과제에 기여하고, 목표를 위해 다른 사람들과 협업한다.	집단에 지식과 스킬로 기여하며, 대인관계 스킬을 개발 중이다.	다른 사람들의 의견에 관심을 보이지 않으며, 주의가 산만하다.	
개인적 기여	책임을 받아들이고 리더의 역할을 맡으며, 자주 다른 사람들을 돕는다.	책임을 받아들이고 집단에서의 개인적 역할을 충실히 이행하며, 가끔 다른 사람들을 돕는다.	가끔 집단활동에 참여하지만, 독자적으로 일하는 것을 더 선호한다.	집단활동에 참여하지만, 기여는 제한적인 수준에 그친다.	
학습결과물	학업의 완성과 높은 수준을 위해 시간, 노력, 자원을 효과적으로 조직화하며, 최종 결과물은 요구조건을 넘어선다.	자원을 성공적으로 이용한다. 최종 결과물은 요구조건을 충족한다.	최종 결과물이 미흡하다.	최종 결과물에 대한 이해나 관심을 보이지 않는다.	

대학/직업/직장(교사중심)

스킬/지식	탁월	숙달	기본	초보	점수/비중
계획하기/목표설정하기	인생과 직업에 대한 현실적인 장·단기 계획을 세우기 위해 우선순위를 정하고, 행동 가능한 계획을 정한다.	목표를 정하고, 개인 및 직업적 성장 계획을 위한 핵심 요소들을 개발할 수 있다.	몇 가지 현실적인 목표를 정하고, 인생과 직업을 위한 몇몇 계획을 짓는다.	목표를 정하고 계획을 짜기 위해 체계적 지원이 요구된다.	
계획 및 목표 관리	목표달성을 향해 목적의식을 가지고 효율적으로 일하며, 주의 깊게 계획을 수행한다.	목표를 달성하기 위해 전략적으로 계획을 따른다.	가끔 계획을 세울 때도 있지만, 대체로 단기적으로 실행하는 데 조점을 맞춘다.	목표를 정하고 관리하는 일을 거의 하지 않는다.	
숙달에 전념하기	최선의 노력을 기울이고, 가능한 한 최선의 결과를 얻기 위해 끊임없이 노력한다.	더 높은 수준의 숙달과 결과물을 얻기 위해 꾸준히 노력한다.	작업 수준과 노력이 보통 수준이다.	최선의 성과를 내려는 의욕이 거의 보이지 않는다.	
생산성	최고 품질의 작업을 담보하기 위해 일상적으로 시간, 노력, 자원을 조직화한다.	자원을 적절히 사용함으로써 요구조건을 충족하는 최종 결과물을 얻게 된다.	가끔 시간과 속도를 체크하는 것을 잊어버려서 결과물이 불완전하다.	자료를 선택하고 시간을 적절히 사용하는 데 도움이 필요하다.	
책임감	시간을 엄수하고, 준비되어 있으며, 체계적이다. 양심적이고 독립적인 일꾼으로서 요구조건 이상을 해낸다.	대체로 시간을 엄수하고 배울 준비가 되어 있다. 목표를 달성하기 위해 지시가 없어도 일관되게 일한다.	최소한의 개인적 책임만 진다. 작업을 완성하기 위해 지시가 필요하다.	시간에 늦고 준비가 안 되어 있다. 다른 사람들과 협업하지 못하거나 작업을 완수하지 못한다.	

유연성/적응성 (교사 중심)

스킬/지식	탁월	숙달	기본	초보	점수/비중
유연성	낡은 신념과 전략을 입증된 새로운 신념과 전략으로 대체하여 결과를 개선한다. 피드백을 수용하고, 그에 맞게 작용한다.	목표 달성에 도움이 될 것으로 여겨지는 낡은 것을 새로운 아이디어를 활용한다. 피드백을 수용하고, 이를 행동에 반영한다.	격려를 받거나 목표지향적인 피드백을 받으면 기꺼이 방향과 전략을 바꾼다.	낡은 신념과 방식을 더 생산적인 새로운 것으로 바꾸기가 힘들다. 피드백을 거의 받아들이지 않는다.	
변화에 적응하기	목적을 위해 변화를 수용한다. 새로운 것을 성정을 위한 기회로 사용한다.	변화를 개의치 않는다. 요구되는 것을 기꺼이 행하고, 필요에 따라 조정한다.	변화 자체나 변화하는 데 관심이 없다. 현재 상태를 유지하려 하고, 조정을 하려면 달래야 한다.	변화로 인해 쉽게 혼란스러워 하고 부담을 느낀다.	
어려움 해결하기	과제를 완수하고 목표를 성취하려는 결의에 차있고, 장애물을 극복하려고 노력한다.	약간의 격려가 있으면, 목표를 추구하고 과제를 완수하는 일을 꾸준히 지속한다.	어려움에 직면하면 포기할 생각도 하지만, 상당한 지원을 받으면 계속할 가능성도 있다.	어려움에 직면하면 과제를 포기한다.	

진취성/동기(교사 중심)

스킬/지식	탁월	숙달	기본	초보	점수/비중
우선순위	끊임없이 도전적인 목표를 정하고 이를 달성하기 위해 현실적인 우선순위를 정한다.	도달 가능한 목표를 정하고, 이를 달성하기 위해 실행 가능한 우선순위를 결정한다.	실행 가능한 계획을 가지고 일부 목표를 설정하지만, 항상 완전한 것은 아니다.	도움을 받으면, 합리적인 목표와 우선순위를 정할 수 있다.	
자기주도	철저한 행동 계획을 세우고, 이를 끝까지 따른다.	계획을 작성하고, 대개 독자적으로 이에 맞게 행동한다.	계획의 일부를 만들지만, 이것을 행동에 옮기기 위해서는 주의를 환기해줄 필요가 있다.	누군가와 함께 계획을 세우고, 자주 지시를 내려야 가장 좋은 성과를 낸다.	
모니터링/안내하기	작업을 적극적으로 모니터링하고, 닥쳐올 문제점들을 막기 위해 사전 깊게 조정한다.	일이 어떻게 진행되는지 기록하지만, 항상 앞서서 생각하거나 발생 가능한 문제점을 고려하는 것은 아니다.	일이 진척되는 것을 알고 있지만, 조정이 필요한 부분에 대해 주의를 기울이지는 않는다.	행동과 선택의 과정 및 결과를 의식하지 못한다.	
지속적인 성장	지속적인 성장과 학습에 흥미를 느끼며 적극적으로 임한다.	학습과 성장에 기쁨을 느끼며, 대체로 그 과정을 따른다.	지시를 기다리고, 대체로 제공된 경로를 따라간다.	성장과 학습을 거부하며, 현상 유지를 선호한다.	

21세기 교안

효과적인 교수, 의미 있는 학습, 우수한 평가는 오래 간다.

교과/ 학급:	교사:
단원:	학년:
주제:	
국가공통핵심성취기준(CCSS)	

(뒷면에 계속 이어짐)

주/ 지역/ 교과 성취기준	
지속적 이해/ 핵심 질문	
학습목표: "학생들은 ··· 할 것이다." (20세기와 21세기의 성취목표를 포함한다.)	
시작 기대하는 것 이전 학습과의 연계	
사전평가	
교수전략 교과내용 습득 • 교사 지도/ 자기주도 • 교수 • 시범보이기/ 코칭하기 • 디지털/온라인	
학습과정 및 방식 • 학생 참여 • 응용 • 모둠 구성	

21세기 스킬	
형성평가 형성평가에 대한 반응	
자원과 자료들	
평가	
교과내용 종합적 지식	
학습과정 개발된 스킬들	
학습결과물 실제 학습이 이루어졌음을 입증	
채점/ 보고	

실제 수업 적용 사례

레이첼 카슨, 『침묵의 봄(Silent Spring)』(1962)

1962년, 살충제가 환경에 미치는 영향을 기록한 이 책을 통해 환경운동이 소개되었다. 이 책은 모기를 죽이려고 사용한 DDT가 새도 죽이고 인간에게 해를 끼치며 나아가 생태계에 심각한 영향을 준다는 주장을 담고 있다. 이 책은 많은 논쟁과 비판을 불러 일으켰고, 일부는 오늘날까지 계속된다.

교과/ 학급: 영어, 과학, 사회 교과통합 수업	**교사:**
단원: 우리의 환경 지키기	**학년:** 8학년
주제: 환경문제의 해결	

국가공통핵심성취기준(CCSS)
- 텍스트의 중심 아이디어를 알아내고 그 전개를 분석한다.
  주제를 뒷받침하는 핵심 세부사항과 아이디어를 요약한다.
- 교과별로 특수하게 쓰이는 다양한 단어 및 어구를 습득하고 사용한다.
- 텍스트의 논쟁과 주장을 증거가 충분한지, 추론이 타당한지를 중심으로 평가한다.
  화자의 관점, 추론 및 증거와 수사의 사용에 대해 평가한다.
- 복잡한 아이디어를 전하기 위해 정보가 담긴 글이나 설명적인 글을 쓴다.
- 타당한 추론을 하여 주장을 뒷받침하는 논거를 작성한다.
- 다양한 파트너와 함께 여러 종류의 대화와 협업에 효과적으로 참여한다.
  다른 사람의 아이디어에 기초하여 자신의 아이디어를 분명하고 설득력 있게 표현한다.
- 정보와 증거를 제시하는 데 있어 디지털 미디어를 전략적으로 사용한다.
- 여러분의 주, 학구, 학교 및 교과내용과 관련 있는 것을 추가한다.

지속적 이해/ 핵심 질문들

• 헌신적인 한 명이 환경에 미칠 수 있는 영향을 인식한다.

• 환경과 개인/지역사회 생활의 질을 연계한다.

• 시사문제의 교과통합 수업 연계를 평가한다.

학습목표: "학생들은 … 할 것이다." (20세기와 21세기의 성취목표를 포함한다.)

• 주제에 쓰인 어휘를 사용하여 환경을 보호하려는 과학자들의 주된 관심을 기술한다.

• 훌륭한 환경지킴이가 되는 것과 관련하여 (과거와 현재의) 어려움과 논란에 대해 설명하고 분석한다.

• 다른 사람들에게 상황을 알리고 설득하는 디지털제품/웹제품을 연구하고 만들어낸다.

시작 기대하는 것 이전 학습과의 연계	• 각 장의 제목에 근거하여 어떤 한 장의 요지가 무엇일지, 또 레이철 카슨이 그녀의 책 『침묵의 봄』에서 기술하는 문제가 무엇일지에 대한 생각을 글이나 도식으로 설명한다. 과학과 사회과목에서 이전에 배운 것과 연계해본다. 교실에 각 장의 제목을 게시한다. 학생들은 그중 한 장 앞에 서고, 같은 장을 선택한 사람들끼리 그 장에 대해 토론한다. 학습에 대해 기대하는 것을 보고한다. **대안적 활동** • 인용: 아래의 인용문을 보여주고 학생들로 하여금 그 인용문에 기반하여 텍스트의 주제를 예측하도록 한다. • 개별적으로 할 수도 있고, 입실카드(entrance slip, 수업 시작 전에 작은 쪽지에 그날 배울 것에 관해 질문이나 견해를 쓰게 하여 주의를 집중하게 하는 형성평가의 일종-옮긴이)를 이용한 협업을 통해 할 수도 있다. • "인간은 예견하고 미연에 방지할 능력을 잃어버렸다. 인간은 지구를 파괴함으로써 종말을 맞이할 것이다." – 알베르트 슈바이처 • "내가 인간에 대해 비관적인 이유는 인간은 자신의 이익을 위해서라면 지나치게 영리하게 굴기 때문이다. 자연을 대하는 우리의 접근방식은 그것을 정복하여 굴복시키는 것이다." – E. B. 화이트
사전평가	• 주제와 문학, 과학, 사회과목 사이의 연계에 관한 5개의 선다형 질문과 3개의 응답형 질문
교수전략 교과내용 습득 • 교사 지도 • 시범보이기/ 코칭하기 • 디지털/온라인	• 레이철 카슨의 비디오 중에서 선택한 것을 시청하고 개요의 빈 곳을 채운다. • 레이철 카슨의 연구 방법과 과학적 방법을 비교/대조한다. • 환경의식을 고양하는 디지털제품/웹제품을 만든다. 과제/등급 루브릭을 작성하여 배포한다. 디지털 프로젝트의 예를 보여준다.

학습과정 및 방식 · 참여 구조 · 의미 생성 · 협업	• 팀은 독서, 비디오 시청 및 협업 계획을 통하여 살충제 사용에 관해 소크라테스식 세미나 혹은 토론을 준비한다.
21세기 스킬	• 글로벌 연계: 환경과 관련하여 삼림 벌채와 농업 발전의 현황에 관해 브라질에 있는 학교와 스카이프를 통해 논의한다. • 제17장은 당시에 사용되던 살충제에 대한 대안을 제시하고 있다. 현재의 방법을 연구하고 블로그를 만들어서 지역사회가 환경을 보호하는 원예 스킬을 사용하도록 알려주고 설득한다. • 21세기 스킬: 분석, 문제해결, 의사소통, 협업, 기술 리터러시, 학업 성실성
형성평가 · 형성평가에 대한 반응	전체 학습과정에 다음과 같은 전략을 사용한다. • 공지한 대로 사전평가 • 수업 중: 비어 있는 개요, 출구카드(exit slip, 수업이 끝난 후 그날 배운 것에 대해 간단히 하는 형성평가의 일종-옮긴이) • 사후평가: ABC 리뷰(ABC Review, 학생들이 상자 안에서 카드를 하나씩 꺼내어 그 카드에 적힌 글자로 시작하는, 그날 배운 단어를 말하며 학습한 내용을 복습하는 활동-옮긴이). 학생들이 시험문제를 작성하여 질의응답 시간에 사용한다. • 반응의 결과에 따라 교과내용을 추려내고 모둠을 구성/재구성하고 평가를 조정한다.
자원과 자료들	『침묵의 봄』(선택한 장을 온라인으로 읽거나 비디오 시청)
평가	
교과내용	• 과거와 현재의 살충제 사용에 대한 종합적 데이터 분석 • 어휘: 환경에 관해 언론 보도문이나 국회의원에게 보내는 편지를 쓰는 상황에서 선택한 용어의 정확한 사용
학습과정	스킬과 지식의 개발: 학생일지
학습결과물	실제성의 입증: 디지털 형태나 인쇄물 형태의 결과물/발표

부록 C

질의 및 응답

21세기 평가에 대한 도전들

1. '21세기 교육'이라는 말은 도처에서 볼 수 있지만, 그것이 무엇인지에 대해서는 의견 일치가 이루어지지 않는 것 같다. 그 이유는 무엇인가?

예리한 지적이다. 스킬에 대한 정의를 내리고, 스킬을 교수와 학습에 어떻게 통합할지를 결정하고, 스킬을 평가할 방법을 모색하는 데 더 많은 노력이 필요하다. 현재 21세기 교육개혁안이 교육자, 정책입안자, 시험출제자, 관련 업계 등 여러 부문에서 나오고 있다. 저마다 고유한 관점과 의제를 갖고 있는 것으로 보인다. 이 책의 목적은 그와 같은 다양한 관점을 통합하여 교육적 투입(시간/ 자금 등의 자원과 프로세스, 프로그램, 실행 등을 의미-옮긴이)과 최종 학습결과에 대한 융통성 있는 견해를 이끌어내는 것이다. 더 광범위한 교육목표를 반영하도록 다양한 자료를 검토하고 조직하고자 한다.

교육개혁의 필요성에 대한 합의는 점점 커가고 있으며, 오늘날 학생들이 성공하기 위해 필요로 하는 스킬과 지식에 대해서는 대체로 의견이 일치한다. 하지만 이에 대한 정의를 두고 공통적으로 공유하는 범위가 확장되고 있어 이 모든 것이 통합되는 데는 시간이 걸릴 것이다. 이런 새로운 패러다임에 대한 학교의 대응 방안을 제시하는 것은 아직 초기 단계이며, 21세기 스킬의 교수전략도 마찬가지이다. 그중 가장 뒤처져 있는 것이 21세기 스킬의 최종 학습결과를 측정하고 평가하는 방법이다.

한편, 다양한 의견이 개진됨에 따라 21세기 스킬을 더 명확하게 정의하고, 그것이 어떤 모습일지 좀 더 구체화하며, 교수·학습·평가에 통합시킬 효과적인 전략을 결정한다면 틀림없이 도움이 될 것이다.

2. 20세기와 21세기 학습 및 평가의 차이는 무엇인가?

여러분이 40세가 넘었다면 대부분의 교육을 20세기에 받았을 것이다. 주로 책이나 정기간행물, 그리고 때로는 교사가 복사해준 유인물을 읽었을 것이고, 간혹 비디오를 시청하기도 했을 것이다. 교과내용의 숙지가 매우 강조되었고, 선다형 시험이 표준이던 시절이었다.

1990년대 이후에 태어난 학생들은 기술(technology)과 함께 성장했다. 컴퓨터와 휴대폰은 곧 그들 자신의 연장선상에 있었다. 정보는 24시간 내내 이용 가능했고, 지금은 그 어느 때보다 많아졌다. 사회적 연결은 즉각적이고, 디지털 도구나 게임, 소셜 네트워킹에 여가시간을 쏟아붓는다. 그에 따라 정보에 대한 접근 및 사용방식도 바뀌었다. 학생들에게 기술 사용과 시험은 동시에 이루어진다. 학생들은 기술 사용을 통해 그들의 능숙도를 보여준다.

21세기 학습자들은 정보를 찾고 사용하며 조작하는 방법을 알아야 한다. 또한 새로운 아이디어를 생성해내기 위해 정보를 사용할 줄 알아야 한다. 직장에서는 팀워크와 의사소통이 일상적인 것이 되었다. 고용주들은 자기주도적이고 긍정적인 태도를 가지며 리더십과 대인관계 스킬을 갖춘 사람을 찾고 있다. 이런 변화야말로 교실과 학교에서 교수·학습·평가의 전환을 가져온다.

3. 이에 대한 과학적인 근거가 있는가?

어떤 면에서 이것은 허블 망원경을 쏘아올리기 전에 나사(NASA)가 사용했을 수도 있는 방식이다. 초기의 실패에도 불구하고 과학자와 기술자들은 문제해결 스킬을 사용하고 협업을 하며 기술을 응용하여 문제를 해결하였다. 그와 같은 도전에 응할 수 있는 이전 경험도 없었고, 그런 특정한 사건에 대한 연구 기반의 해결책도 없었지만 결국 그들은 성공했다.

이와 유사한 논리적 추론을 21세기 스킬에 적용한다면, 여러 관련 영역과 분야에서 다양한 연구를 탐색하여 적절한 관련성을 찾을 수 있다. 로버트 마자노(Robert Marzano)와 존 해티(John Hattie)의 연구는 가장 효과적인 교수전략을 밝혀냈는데 그중 많은 것이 21세기 스킬과 겹친다. 에드워드 데시(Edward Deci)와 캐롤 드웩(Carol Dweck)의 동기부여에 관한 연구는 동기부여가 선택, 통제, 참여에 기반한다는 것을 보여준다. 신경과학은 뇌가 학습과 관련하여 어떻게 기능하는지 이해하게 해주며, 발달 측면에서 볼 때 학생들이 고차원적 사고를 어떻게 습득하고 응용하는지 밝혀준다.

학생들의 기술 사용에 관한 연구는 그들이 두 개의 다른 세상에 살고 있다는 것을 보여준다. 하나는 몇 가지 선택된 기술을 제한적으로 사용하는 학교 안 세상이며, 다른 하나는 끊임없이 기술에 파묻혀 사는 학교 밖 세상이다. 디지털 기술이 학생들의 뇌를 변화시킨다는 증거가 점점 늘고 있다(Carr, 2010). 교육이 이와 보조를 맞춘다면 학습에 대한 평가도 이와 보조를 맞춰야 한다.

4. 스킬이라는 것은 유동적이고 모호해서 평가하기가 더 어렵다.

학생이 27 더하기 54를 할 수 있는지 또는 '가설'이라는 단어를 정의할 수 있는지를 평가하는 것은 쉬운 일이다. 대부분의 시험은 학생들에게 역사적 사건을 기억하도록 하거나, 아니면 수면 부족이 학생의 성취도에 미치는 영향력을 다룬 논문에서 요지를 찾도록 요구한다. 하지만 수학적 원리를 이용하여 건축 문제를 푸는 학생의 능력은 측정하기가 어렵다. 실험 결과에 대한 학생의 분석을 평가하거나, 경제적으로 어려운 사람들을 돕는 캠페인을 만들기 위해 다른 사람들과 협업하는 능력을 평가하거나, 자신의 인터넷 팟캐스트에 대한 성찰의 수준을 평가하는 것 역시 마찬가지로 어렵다.

타당하고 신뢰할 수 있는 평가를 설계하는 데 꾸준한 진전이 있었으며, 현재는 21세기 스킬을 객관적으로 평가하는 능력을 개발하고 있다. 이것이 쉽다는 뜻은 아니다. 포트폴리오를 통해서는 성장에 대해 기록할 수 있고, 루브릭을 통해서는 결과물과 수행을 판단하기 위해 선정한 기준을 평가할 수 있다. 다른 사람들과 협업하는 능력을 평가하는 것은 더 어렵다. 이를 평가하려면 집단에 의미 있게 기여하는 능력, 다른 사람의 의견을 경청하는 능력, 새로운 결과물을 얻기 위해 함께 작업하는 능력, 문제해결을 위해 계획을 짜는 능력 등에 대한 평가가 필요하다. 그러나 장기적으로 이런 형태의 평가는 학생들을 미래에 대비하게 하는 중요한 부분이 될 것이다. 따라서 그와 같은 스킬을 평가하기 위한 전략과 측정기준이 필수적이다.

5. 이미 교육과정에 들어 있는 내용지식을 숙지하기에도 시간이 부족한 상황에서 어떻게 21세기 스킬을 위한 시간을 낼 수 있는가?

내용지식은 21세기 스킬, 즉 지식의 응용을 위한 토대이다. 의사가 필수 지식과 스킬 없이 수술하는 것은 불가능하다. 또 자동차 정비공이 소리만 듣고 자동차를 고칠 수는 없다. 학생들도 핵심 지식을 숙지해야 한다. 이것은 지식의 응용과 별개로도 가능하지만, 21세기 스킬의 맥락 속에서 이루어질 때 더 효과적이다. 내용지식은 의사나 정비공의 경우처럼 실제 적용을 통해 측정되어야 한다.

참여와 즐거움이 있으면 학습을 좋아하게 된다는 연구결과가 있다. 또 학습동기는 학생들에게 선택권과 통제권이 주어질 때 높아진다고 한다(Deci & Ryan, 2006; Dweck, 2006; Pink, 2009). 그러므로 내용지식만큼 학생의 참여도 중요하다고 할 수 있다. 교사는 문제해결, 결과물 개발, 창의적 응용 및 관련 기술을 사용하는 상황에서 내용지식을 활용할 수 있다. 21세기에는 핵심 교과를 넘어서 실생활에서 내용지식을 바탕으로 생산적으로 일할 수 있는 학습자를 길러내는 것이 필요하다. 학생들이 이런 스킬에 숙달했는지 알려면 필연적으로 대안적 평가방식이 필요하다. 이는 더 많은 시간을 요하는 일이 아니라 단지 우선순위의 변화가 필요한 일일 뿐이다.

6. 이것이 국가공통핵심성취기준(CCSS)의 기초스킬에 먼저 숙달할 필요가 있는, 낮은 성취수준의 학생들에게도 통할까?

모든 학생은 기초적인 문해력과 수리력을 익힐 필요가 있다. 그래서 저학년에서는 기초 문해력 및 수리력의 숙달에 더 중점을 둘 수도 있다. 학생들이 핵심 지식을 숙지함에 따라 21세기 스킬이 점차 정례적으로 일상 속에 녹아들 수 있다. 응용학습과 비판적 사고를 저학년부터 통합시키자고 주장하는 사람들도 있지만, 반면에 특정한 유형의 고차원적 사고를 하려면 뇌의 일정 영역이 성숙해야 한다는 증거도 있다. 기본적으로 이것은 닭이 먼저냐 달걀이 먼저냐와 같은 딜레마이다. 각 학생과 학급에서 학습자의 필요를 가장 잘 충족시키는 결정을 할 수 있을 것이다.

주의 깊게 사용한다면 응용학습과 참평가는 지식을 더 잘 기억하게 해줄 수 있다. 학습은 학생들이 그것을 실생활에 적용할 때 더욱 의미가 있다. 인터넷 텍스트를 해석하고 그래픽 디자인을 만들고 정보를 새로운 결과물에 통합하는 것은 모든 교과영역에서 응용할 수 있다.

고등학교를 중퇴하는 학생들은 대개 학습에 대한 흥미와 참여 부족을 그 이유로 언급한다. 학습에 점차 흥미를 잃기 시작하면서 그들의 학업 성취도 부진의 늪에 빠지는 것이다. 이런 학생들에게 내용지식의 굳건한 핵심에 기반을 둔 프로젝트, 문제해결, 창의성, 기술 사용보다 더 매력적인 학습이 또 있을까? 교수전략은 이 모든 것을 통합할 수 있다.

7. 발달 측면에서 학생들의 준비 상태는 어떤가? 학생들이 21세기 스킬에 준비가 되어 있는 때를 우리가 어떻게 알 수 있는가?

모든 학생이 21세기 스킬을 배울 수 있다. 일부 학생에게는 교사가 추가로 스캐폴딩(scaffolding, 학습자가 현재의 수준을 넘어 다음 단계에 이르도록 한시적으로 적절한 도움을 제공하여 학습을 촉진시키는 전략-옮긴이)이나 학습지원을 해줄 필요가 있다. 아주 어린 아이들은 공동으로 하는 작업에서 협업이나 역할 분담을 배울 수 있다. 비교는 단순한 것부터 복잡한 것까지, 예컨대 동물집단 비교에서부터 애매한 글로벌 이슈 비교까지 다양한 수준에서 가능하다.

많은 수고를 들이지 않아도 대부분의 학습 단위에서 창의적 사고를 유도할 수 있다. '무언가를 어떻게 달리 사용할 수 있을까?' 또는 '그것이 미래에는 어떤 모습일까?' 등의 질문을 던지는 것만으로도 가능하다. 21세기 스킬이 발달 과정에서 적절한 방식으로 교육과정에 포함된다면 모든 학생에게 혜택이 돌아갈 것이다.

8. 새로운 평가는 어떤 모습일까?

21세기 평가는 시험의 형태가 아닐 수도 있다. 시험은 어느 한 시점에서 학생들의 지식을 스냅사진처럼 찍는 정적인 측정이다. 21세기에는 학생에 대한 제대로된 정보를 주고 학생의 사고를 보여주는 평가가 더 중요하다. 그런 평가를 학급에서 소규모로 개발하고 사용하는 것은 상대적으로 쉽다. 새로운 심리측정(psychometrics, 성격·능력·선호·감각과 같이 직접 측정할 수 없는 심리학적 개념을 측정하기 위한 방법. 계량심리학이라고도 함-옮긴이)이 요구되는 대규모 시험을 개발하는 것은 훨씬 어려운 작업이다. 사고 과정이 눈에 보이는 비저블 씽킹(visible thinking)을 추구하고, 의견이 다양하게 뻗어나가는 확산적 반응(divergent responses)을 권장한다면, 정답이 하나뿐인 시험이 주된 평가방법이 될 수는 없다.

학생마다 각자의 수준에 맞게 문항이 제공되는 CAT(Computerized Adaptive Testing, 학생이 답을 입력하면 그에 반응해서 알맞은 문항이 제공되는 컴퓨터 기반의 시험-옮긴이)에 21세기 스킬 평가에 대한 가능성이 있을지도 모른다. 사고의 순서에 맞추어 컴퓨터에 입력되는 프로그램도 개발되고 있다. 이런 기술은 다른 과목에서보다 협업이나 시민의식과 같은 일부 영역에서 더 쉬울 수도 있다. 또 한편으로는 숙련된 독자들이 완성형 문항을 분류한 다음 해당 범주를 컴퓨터에 입력하도록 하는 등 새로운 전략이 나오고 있다. 우리 앞에 놓인 도전과제는 타당성과 신뢰성을 충족시키는 과제·평가·점수 체계를 개발하는 일이다.

9. 이미 과중한 부담에 시달리는 교사들에게 업무를 더 떠안기는 것 같다.

이미 복잡한 업무에 시달리고 있는 교사들에게 점점 더 많은 책임이 부가되고 있는 것은 사실이다. 21세기에 통용되는 약어들을 생각해보라. RTI(Response To Intervention, 개입반응접근법, 학습부진에 이르기 전에 적절한 개입을 하기 위한 학습자 모니터링 방식-옮긴이), PLC(Professional Learning Community, 교사학습공동체), NCLB(No Child Left Behind, 아동낙오방지법), NAEP(National Assessment of Educational Progress, 전미교육성취도평가), PISA(Program for International Student Assessment 국제학업성취도평가), IEP(Individualized Educational Plan, 개

별화교육계획), 504(Section 504 Plan, 504 플랜, 1973년 재활법 제 504조에서 이름을 딴 것으로 장애 학생들에게 규정된 시험시간에 추가시간을 주거나 시험을 치르기 편리한 장소에서 시험을 치를 수 있도록 해주는 제도-옮긴이), ESOL(English for Speakers of Other Languages, 타언어 사용자들을 위한 영어), GLE(Grade Level Equivalent, GE 지수, 학생들의 독서 수준을 나타내는 지수-옮긴이), CRISS(CReating Independence through Student-owned Strategies, 초등 3학년-고등 3학년 학생들의 읽기, 쓰기, 학습 전반을 향상시키려는 목적으로 진행되는 교사연수 프로그램-옮긴이) 등이 있다. 게다가 교사들은 새로운 등급 및 성적보고 프로그램, 스마트보드, 새로운 성취기준 등에 직면하고 있다. 더그 리브즈(Doug Reeves)는 이것을 새로운 정책이나 프로그램의 도입에 따른 피로(initiative fatigue)라고 칭하며, 이로 인해 교사들은 오랜 기간에 걸쳐 정서적 에너지와 시간이 고갈된다고 설명한다.

21세기 스킬은 새로운 정책이나 프로그램의 통합을 지원하는 것을 지향한다. 위의 약어들을 21세기 스킬에 적용하는 것은 어렵지 않다. 예를 들어 어휘 훈련의 경우 학생들에게 어휘를 가지고 우스꽝스러운 문장을 만들어보도록 하거나, 새로 배운 수학 개념을 실생활에 적용할 방법을 찾아보도록 하는 것이다. 새로운 정책이나 프로그램을 도입하는 일을 피곤하게 여기기보다는 이들을 통합해 재구성한다고 여기고, 이를 통해 교수·학습·평가에 새로운 활기를 불어넣도록 해야 할 것이다.

10. 21세기 스킬 교육은 그저 또 하나의 일회성 운동에 불과한 것인가?

21세기 스킬을 교육에 도입하는 운동에 대해서는 찬반 의견이 모두 존재한다. 어떤 이들은 이것이 종합품질관리(Total Quality Management, TQM, 기업활동 전반의 품질을 높여 고객만족을 달성하기 위한 경영방식-옮긴이)나 에디슨학교(Edison Schools, 미국 뉴저지 주에 본사를 둔, 공립학교 경영 시스템-옮긴이)처럼 금방 사라지는 유행이라고 보는 반면에, 다른 사람들은 이것이 몬테소리 교육(Montessori education, 마리아 몬테소리(Maria Montessori)가 창시한 교육법으로 아동의 발달수준과 흥미에 맞춘 균형 있는 학습을 통해 전인격적 발달을 목표로 하는 교수법-옮긴이)처럼 지속적인 운동이라고 본다. 반대하는 사람들은 고부담시험(high-stakes tests)의 비중이 큰 요즘 시대에 내용지식을 배우는 시간을 빼앗는 것은 바람직하지 않다고 주장하는 반면, 지지자들은 21세기 스킬이 핵심 지식과 통합되어야 한다고 생각한다. 성취도가 낮은 학생들에 대해서 우려하는 이들도 있고, 다른 한편에서는 이런 변화가 과도한 성취기준 기반의 교육과정을 완화시킬 수 있을 것으로 기대하기도 한다.

어떤 이들은 이것이 새로운 스킬이 아니라고 한다. 맞는 말이다. 추상적 사고에 관한 플라톤의 생각이나, 지식을 분류하고 조직하는 아리스토텔레스의 방식은 오늘날에도 계속된다. 듀이(Dewey), 비고츠키(Vygotsky), 글레이저(Glaser)의 이론은 그들 당대에는 널리 받아들여지지 않았으나, 기본적인 아이디어는 살아남았다. 그런 아이디어는 새로운 것이 아니며, 세상이 변하면서 그런 이론들이 과거 어느 때보다 유의미한 것이 되었다.

사고 스킬, 행동 스킬, 삶의 스킬은 오늘날의 교사와 학습자가 무시할 수 없는 것들이다. 이런 것들은 미래의 지식근로자들이 익혀야 할 것들이다. 21세기 스킬은 교육과정에 명시적으로 포함되지 않는다면 그저 지나가는 유행이 될 것이다. 많은 토론과 제안을 통해 21세기 학습의 목적과 목표에 대해 보편적인 정의를 제시하고 있지만, 그것들을 어떻게 가르칠 것인지, 어떻게 측정할 것인지에 대한 고려는 거의 없다. 21세기 스킬 교육에 대한 국가와 주 차원의 정책이 만들어지기 전에는 그것이 정규적으로 교육과정, 교수 및 학습에 포함될 것 같지 않다. 모든 수준에서 타당하고 신뢰성 있는 평가가 없다면 학교와 교육자들을 21세기 스킬 교육의 방향으로 이끌기 어려울 것이다.

11. 왜 지금이어야 하는가?

현재 21세기 교육개혁을 주도하는 많은 요인이 존재한다. 표준화 시험은 교육을 개선하지 못했다. 시험에 중점을 둔 교수를 통해서도 미국의 교육적 성과는 미미한 수준에 그쳤다. 다른 국가들은 국제적인 평가에서 나아지고 있는 데 반해, 미국 학생들은 더 이상 경쟁력을 갖지 못하고 있다. 지식의 빠른 확산과 휘몰아치는 변화의 속도는 교수 및 평가의 수정을 요구한다. 교육자들은 더 이상 단순히 학생들이 무엇을 아는지 물어서는 안 되고, 이제는 학생들이 그 지식으로 무엇을 할 수 있는지 물어야 한다. 비판적 사고, 계획, 문제해결, 의사소통, 협업 및 기술적 역량이 필수적이며 이는 내용지식과 통합되어야 한다. 이제는 단지 개별 내용지식만을 가르치거나 평가하는 데 머무르는 것이 허용되지 않는다.

12. 미래를 준비하면서 물어야 할 중요한 것은 무엇인가?

윌리엄 스페이디(William Spady)는 학교개혁과 관련하여 중요한 질문 목록을 만들었다(1999). 학생들이 몇 과목을 들어야 하는가, 어떤 내용지식을 알아야 하는가, 어떤 시험으로 이를 측정해야 하는가 등의 질문 대신에 그는 더 오래 지속되는 교육성과를 고려해야 한다고 제안했다. '학생들이 교육을 마친 후에 직면할 상황은 무엇인가', 그리고 '이를 위해 학생들을 어떻게 준비시켜야 하는가'를 확실히 이해하는 것에서 시작하는 것이 바람직하다고 보았다. 그는 교육자들에게 '학생들이 그런 조건에 성공적으로 대처하기 위해서는 어떤 수행능력과 자질이 필요한가', 그리고 '어떤 종류의 학습경험을 통해 그런 능력과 자질을 개발할 것인가'라는 질문을 던졌다(p.5). 그는 교육자들이 어떤 교수·학습이 그런 학습결과를 가장 잘 뒷받침할지 판단하고, 고차원적 응용학습을 개발할 것을 제안했다. 장기적인 교육과정에 대한 헌신, 전문성 공유, 분명한 방향성을 통해 우리는 다음의 질문으로 나아가게 될 것이다. '학생들이 알아야 하고 행해야 할 중요한 것은 무엇이며, 그들이 그것을 달성하도록 어떻게 도울 수 있는가?'

13. 21세기 교수·학습·평가에 관한 오해와 진실

오해	진실
모두에게 통하는 것은 아니다.	모든 연령, 학년, 교과, 성별, 문화 및 성취도 수준에서 학생들은 혜택을 볼 수 있다. 이것은 실생활과 관련된 학습이다.
어린 학생들에게는 적합하지 않다.	일부 형태의 고차원적인 사고는 뇌가 더 성장한 후에 더 쉽게 이루어질 수 있지만, 신중하게 적절히 사용하면 모두가 혜택을 볼 수 있다.
일부 학생들에게는 너무 어렵다.	모든 학습과 평가가 그렇듯이 학습자의 발달 능력에 적절히 맞출 수 있다.
학급이 혼돈에 빠질 것이다.	일부 혼란이 있을 수 있지만, 많은 학습이 결과를 예측하기 어려운 방식으로 일어난다. 참여 수준이 높아져 더 활발한 활동이 이루어질 수 있다.
핵심 내용을 가르치는 것이 더 중요하다.	핵심 내용과 21세기 스킬은 통합되어야 하며 각각이 서로를 지원해주고 함께 평가되어야 한다.
교사의 업무가 늘어난다.	교수 및 평가에 대한 접근법의 변화일 뿐 일을 더 많이 만들어 업무를 가중시키는 게 아니다.
평가를 대체할 것이다.	학습을 판단하는 데 사용되는 평가의 스펙트럼을 넓힐 것이다.
모든 것을 변화시킨다.	그렇다. 처리방식, 일상적인 학습, 자원이 조정될 것이며 이 모든 게 훨씬 개선되는 방식이 될 것으로 기대한다.
실생활이 아니다.	인생은 선다형 시험이 아니다.

참고문헌

Ananiadou, K., & Claro, M. (2009). *21st century skills and competencies for new millennium learners in OECD countries*. (OECD Education Working Papers, No. 41). Paris: OECD Publishing. Retrieved from http://www.oecd-ilibrary.org/education/21st-century-skills-and-competences-for-new-millennium-learnersin-oecd-countries_218525261154

Anaya, R. (1994). *Bless me Ultima*. New York: Grand Central Publishing.

Anderson, L. W., & Krathwohl, D. R. (Eds.). (2001). *A taxonomy for learning, teaching and assessing: A revision of Bloom's taxonomy of educational objectives:* Complete edition. New York: Longman.

Banta, T. W., Lund, J. P., Black, K. E, & Oblander, F. W. (1996). *Assessment in practice: Putting principles to work on college campuses*. San Francisco: Jossey-Bass.

Barrett, H. (2003). Electronic portfolios. In A. Kovalchik & K. Dawson (Eds.), *Educational technology: An encyclopedia*. Santa Barbara, CA: ABC-CLIO. Retrieved from http://electronicportfolios.org/portfolios/encyclopediaentry.htm

Binkley, M., Erstad, O., Herman, J., Raizen, S., Ripley, M., & Rumble, M. (2010). *Defining 21st century skills* (Draft White Paper 1). Melbourne, Australia:

University of Melbourne, Assessment and Teaching of 21st Century Skills. Retrieved from http://www.act21s.org/wp-content/uploads/2011/11/1-Defining-21st-Century-Skills.pdf

Blakemore, S., & Choudhury, S. (2006). Development of the adolescent brain: Implications for executive function and cognitive development. *Journal of Child Psychology and Psychiatry, 47*(3), 296–312. Retrieved from http://wwwicn. ucl.ac.uk/sblakemore/SJ_papers/BlaCho_jcpp_06.pdf

Bloch, S. (2008). *Butterflies in my stomach.* New York: Sterling.

Bloom, B. S. (1956). *Taxonomy of educational objectives: The classification of educational goals. Handbook I: Cognitive domain.* New York: David McKay.

Bridgeland, J., Dilulio, J., Jr., & Morison, K. B. (2006). *The silent epidemic: Perspectives of high school dropouts.* Washington, DC: Civic Enterprises. Retrieved from http://www.sswaa.org/userfiles/file/2012handouts/B13/The%20 Silent%20 Epidemic%20(44%20pages).pdf

Bronson, P., & Merryman, A. (2010, July 10). The creativity crisis. Newsweek. Retrieved from http://www.thedailybeast.com/newsweek/2010/07/10/the-creativity-crisis.html

Cakir, M. P., Zemel, A., & Stahl, G. (2009). The joint organization of interaction within a multimodal CSCL network. *International Journal of Computer-Supported Collaborative Learning, 4*(2), 115–149. Retrieved from http://gerrystahl.net/pub/ijCSCL_4_2_1.pdf

Carbone, E. (2002). *Stealing freedom.* St. Paul, MN: Elisa Emc Publishers.

Carr, N. (2010). *The shallows. What the Internet is doing to our brains.* New York: Norton.

Carson, R. (1962). *Silent spring.* Boston, MA: Houghton Mifflin.

Center for Research on Evaluation, Standards, and Student Testing. (1990). *Portfolio assessment and high technology.* Los Angeles: University of California at Los Angeles. Retrieved from http://www.cse.ucla.edu/products/guidebooks/hightech.pdf

Common Core State Standards Initiative. (2011a). About the standards. Retrieved from http://www.corestandards.org/about-the-standards

Common Core State Standards Initiative. (2011b). Frequently asked questions. Retrieved from http://www.corestandards.org/frequently-asked-questions

Cormier, R. (2004). *The chocolate war.* New York: Robert Ember, A Random House Imprint.

Costa, A., & Kallick, B. (2000). *Habits of Mind.* Retrieved from http://www.instituteforhabitsofmind.com/

Covey, Sean. (1998). *7 Habits of highly effective teens.* New York: Touchstone Press.

Deci, E. L., & Ryan, R. M. (Eds.). (2006). *The handbook of self-determination research* Rochester, NY: University of Rochester Press.

Dede, C. (2009a). Comparing frameworks for "21st century skills." Retrieved from http://www.watertown.k12.ma.us/dept/ed_tech/research/pdf/ChrisDede.pdf

Digital literacy. (n.d.). In *Wikipedia.* Retrieved from http://en.wikipedia.org/wiki/Digital_literacy

Dweck, C. (2006). *Mindset: The new psychology of success.* New York: Random House.

Elder, L. (2007) *Another brief conceptualization of critical thinking.* Retrieved from http://www.criticalthinking.org/pages/defining-critical-thinking/766

Enzensberger, H. M. (1997). *The number devil: A mathematical adventure.* (M. Heim,Trans.) New York: Henry Holt.

Flanagin, A. J., & Metzger, M. J. (2010) *Kids and credibility: An empirical examination of youth, digital media use, and information credibility.* Chicago: The MacArthur Foundation. Retrieved from http://www.macfound.org

Flavell, J. H. (1979). Metacognition and cognitive monitoring: A new area of cognitive-developmental inquiry. *American Psychologist, 34*(10), 906–911.

Friedman, T. (2005). *The world is flat: A brief history of the twenty-first century.* New York: Farrar, Straus and Giroux.

Fuller, R. B. (1982). Critical path. New York: St. Martin's Griffin.

Funke, C. (2003). *Inkheart.* Somerset, UK: The Chicken House.

Gibson, C. J., & Lennon, E. (1999). *Historical census statistics on the foreign-born population of the United States: 1850–1990* (Population Division Working Paper No. 29). Washington, DC: U.S. Bureau of the Census.

Giff, P. R. (2001). *Nory Ryan's song*. Waterville, ME: Thorndike Press.

Glaser, E. M. (1941). *An experiment in the development of critical thinking.* New York: Teachers College, Columbia University.

Glass, I. (2010). Speech and interview given at KQED in San Francisco.

Glasser, W. (1968). *Schools without failure*. New York: Harper and Row.

Goleman, D. (1995). *Emotional intelligence*. New York: Bantam Books.

Greenstein, L. (2005). *Classroom assessment: Teacher's knowledge and practice.* Unpublished doctoral dissertation, Johnson and Wales University.

Greenstein, L. (2010). *What teachers really need to know about formative assessment*. Alexandria, VA: ASCD.

Hattie, J. (2008). *Visible learning: A synthesis of over 800 meta-analyses relating to achievement*. New York: Routledge.

Hattie, J., & Timperley, H. (2007).The power of feedback. *Review of Educational Research, 77*(81). Retrieved from http://rer.aera.net

Hart, W., & Albarracin, D. (2009). The effects of chronic achievement motivation and achievement primes on the activation of achievement and fun goals. *Journal of Personality and Social Psychology, (97)*6, 1129–1141.

Hartnell-Young, E. (2008). *Impact study of e-portfolios on learning*. Nottingham, UK: Nottingham University. Retrieved from http://research.becta.org.uk/index. php?section=rh&catcode=_re_rp_02&rid=14007

Herman, J. L., & Winters, L. (1994). Portfolio research: A slim collection. *Educational.*

Jacobs, H. H. (Ed.). (2010). *Curriculum 21: Essential education for a changing world*. Alexandria VA: ASCD.

Jacobsen, E. R. (2011). Average SAT scores of college-bound seniors (1952–present). Retrieved from http://www.erikthered.com/tutor/historical-average-SATscores. pdf

Jerald , C. (2009). *Defining a 21st century education.* Alexandria, VA: The Center for Public Education. Retrieved from http://www.centerforpubliceducation.org/ Learn-About/21st-Century/Defining-a-21st-Century-Education-Full-Report-PDF. pdf

Johnson, L., Levine, A., Smith, R., & Stone, W. (2010). *The 2010 Horizon report,* Austin, TX: New Media Consortium.

Kanevsky, L., & Keighley T. (2003). To produce or not to produce? Understanding boredom and honor in underachievement. Roeper Review, 26(1), 20–28.

KnowledgeWorks Foundation. (2008). *The 2020 Forecast: Creating the Future of Learning.* Cincinnati, OH: Author.

Lapkoff, S., & Li, R. M. (2007). Five trends for schools. *Educational Leadership, 64*(6), 8–15.

Lawrence, I., Rigol, G. W., Van Essen, T., & Jackson, C. A. (2002). *Research Report No. 2002–7: A historical perspective on the SAT: 1926–2001.* New York: College Entrance Examination Board.

Lemke, C., Coughlin, E., Thgadani, V., Martin, C. (2003). *enGauge 21st century skills: Literacy in the digital age.* Culver City, CA: Metiri Group.

Lengler, R., & Eppler, M. (2007). *Towards a periodic table of visualization methods for management.* IASTED Proceedings of the Conference on Graphics and Visualization in Engineering (GVE 2007). Clearwater, Florida. Retrieved from http://www.visual-literacy.org/periodic_table/periodic_table.html

Leu, D. (2010, October). *New literacies of online reading comprehension: Preparing all students for their reading future.* Presentation to the Connecticut Alliance of Regional Service Centers.

Loveless, T. (2011). *The 2010 Brown Center report on American education: How well are American students learning?* Washington, DC: Brookings Institution. Retrieved from http://www.brookings.edu/~/media/Files/rc/ reports/2011/0111_naep_loveless/0111_naep_loveless.pdf

Lovett, M. (2008). *Teaching metacognition.* Retrieved from http://net.educause .edu/upload/presentations/ELI081/FS03/Metacognition-ELI.pdf

Lyman, P., & Varian, H. (2003). *How much information?* Retrieved from http://www2.sims.berkeley.edu/research/projects/how-much-info-2003/

Marzano, R. (2007). *The art and science of teaching.* Alexandria, VA: ASCD.

Metiri Group. (2003). *enGauge 21st century skills.* Culver City, CA: Metiri Group, Author. Available at www.unctv.org/education/teachers_childcare/nco/documents/skillsbrochure.pdf

Metropolitan Life Insurance Company. (2011). *MetLife survey of the American teacher: Preparing students for college and career readiness.* New York: Author. (ERIC Document Reproduction Services No. ED 519278)

Moore, G. E. (1965). *The Moore's Law website.* Retrieved from http://www.intel.com/technology/mooreslaw/

Morse, S. (2006). *The school dropout crisis: Why one-third of all high school students drop out and what your community can do about it.* Richmond, VA: The University of Richmond Pew Partnership for Civic Change. Retrieved from http://www.pew-partnership.org/pdf/dropout_overview.pdf

Moskal, B., & Leydens, J. (2000). Scoring rubric development: Validity and reliability. *Practical Assessment, Research, and Evaluation, 7*(10). Retrieved from http://pareonline.net/getvn.asp?v=7&n=10

Murphey, C. (1996). *Gifted hands: The Ben Carson story.* Grand Rapids, MI: Zondervan.

National Assessment of Educational Progress, National Center for Education Statistics. (2011). *NAEP Civics Report.* Retrieved from http://nationsreportcard.gov/civics_2010/summary.asp

National Association of State Boards of Education. (2009). *Reform at the crossroads: A call for balanced systems of assessment and accountability.* Retrieved from http://nasbe.org/index.php/downloads/study-groups/developing-the-21st-century-educator-study-group-2010/meeting-materials/280-reform-at-a-crossroads-chapter-4

National Center for Children in Poverty. (2012). *Data tools.* New York: Columbia University, Mailman School of Public Health. Retrieved from http://www.nccp.

org/tools

National Center for Education Statistics. (2009). *Comparing NAEP, TIMSS, and PISA in Mathematics and Science.* Retrieved from http://nces.ed.gov/timss/pdf/naep_timss_pisa_comp.pdf

National Commission on Excellence in Education. *A nation at risk: The imperative for educational reform.* (1983). Washington, DC: U.S. Department of Education. Retrieved from http://www.ed.gov/pubs/NatAtRisk/title.html

National Governors Association Center for Best Practices, Council of Chief State School Officers. (2010). *Common core state standards for English language arts and literacy in history/social studies, science, and technical subjects.* Washington, DC:

National Governors Association Center for Best Practices, Council of Chief State School Officers. Retrieved from http://www.corestandards.org/assets/ CCSSI_ELA%20 Standards.pdf

National Governors Association Center for Best Practices, Council of Chief State School Officers. (2010). *Common core state standards for mathematics.* Washington, DC: National Governors Association Center for Best Practices, Council of Chief State School Officers. Retrieved from http://www.corestandards.org/assets/ CCSSI_Math%20Standards.pdf

Nielsen Company. (2012). *The Australian online consumer landscape.* Retrieved from http://au.nielsen.com/site/documents/AustralianOnlineLandscapeExecSum mReport2012FINAL.pdf

Organisation for Economic Co-operation and Development, Centre for Educational Research and Innovation (2008). *21st century learning: Research innovation, and policy.* Retrieved from http://www.oecd.org/dataoecd/39/8/40554299.pdf

Parish, P. (1963). *Amelia Bedelia.* UK: Harper Collins.

Partnership for 21st Century Skills. (2010a). *Review of CCSSI Language Arts Standards.* Retrieved from http://www.p21.0rg/documents/P21%20CCSSI%20 Comments%20ELA%20FINAL%2004.02.10.pdf

Paul, R., & Nosich, G. (2009). *A national model for the assessment of higher order thinking.* Tomales, CA: The Foundation for Critical Thinking. Retrieved from http://www.criticalthinking.org/assessment/a-model-nal-assessment-hot. cfm

Pink, D. (2009). Drive: *The surprising truth about what motivates us.* New York: Riverhead Books.

Postsecondary and Workforce Readiness Working Group. (2009). *The road map to college and career readiness for Minnesota students: Final report and recommendations presented to the Minnesota P-16 Partnership.* Retrieved from http://www.massp.org/downloads/readiness.pdf

Project Tomorrow. (2010). *Creating our future: Students speak up about their vision for 21st century learning.* Irvine, CA: Project Tomorrow, Author. Retrieved from http://www.tomorrow.org/speakup/pdfs/SU09NationalFindings Students&Parents.pdf

Ravitch, D. (2000). Left back: *A century of failed school reforms.* New York: Simon and Schuster.

Ravitch, D. (2002). A brief history of testing and accountability. *Hoover Digest* (4). Retrieved from http://www.hoover.org/publications/hoover-digest/article/7286

Reeves, D. B. (n.d.). Overcoming initiative fatigue [Video file]. Leadership and Learning Center. Retrieved from http://www.leadandlearn.com/ multimediaresource-center/videos/overcoming-initiative-fatigue

Reimers, F. (2009) *Educating for global competence.* In J. E. Cohen & M. B. Malin (Eds.), *International perspectives on the goals of universal and basic secondary education* (pp. 183–202). New York: Routledge

Rideout, V. J., Foehr, U. G., & Roberts, D. F. (2010). *Generation M2: Media in the lives of 8 to 18 year olds.* Menlo Park, CA: Henry J. Kaiser Family Foundation. Retrieved from http://www.kff.org/entmedia/mh012010pkg.cfm

Robinson, K. (2006, February). Ken Robinson says schools kill creativity [Video file]. Retrieved from http://www.ted.com/talks/ken_robinson_says_schools_kill_ creativity.html

Rogers, C. R. (1967). *On becoming a person.* London: Constable.

Schmoker, M. (2011). *Focus: Evaluating the essentials to radically improve student learning.* Alexandria, VA: ASCD.

Senge, P. (1994). *The fifth discipline.* New York: Doubleday.

Shekerjian, D. (1991). *Uncommon genius.* New York: Penguin.

Silva E. (2008). *Measuring skills for the 21st century.* Washington, DC: Education Sector Reports. Retrieved from http://www.educationsector.org

Silva, E. (2009). Measuring skills for 21st century learning. *Phi Delta Kappan, 90*(9), 630–634.

Sizer, T. (1997). *Horace's school: Redesigning the American high school.* New York: Houghton Mifflin

Small, G. (2009) *New technology and the brain.* Retrieved from http://www.today.ucla.edu/portal/ut/081015_gary-small-brain.aspx

Spady, W. G. (1999). School reform: Rushing backward toward the future. *On the Horizon 7*(2), 1–7.

Sternberg, R. J. (1985). *Beyond IQ: A triarchic theory of intelligence.* Cambridge, UK: Cambridge University Press.

Stevenson, A. (1952, October 8). Speech at the University of Wisconsin, Madison.

Stevenson, H. (1990). Mathematics achievement of children in China and the United States. *Child Development, 61,* 1053–1056.

Symonds, W. C., Schwartz, R. B., & Ferguson, R. (2011) P*athways to prosperity: Meeting the challenges of preparing young Americans for the 21st century.* Pathways to Prosperity Project. Boston: Harvard Graduate School of Education.

Tan, S. (2007). The arrival. New York: Arthur A. Levine.

Torney-Purta, J., & Wilkenfeld, B. (2009). *Paths to 21st century competencies through civic education classrooms: An analysis of survey results from ninth-graders* (Technical Assistance Bulletin). Chicago: American Bar Association Division for Public Education.

Trilling, B., & Fadel, C. (2009). *21st century skills: Learning for life in our times.* New York: Jossey-Bass.

Tucker, M. (2011). *Standing on the shoulders of giants: An American agenda for school reform*. Washington, DC: National Center for Education and the Economy. Retrieved from http://www.ncee.org/wp-content/uploads/2011/05/Standing-on-the-Shoulders-of-Giants-An-American-Agenda-for-Education-Reform.pdf

United Nations Development Programme. (2010). *Millennium Development Goals*. New York: Author. Retrieved from http://www.undp.org/content/undp/en/home/mdgoverview.html

U.S. Department of Education. (2008). *A nation accountable: Twenty-five years after* A Nation at Risk. Washington, DC: Author.

Yang, G. L. (2006). *American born Chinese*. New York: First Second.

Zagursky, E. (2011, February 3). The numbers show it: American creativity has been declining since 1990. *Ideation*. Williamsburg, VA: William and Mary University. Retrieved from http://www.wm.edu/research/ideation/professions/smart-yes.-creative-not-so-much.5890.php

Zhao, Y. (2009). Needed: Global villagers. *Educational Leadership, 67*(1), 60–65.

Zhao, Y. (2011). *A nation at risk: Edited by Yong Zhao*. Retrieved from http://zhaolearning.com/wp-content/uploads/2011/03/anationatrisk.pdf

찾아보기

수업에 바로 쓸 수 있는
역량평가 매뉴얼

2021년 11월 25일 ｜ 초판 1쇄 인쇄
2022년 10월 30일 ｜ 초판 3쇄 발행

지은이 로라 그린스타인
옮긴이 권오량, 이찬승

펴낸이 이찬승
펴낸곳 교육을바꾸는책

편집·마케팅 고명희, 송수정, 서이슬, 김지현, 나해진
제작 류제양
디자인 김진디자인

출판등록 2012년 04월 10일 ｜ 제313-2012-114호
주소 서울시 마포구 양화로 7길 76 평화빌딩 3층
전화 02-320-3600
팩스 02-320-3611

홈페이지 http://21erick.org
이메일 gyobasa@21erick.org
유튜브 youtube.com/user/gyobasa
포스트 post.naver.com/gyobasa_book
트위터 twitter.com/GyobasaNPO
인스타그램 instagram.com/gyobasa

ISBN 978-89-97724-13-0 93370